井上達夫

増補新装版

# 他者への自由

Freedom *to* the Other

公共性の哲学としてのリベラリズム

勁草書房

# まえがき

「あなたは問題を喪失した」――これはたしか、ヴィトゲンシュタインがかつての師ラッセルに向けた哲学的死亡宣告である。政治家はしばしばスキャンダルで「政治生命」を失うが、哲学者の「哲学生命」を奪うスキャンダルがあるとすれば、それは問題喪失だろう。政治家と哲学者との違いは次の点にある。政治家のスキャンダルは「ばれなきゃいい」。その隠蔽が政治生命を救う。しかし、哲学者の問題喪失はばれなくとも、むしろばれないときにこそより深刻に、その者の哲学生命を蝕む。アポリアの前に絶句する経験を忘れ言説を大量生産し続ける流行思想家ほど、その哲学的生命は衰弱している。もっとも、問題を解決するよりは解消することを旨としたヴィトゲンシュタインに、他者の問題喪失を批判する資格があるのかどうかは分からない。解決不能なアポリアに誰よりも鋭敏であったがゆえに、解消よりも沈黙を求めたのだと、彼を弁護することもできるかもしれないが。

問題喪失という哲学的死亡宣告を思い出したのは、それが現在の知的世界に瀰漫する「明るい頽廃」を言い当てているような気がするからである。「偉大な夢」は見尽くされた。「大きな物語」は語り尽くされた。「真理」、「正義」、「人間性」、「人格」、「主体性」、「人権」等々の大仰な理念について、眉間にしわ寄せ、しかつめらしく語るのはやめよう。所詮、これらは「張り子の虎」、あるいは「裸の王様」、あるいは「竹馬に乗ったナンセンス」。こういうビッグ・ワードを振り回す輩は笑い飛ばしてやればいい。でも、沈黙していてもつまらない。もっと軽やかなお喋りを楽しもうじゃないか。それが楽しいお喋り以上の何かである、などという勿体ぶった標榜は捨て去って。こういう気分に私も感染しかけている。元来、人を辟易させるほどのお喋り好きだから。

しかし、ちょっと見回せば、私なんかよりもっと上手に、もっと軽快に、もっと屈託なくお喋りを楽しんでいる人々がいる。この人たちは、それについて語らずにはいられない問題、自分の心をとらえて離さない問題、逃れようとしても逃れられない問題について喋っているのだろうか。そんな問題がそもそも残っているのだろうか。深刻な「現実的問題」はある。現在の構造不況からいかに脱するか。二酸化炭素その他の温暖化促進ガスの排出量を適正水準におさえながら、先進国以上に途上国が望む経済発展を持続させるにはどうすればよいか、などなど。しかし、深刻な「哲学的問題」など存在するのだろうか。

「哲学の終焉」とか「哲学以後」がしばしば口にされる。それは単に、様々な哲学説の無根拠性を暴露する衝動の蔓延だけでなく、それらが応答しようとした問題そのものが「偶像破壊」され風化していることを意味している。問題喪失が哲学的死亡宣告として語られる状況から、哲学的問題自体に死亡宣告が下される状況へと時代は推移している。昨今の「哲学ブーム」はこのことと必ずしも矛盾しない。哲学者が哲学を「ジョーク」や「楽しいお喋り」にしてくれたおかげで、哲学書の出版市場が拡大しただけの話、と言うと言い過ぎかもしれないが、まったくの的外れでもないだろう。解答困難な、あるいは解が存在しないかもしれない問題に取り憑かれた者の苦悩はそこにはない。だから、哲学は頽廃しているが、この頽廃を受容する人々は陰鬱どころか、むしろ「明るい」。そして饒舌。およそデカダンスとは明るいものなのかもしれないが。明るいデカダンスは、ポストモダンの言説だけでなく、現代の知的世界一般に広く漂う空気となっている。

この空気は、本書の主題であるリベラリズムにも浸潤してきている。二つの仕方で。一方には、リベラリズムの「哲学的勝利」を謳歌する人々がいる。他方には、その「哲学的挫折」を宣告する人々がいる。両者は対立しているように見えるが、リベラリズムの哲学的頽廃を歴史的円熟として祝福する点では奇妙にも一致している。

「勝利の頽廃」を象徴するのはフランシス・フクヤマの「歴史の終焉」論だろう。共産主義・社会主義体制の自滅は、そしてかかる体制の公定イデオロギーたるマルクシズムの失墜は、リベラル・デモクラシーが人類の思想闘争の最終勝利者であることを証明した。人類の思想の発展という意味での歴史はこれにより終焉した。もはや、リベラリズムは自らの哲学的基礎に関わる難問に悩む必要はない。実現可能なより良きオールターナティヴはないのだから。これからも政治思想史は書かれるだろう。リベラリズムを最終章にして。しかし、政治哲学はもはや不要である。それが探求してきた根本的問題には決着がついたのだから。政治哲学は弁証法的発展により、ついに自己自身を止揚した。このような哲学の明るい終末を展望するフクヤマは、なぜか共同体論のリベラリズム批判をも鷹揚に摂取し、さらにそれに触発され社会資本としての信頼の重要性を主張しさえするのだが、そこに孕まれる哲学的次元の緊張や矛盾には無頓着である。たしかに、この種の著作家においては哲学は「安楽死」を迎えている。

「挫折の頽廃」は、自己の哲学的正当化の不可能性をヒロイックに、あるいは自虐的に承認した上で、哲学の彼岸に自己の足場を見出して開き直るタイプのリベラリズムに見られる。このようなリベラリズムの脱哲学化は近年、顕著な傾向となってきており、本書でも触れるロールズの「政治的リベラリズム」への転向はそれを象徴する事件である。ロールズ以上に直截にこの姿勢を打ち出しているのは、「ポストリベラリズム」を語るジョン・グレイである。彼は哲学としてのリベラリズムに死亡宣告を下した上で、それと結合して発展してきた諸制度を「我々の市民社会の伝統」の名によって再確立し、さらに後者について「我々の生の形式が我々のものであることが、それを擁護する十分な理由を我々に与える」と断言する（J. Gray, *Post-Liberalism: Studies in Political Thought*, Routledge, 1993, p. 325）。この「我々」が孕む内的な対立と葛藤の隠蔽や、「我々」ではない「彼ら」（非欧米世界）に市民社会と対立する文化的歴史的本質を帰するオリエンタリスト的偏見への哲学的反省は、ここでは完全に棚上げにされている。欧米民主主義諸国の「公共的政治文化」が育んだと称する「重合的合意」の仮象にリベラリズムの脱哲学的基盤を求める一方、「よく秩序づけられた階層社会」にも脱哲学的寛容を示すロールズにも、多かれ少なかれ同じことが言えるだろう（階層社会の承認については、cf. J. Rawls, "The Law of Peoples," in S. Shute and S. Hurley (eds.), *On Human Rights*, Basic Books, 1993, pp. 41-82）。

本書は、このような哲学の頽廃に抗して、リベラリズムの哲学的再生を図る試みである。「抗して」と言うと「構えすぎ」に響くかもしれないが、別に、自分がこの頽廃を超越する高みに立つことを標榜しているわけではない。ただ、自分も半身を浸したこの頽廃に、頭の先まで飲み込まれることを拒みたいだけである。「哲学的再生」とは、リベラリズムに決定的・最終的な哲学的証明を与えることではない。そんな証明の可能性を疑う程度には、私も「頽廃」している。もっとも、人間社会の葛藤が孕む問題に対処する能力の相対的な高さという点での正当化や擁護の可能性を、リベラリズムに否定するつもりはないが。本書で言うリベラリズムの哲学的再生とは、ある哲学的アポリアの終わりなき探求を引き受ける愚直な意志に、この思想的営為の核心と存在理由があることを示すことである。それが立ち向かうのはほとんど絶望的な難問だが、我々の生の事実が、その解消を許さない。

そのアポリアとは、次の問いに集約される。利益対立を超えた先鋭な価値対立を孕む政治社会において、コンセンサスや文化的同質性を捏造することなく公共的な正統性基盤を構想することは、いかにして可能か。リベラリズムを自由主義と訳するのが当たり前になっている私たちの社会では、自由ではなく公共性に焦点を置いたこの問いをリベラリズムの核心に据える私の立場は、奇異に感じられるかもしれない。なぜ、この問いがリベラリズムの核心をなすのか。なぜ、リベラリズムは自由の哲学である以前に公共性の哲学でなければならないのか。公共性の哲学としてのリベラリズムにおいて、自由はどのような位置と形姿を与えられるのか。このことを明らかにするのが本書の目的である。

第一章序説は、いまあえてリベラリズムを問う本書の問題意識を説明し、それに関わる現代の思想状況の批判的概観を与える。第一部は本書の原理編である。上記のアポリアが発生するのは、公共的正当化を要請する国家という強制装置が存在するからである。なぜ国家そのものを否定することにより、このアポリアを解消してしまわないのか。第二章で、レーニンの国家死滅論やアナキズムの検討により、市場や共同体に還元できない国家の存在理由を承認した上で権力批判を遂行するというリベラリズムの立場を擁護し、国家廃絶によるアポリアの解消の不可能性を示す。本章はアナキズムの批判であるが、それ以前に、あるいはそれ以上に、その秩序構想の重要性を再評価する試みでもある。第三章では、このアポリアの哲学的困難性の所在を示し、リベラリズムがあえてこのアポリアを引き受け、正義の基底性の要請によって、それに哲学的に応答する企てであることを示す。

第二部は、この正義の基底性を標的とした「共同体論」からのリベラリズム批判への応答である。第四章で、多様な相貌をもつ共同体論の全般的な展望と評価を行い、第五章で、サンデルの批判に焦点を絞り、正義の基底性が負荷なき自我の放縦ではなく、自己解釈的存在の解釈的自律と結合することを示す。

第三部は、正義の基底性に立脚するリベラリズムが自由に対してどのような地平を開くかを示す。第六章で、自由の社会経済的実質化を図った福祉国家が、政治的自由を未組織大衆の没公共的アパシーと利益集団の反公共的能動性に両極分解してしまうディレンマを指摘し、それに対処する途として共同体論の「徳としての自由」とリベラリズムの「権利としての自由」を対比し、後者が前者の制約根拠にして可能根拠でもあることを示す。しかし、権利としての自由がこのような役割を果たしうるためには、それは既得権益を超えた正義の構想としての権利を基盤にしなければならない。最終章では、この正義の自由に対する先行性の要請を、自由そのものが孕む権力への意志に対する批判の視角から、より根源的に解明する。リベラリズムは自由の優位ではなく正義の基底性を基盤とし、他者の視点を配慮する公共性の規律を自由に課すことによって、自由を自己中心的な権力欲求から解放し、他者受容による自己超越の可能性の領野を自由のために開くこと、このような真に他者に開かれた自由は正義の基底性に立脚してこそ可能であることを、コノリーの闘争的民主主義やレヴィナスの他者性の倫理との批判的対峙を通じて示す。第五章で提唱する解釈的自律性は自己を自己解釈の責任主体とするが、これは他者に触発された自同性変容に開かれていることをここで明らかにする。

以上が本書の骨子だが、まえがきが書物の自己紹介だとすれば、やや奇妙な——しかし私にとっては「必然的」な——書名についても、説明する必要があるかもしれない。なぜ「他者への自由」か。その趣旨は最終章から読み取っていただきたいが、書名に託した本書のスタンスについてここで一言だけ触れておく。いわゆる消極的自由と積極的自由、すなわち「権力からの自由」も「権力への自由」も、いずれも他者に開かれた自由ではない。前者にとって他者は回避さるべき障害である。後者にとって他者は支配の客体か、さもなくば自己に、あるいは「我々」なる集合的自我に同化吸収さるべき存在である。いずれも他者の他者性に対して己を閉ざしており、その意味で「他者からの自由」である。他者をその他者性において尊重するとともに、他者と融合することなく他者を自己変容の触媒として受容する節度と度量を兼ね備えた自由、この意味で他者に開かれた自由が「他者への自由」である。リベラリズムは正義の基底性という公共性の規律により、自己中心的な自由を「他者への自由」へと陶冶する。これが本書の主張である。その評価はもちろん、読者に委ねられている。

本書の最終章は書き下ろしだが、他の章は旧稿を一部加筆修正したものである。初出は以下の通り。

第一章 「リベラリズムと正統性――多元性の政治哲学」新田義弘・他編『権力と正統性』（岩波講座・現代思想16巻）岩波書店、一九九五年所収

第二章 「自由への戦略――アナキーと国家」市川浩・他編『制度と自由』（現代哲学の冒険13巻）岩波書店、一九九一年所収

第三章 「公共性の哲学としてのリベラリズム」森際康友・桂木隆夫編著『人間的秩序――法における個と普遍』木鐸社、一九八七年所収

第四章 「共同体論――その諸相と射程」日本法哲学会編『現代における〈個人―国家―共同体〉』（法哲学年報一九八九）有斐閣、一九九〇年所収

第五章 「共同体の要求と法の限界」『千葉大学法学論集』4巻1号（一九八九年）所収

第六章 「自由をめぐる知的状況――法哲学の側から」『ジュリスト』No. 978（一九九一年）所収

本書の刊行は当初の予定より大幅に遅れてしまった。その弁解をせよという圧力をひしひしと感じる。一二年前、前著『共生の作法』を世に問うた直後ハーヴァード大学哲学科に留学したが、そこでロールズ、スキャンロン、サンデル各教授らとの議論に触発されて第三章・第五章の旧稿ないしその基礎になる論文を書いたとき、それを発展させた本を帰国後直ちに書く準備をしようと考えていた。しかし、二年後に帰国したとき、私が自分の国に見たものは、昭和天皇の「御不例」をめぐる異様としか言いようのない「自粛フィーヴァー」の奔流に、人々が抗うすべなく巻き込まれてゆく様だった。天皇の戦争責任を口にした本島等長崎市長は糾弾され、脅迫され、そして銃撃された。自分がいま生きている社会のこの狂気の背後にあるものを理解せずに、自由やリベラリズムを論じることにどんな意味があるだろう。そんな思いに駆られ、私は当初の計画を棚上げにし、「言論、戦争、そして責任」(『アステイオン』一九八九年夏号)を手初めに、現代日本社会の病理やディレンマと自分の法哲学的研究との接点を探る作業に重心を移していった。

桂木隆夫、名和田是彦との共著『共生への冒険』(毎日新聞社、一九九二年)や、合意形成研究会の共著『カオスの時代の合意学』(創文社、一九九四年)、「個人権と共同性——『悩める経済大国』の倫理的再編」(加藤寛孝編『自由経済と倫理』成文堂、一九九五年、その基礎となった英語論文は一九九三年に米国で刊行)、「政治的知性の蘇生に向けて」(『This Is 読売』一九九六年一月号)などは、このような作業あるいは共同作業の産物の一部である。アジアの経済発展に伴う欧米との衝突の先鋭化を契機に、数年前からリベラル・デモクラシーと『アジア的価値』論の対立に関する研究にも従事してきたが、この面での思索をまとめた論文も、国内・国外で複数のヴァージョンが近く刊行される予定である(日本語版、英語版二つ、韓国語版、中国語抄訳が刊行された(一九九九年一二月付記))。この一連の仕事を通じて、日本およびアジアの現在の状況がリベラリズムを「相対化」するどころか、そのポテンシャルを発展させるヴァンテージ・ポイントであることを確信するに至った。

他方、このような作業と併行してリベラリズムの哲学的基礎に関する「純理論的」研究も同時に進め、まずは新旧の論文を本にまとめることにして、創文社に予告もかなり前から出していただいていた。しかし多方面作戦の必然的帰結として、それに集中する時間がなかなかとれなかった。もはや債務不履行の猶予期限は過ぎたと感じ、今般、不完全ではあるが本書の刊行に踏み切った次第である。収録予定の論文を若干落とし、本書に全体として有機的なまとまりをもたせるように努めた。最終章で新たに展開した見解は、従来の視点を拡充深化させたものであると自己理解しているが、旧稿との「不連続性」を見出される読者には、私の思考が停滞せず動き続けていることの証としてそれを受けとめて下さるようお願いしたい。本書はリベラリズムに関する「純理論的」研究であるが、現代日本社会の文脈においてリベラリズムがもつ現実的意義に関わる上記の諸研究の一部も、近く本にまとめるつもりである。リベラリズムに関する私の議論を包括的に理解し評価していただくために、併せて参照を乞いたい。遅筆の我が身を鞭打つための宣伝と理解していただければ幸いである。

本書を世に送るに当たっては大勢の方々にお世話になった。自分が負っているものの大きさを差別化することは困難なので、選択的に名を列挙して謝辞を述べることは控えたい。ただ、尋常ならざる忍耐をもって私の仕事の着手を待って下さり、着手後は尋常ならざる圧力を行使して本書に刊行の日の目を見させて下さった創文社の相川養三氏の編集者としての度量と力量に、そして本書刊行の機会を提供して下さった創文社社長久保井浩俊氏の御厚意には、この場で特に謝意を表させていただきたい。最後に、食卓を囲む家族の会話という、共生の作法の原点にときに背を向けて己れの思索に沈潜した私を寛恕し、索引作りを含む有形無形の支援を惜しまなかった妻、賀世子にも感謝したい。

遅咲きの薔薇匂ひ立てり吾が庭にも

一九九八年一一月

井上達夫

# 目　次

# 他者への自由

——公共性の哲学としてのリベラリズム——

# 第一章　序説——なぜリベラリズムが問題なのか

## 一　「リベラル・ブーム」を超えて

リベラリズムとは何か。これが本書の取組む問題である。しかし、リベラリズムとは何かをいま問うことに、一体どんな意義があるのか。ポストモダンの席巻を既に経験した我々にとって、リベラリズムなど知の博物館に陳列さるべき「近代の化石」の一つではないのか。それは考古学的関心の対象ではあっても、現在を生きる我々の思想課題ではありえないのではないのか。確かに、共産主義体制の崩壊は、リベラル・デモクラシーを人類の思想の歴史の終点と宣言するフランシス・フクヤマの書物(1)がベスト・セラーになるというような奇妙な現象も生んだ。しかし、これは混乱期特有の一過性の先祖返り現象にすぎないのではないか。あるいは、闘争しているうちに角が絡まり身動きがつかなくなった二頭の雄鹿の一方が先に餓死したのを見て、他方が自らに迫る死を忘れて喜んでいるようなものではないのか。

もっとも、ポストモダン自体が徒花だったと言うこともできるだろう。七〇年代から八〇年代にかけて日本を含む先進産業諸国でポスト産業社会論やポストモダンが隆盛したのは、思想や文化をも商品化する高度市場社会の現出が背景にあるとする分析がある。(2) 意味を、従ってまた真理や価値を記号の差異に還元するポストモダンの言説は、「差別化」による付加価値創造を図る高度市場社会のメカニズムと機能的に合致していた。バブル経済の終焉とともに急速に鳴りを潜めたこの言説は、自らが「反映」した市場メカニズム自体によって流通し、消費され、消費の増大とともに陳腐化（脱差別化）して付加価値を喪失してしまったのかもしれない。

しかし、もしそうだとすれば、「社民リベラル勢力の結集」などのごとく政治家の最新語彙にも加えられ、「「リベラル」大バーゲン時代」と哲学者に揶揄される(3)程度に近年日本で流通しているリベラリズムのコードも、ポストモダンが飽きられた後の思想の差異化ゲームで一時的に浮上したシンボルにすぎないのではないか。「ポストモダンがだめならネオモダン、ネオモダンで行くならついでにリベラルも」といった具合に。政界再編の過程で多数派工作のために「何となく新しそうで十分曖昧な」シンボルを探していた一部の政治家がこれに飛び付き、ジャーナリズムも多少好奇心を示したものの、ポストモダンと同様、但し恐らく市場規模はもっと小さなままで、早晩、消費されてしまうのではないだろうか。いや、もう消費されてしまったのではないか。

このようなシニカルな見方を最初に提示したのは、それを否定するためである。確かに、リベラリズムに対する現在の関心の復活には、この見方が妥当する部分もあるだろう。しかし、「敵の自滅」が生んだ倒錯的勝利感や、知的ファッション感覚、多数派工作のシンボルといった皮相的動因に還元できない深刻な問題状況が、リベラリズムを真面目に捉えることを要請している。この問題状況とは、一言で言えば多元性が突き付ける正統性危機である。「リベラル・ブーム」に浮かれたり、それを茶化して喜んでいる場合ではない。この危機を真剣に受けとめることにこそ、リベラリズムをいま問題にする意義がある。

## 二　正統性危機の位相転換

リベラリズムという思想伝統は、一定の正統性危機への政治哲学的応答の歴史である。リベラリズムとは何かを理解し、それをいま問う意義を理解するには、それがいかなる正統性危機への応答であるかを理解しなければならない。粗っぽく要約すれば、産業革命以降冷戦終焉まで資本対労働という階級対立が正統性危機の基本的イメージを形成し、これが東西イデオロギー対立の一方の極としての資本主義と等置されたリベラリズム像を再生産するとともに、ニュー・ディール以降の「保守対リベラル」という図式に示されるような党派対立——市場的競争の活性化と「小さい政府」を志向するリバテアリアニズムと、勤労大衆への平等主義的な再分配を図る福祉国家志向的リベラリズムというリベラリズムの内部対立——をも規定した。すなわち、リベラリズム＝「レッセ・フェール」的資本主義、あるいはリベラリズム＝「社民的」修正資本主義という等式が、それぞれ異なった時期、異なった場所で——前者は主として一九世紀に、またヨーロッパでは現在でも多方面で、後者はニュー・ディール以降のアメリカで——ほとんど条件反射的な連想として受容されてきた。しかし、このようなリベラリズム像は哲学的に浅薄である。それはその前提になっている正統性危機の階級対立的理解が浅薄だからである。

レーニンはプロレタリアートとブルジョワジーとの階級対立を宥和不能とみなしたがゆえに、国家が対立の調整者としての正統性を獲得する可能性を否認し、一の階級が他を搾取する構造を保持するための暴力装置に国家を還元した(4)。しかし、階級対立は根本的には利益対立である。生産手段の所有者と非所有者との対立とは結局、生産過程と分配との支配権をめぐる経済的利害の対立だからである。階級対立が利益対立である以上、それが生起させる正統性危機は、実は哲学的にはさほど深刻ではない。階級対立は調整不能であるがゆえに国家は階級的搾取の暴力的手段にすぎず、正統性をもちえないとする独断は、その独断自体が当の対立を調整不能にするという不幸な自己実現性をある程度もったが、根本的には誤謬である。

このように言うのは、共産主義体制の崩壊と先進資本主義諸国の相対的安定という「歴史的反証」に依存しているからではない。歴史はいつ手の平を返すか分からない。また利益対立は妥協が常に容易であるという前提に依存しているからでもない。パイが小さいとき、また縮小するとき、利益対立は熾烈な様相を呈するだろう。利益対立としての階級対立の哲学的深刻さを否定する理由は、妥協の実際的な容易さではなく、利益が本質的にもつ妥協開放性と、妥協の必要性についての共通理解の可能性である。

諸利益が先鋭に対立し当事者間で妥協が容易に成立しない場合でも、妥協の余地がア・プリオリに否定されているわけではない。どこまで妥協するかは問題になりえても、妥協すること自体の是非は問題にならない。むしろ、妥協が困難な場合にこそ、なおさら強く妥協の必要性は当事者に自覚され承認されるだろう。アルバート・ハーシュマンに即して言えば、利益対立は「多寡をめぐる分割可能な紛争（divisible conflicts over more or less）」であって、「あれかこれかの分割不能な範疇の紛争（conflicts of the either-or nondivisible category）」ではない(5)。

なぜか。利益は充足要求をもつが妥当要求をもたないからである。すなわち、利益の基本的関心は「自分が正しく他は間違っていること」の承認の獲得にではなく、「手当されること」にある。いささか逆説的ではあるが、妥当要求は間主観的妥当を標榜するがゆえに排他性をもつのに対し、充足要求は自己志向的であるがゆえに非排他的である。従って、利益は自己の充足を求めるが、他の利益の充足を必然的には否定しない。ある利益が充足されることの機会費用として他の利益が犠牲にされることはあるが、これは資源の相対的希少性という外的事情による偶然的帰結であり、その利益実現の内在的含意ではない。諸利益が対立競合する場合、資源の相対的希少性という外的制約条件の克服・緩和（パイの拡大）が、またそれが不可能な場合は諸利益の間のトレード・オフが必要であるという観念は容易に理解され、共有されうる。従ってまた、パイ拡大につながる市場的競争の枠組設定や経済政策の遂行、利益分配におけるトレード・オフの集合的決定とその遂行が国家の存在理由（の一部）を提供するという観念も容易に理解され、共有されるだろう。

マルクシズムは国家の死滅を説いたが、生産手段の所有の社会化が生産力と生産関係の矛盾を止揚して生産力の爆発的向上をもたらすという前提の下に、資源の相対的希少性の解消による人間的対立の解消を求めている点で、利益対立の処理という問題意識の枠内にある。その生産性向上シナリオの経済学的誤謬が明らかになった現在、階級闘争的問題設定は、国家の死滅の教説にではなく、何らかの形態の集団的バーゲニング国家の正統性認知に導くだろう。実際、ドイツなどにおけるマルクシズムから社会民主主義への、また後者のネオ・コーポラティズム体制への発展の歴史は、このことを例証している。(6)これは階級対立が根本的に利益対立であることの帰結である。

調停の実際的困難さを超えた哲学的に深刻な正統性危機をもたらすのは、階級対立のような利益対立ではないとしたら何か。それは価値対立である。則ち、単なる充足要求を超えた妥当要求をもつ価値観、間主観的妥当を標榜するがゆえに排他性をもつ価値観の衝突である。かかる価値対立の下で対立当事者に受容さるべき権力の共通の正統性基盤が果たして存在するのか。この問題はパイの拡大によって解消しうるものではない。仮に万人が十分「豊かな」資源の分配を受けたとしても、その資源を用いて実現さるべき価値をめぐる対立は残るし、かえって先鋭化しさえするだろう。「衣食足りて礼節を知る」と言うが、可触的な「衣食」の意味よりも精神的な「礼節」の意味の方が一層論争的だからである。さらに、価値対立下で共通の正統性基盤を見出す困難さは、妥協点を互いに自己に有利な地点に引き合う交渉問題の困難さを超えた次元にある。妥協という概念そのものを自己のインテグリティの侵犯として斥ける立場の間の対立や、妥協という概念の有意性の前提となるギヴ・アンド・テイクの共通尺度をもたない立場の間の対立がもつ困難さが問題なのである。さらに突き詰めれば、それぞれの立場が私的利害を超えた公共性を標榜するがゆえに、利益対立の調整根拠となる公共性観念によっては互譲を要求することができないような対立の困難さ、即ち、公共性観念そのものの分裂対立を克服する高次の公共性観念を見出すことの困難さが問題なのである。(7)

より根源的な政治哲学的意味におけるリベラリズムとは、かかる価値対立が生起させる正統性危機への応答の伝統である。それは階級対立に規定されたリベラリズム像より歴史的にも古く、産業革命が生み出した階級闘争よりむしろ、宗教改革が引き起こした宗教戦争に起源をもつ。三〇年戦争の凄惨を見たがゆえに、「たとえ神が存在せずとも」という恐るべき想定を「反実仮想」として提示しつつ脱神学的妥当根拠をもつ規範を探求したグロティウスによる自然法の世俗化の試みや、ピューリタン革命から名誉革命に至るイギリス宗教戦争——これは単なるブルジョワ革命ではない——への応答たるロックの寛容論に端を発し、最近のジョン・ロールズの「政治的リベラリズム（political liberalism）」にまで継承されている思想伝統がそれである。(8) これを「より根源的」と言うのは、それが階級対立的正統性危機より一層深刻かつ困難な正統性危機を直視し、その克服を試みているからである。宗教戦争はまさに価値対立下の正統性危機の深刻さを象徴しているが、ロールズは後述するように、さらにそれを「包括的理説（comprehensive doctrines）」の多元的併存と両立しうる正統性基盤の同定問題として一般化している。

冷戦構造の崩壊後、これまで隠蔽抑圧されてきた宗教・文化・エスニシティをめぐる深刻な価値対立が随所で噴出している現在、このリベラリズムの伝統的な問題意識を再活性化させる必要は現実的にも大きい。現在先鋭化している価値対立はキリスト教内部の対立を超えており、さらに一部のアジア諸国の指導者による人権外交批判にも見られるように、従来のリベラルな諸制度や政治実践をも欧米中心主義として批判の俎上に上《のぼ》せるものであるが、このことはリベラリズムの終焉を意味するどころか、価値対立下の正統性危機というその根本的問題意識にいまこそ立ち返って、この思想伝統を深化発展させる必要を示すものである。

このリベラリズムの伝統の政治哲学的根源性は、これまで階級闘争的問題意識の跋扈により不可視化されてきた。例えば、マルクスは「ユダヤ人問題に寄せて」において、ユダヤ人の市民的・政治的解放のためにキリスト教国家の脱宗教化とユダヤ人の脱ユダヤ教化を主張するブルーノ・バウアーの立場を不徹底と批判した。(9) 彼はバウアーにおける政教分離と宗教一般の廃絶との混同を——正当にも——鋭く指摘したが、人間的解放が宗教の廃絶と一体であるとする点で同じ前提に立っていた。ただ、かかる人間的解放は単なる政治的解放によっては実現されないこと、また人間的解放のために廃絶さるべき宗教の実質的基盤は、ユダヤ教においてもキリスト教においても貨幣を神とする資本主義的な利己主義であることを主張する点で、自己の立場をより徹底したものと理解していた。結局、マルクスは啓蒙による宗教の廃絶の可能性を信じるバウアーの楽観を、経済的下部構造の変革による宗教の廃絶の可能性を信じる自己の楽観によって置き換えたにすぎない。死の不安のような、理性的啓蒙によっても経済体制の変革によっても除きえない人間の実存的苦悩に根差す宗教の対立の不可避性を直視し、対立する諸宗教の多元的共存を可能にする正統性の基盤を問うという問題意識は、単に欠如しているだけでなく、「本質的」問題を隠蔽するものとして排除される。マルクシズムのこのような思想的誤謬の現実的代償の大きさは、現在のユーゴなど旧共産圏において宗教を異にする民族間で荒れ狂っている凄惨な相互殲滅戦（エスニック・クレンジング）によって例証されている。マルクシズムの政治哲学的誤謬は自ら設定した経済問題の解決に失敗したことにではなく、自らが隠蔽した非経済問題によって復讐されていることに示される。

しかし、価値対立下の正統性危機への応答というリベラリズムの伝統の根本的意義を見失ったのはマルクシズムだけではない。西側の「リベラル」を自任する知識人の間でも、多様な利益集団に競争と交渉の場を確保することにリベラル・デモクラシーの特質と正統性根拠を求める、いわゆる「多元主義（pluralism）」の政治学がこれまで大きな影響力を享受し、批判者のリベラリズム像をも規定した。[10] この「多元主義」的政治過程モデルは理論的には社会の多様な諸利益に開かれたものであるにも拘わらず、その実態は、組織された利益集団が未組織一般大衆を政治から疎外して自らの反公共的な特殊利益を既得権として享受する構造を再生産するものであることが明らかになってきた。[11] しかし、ここで問題にしたいのは、このモデルが価値対立的正統性危機との対峙を回避させる思想的影響力を依然根強く有している点である。例えば、利益対立と価値対立の区別とほぼ対応する既述の分割可能紛争と分割不能紛争の区別を提示したハーシュマンは、マルクシズムが宥和不能とみなす階級闘争は実は妥協に適した分割可能紛争の典型であることを看破し、さらに現代世界の挑戦は宗教・文化等をめぐる解決の一層困難な分割不能紛争の再現であると指摘したが、その彼でさえ、かかる紛争への対応としては、西側の「多元主義的市場社会（pluralist market society）」が発展させた諸利益の分割可能紛争を管理するためのバーゲニング技術が準用できる部分を発見することで、かかる分割不能紛争を「看護する（tend）」ことを提唱するにとどまっている。[12]

確かに、リベラリズムは多元性を直視し、引き受ける。しかし、それは「多元主義」政治学が注目するような利益の多元性ではなく、利益を犠牲にしてでも追求されるような価値の多元性である。利益の多元性は価値の平準化・均質化と両立可能であるだけでなく、しばしばその帰結ですらある。同じ価値を共有する人々は同じものを欲しがり、そこから同じ有限資源を争奪する利益対立が生まれる。しかし、それは同一の価値追求に起因する以上、その調整に原理的な困難はない。民主的政治過程の「多元主義」モデルが一定の説得力をもちえたのは、「イデオロギーの終焉」が語られるほど価値が物的安楽の追求に平準化された時代状況が背景になっているのかもしれない。価値の多元性は欲求対象を多様化することによりこの種の利益対立を緩和する機能ももちうるが、他面、異質な価値を相互に押し付けあい、利益の犠牲を顧みず闘争するという別の次元の、既述のような意味で一層困難な対立を生む。価値の多元性を利益の多元性に部分的に還元することによって、これを手なずける戦略は、価値を真摯に志向する人々にとっては侮蔑と映るだろうし、いずれにせよ問題の棚上げ以上のものではない。価値の多元的対立が孕む固有の正統性危機を直視し、かかる対立の下で対立当事者に受容さるべき共通の正統性基盤を探求するというリベラリズムの伝統的な企てを引き受け直す政治哲学的営為こそ、正統性問題を根源的に考察するために、またポスト冷戦的問題状況と本格的に取り組むために必要である。かかる営為の基本的な方向について以下若干検討してみたい。

## 三　共同体論の批判

リベラリズムのこの企てを再生するために乗り超えなければならないのは、マルクシズム的階級闘争論や、利益集団民主主義の別名としての「多元主義」のような、利益対立的問題枠組だけではない。「東側」で共産主義が崩壊したのと対照的に、「西側」では米国を中心として、一定の個人主義的な人間観・社会観・政治理論として解釈されたリベラリズムをラディカルに批判し、共同体の復権を説く「共同体論（communitarianism）」の運動が八〇年代以降、顕著に台頭してきた。この立場は、価値対立的正統性危機への応答というリベラリズムの問題設定の仕方そのものを、社会的価値の崩壊の原因とみなして斥け、前提とされる価値の多元的対立状況を共同体的紐帯の再生によって克服しようとする。共同体論のリベラリズム批判は様々な側面をもち、その全般的展望は後に試みるが、[13]ここでは本書の主題に直結する基本的論点だけを提示したい。

価値対立的正統性危機へのリベラリズムの応答として近年注目されてきたのは、ロールズによって「正義の善に対する優位（the primacy of justice over the good）」として定式化され、その後、ロバート・ノージック、ロナルド・ドゥオーキン、ブルース・アッカーマン、チャールズ・ラルモアなど、一群の他の有力なリベラルな論客も多少異なった表現と解釈の下に提唱してきた正義と善の関係についての見解である。[14]それによれば、政治的決定の正当化根拠となるべき正義原理は、「善き生（the good life）」の特殊構想――人生の意味・目的や人間の人格的卓越性を規定する様々な特殊理想――から独立した理由によって正当化されなければならず、またかく正当化された正義原理の要請が善の特殊構想の要請と衝突する場合は前者が優越する。正義と善とのこの関係規定は、多様な善き生の理想を追求する人々がともに公平として受容しうるような基本構造をもつ政治社会を志向するもので、まさに価値対立的正統性危機の克服を念頭に置いたものである。それは善き生の追求よりも正義の実現の方が重要であるという思想ではなく、人々にとって善き生の追求があまりに重要な問題であるがゆえに、国家は善き生を志向する人々の自律的探求を、従ってまた善き生の解釈の多元的分化を尊重し、多様な善き生の探求を可能にする基盤的条件としての正義の実現を自己の任務とすべきであるという理念に立脚するものと私は解釈している。かかる解釈の観点からは、「正義の善に対する優位」というロールズの表現は不適切なので、「正義の基底性」と呼ぶことにしたい。[15]正義を「基底」にしてこそ善は豊かに開花するという思想がこの表現には託されている。

誤解を避けるために付言すれば、正義の基底性は国家の価値中立性という不可能事を要請するものではなく、国家が権力的に執行しうる政治的決定の根拠として援用しうる価値と援用しえない価値との区別を要請する。また、政治的決定の正当化において特定の善き生の理想への依存を抑制することを要請するが、すべての善き生の特殊構想を同程度に促進するという結果的・機能的中立性を国家に要請するものでもない。さらに正義を善の観念一般から切断するものではなく、ロールズにおける「基本善（primary goods）」のような、どの善き生の特殊構想を追求する場合でも条件として必要とされる集合財の援用は、政治的正当化のディスコースから排除されない。「基本善」が特定の善き生の構想にコミットしたものかどうかは勿論、論争に開かれているが、論争的な判断への依拠自体を正義の基底性は排除するものではない。

正義の基底性の観念は、価値対立的正統性危機への応答というリベラリズムの根源的な問題意識に根差すものであるから、より「派生的」な問題をめぐるリベラリズムの内部対立を横断して共有されている。ロールズ自身も含めてこの観念の支持者と批判者双方によく見られる誤解であるが、この観念は功利主義のような目的論的政治理論を個人権尊重の立場から批判する「義務論的リベラリズム（deontological liberalism）」に特有のものではなく、この観念にコミットしたリベラルな功利主義、より一般的には目的論的リベラリズムも存在する。(16) 目標志向的か権利志向的か以前に、集合的目標や個人権の内容を何らかの善き生の特殊構想に依存して同定すべきか否かが問題になり、正義の基底性はこの問題について否定的立場を採択するものだからである。また最小限国家を唱導するノージックと福祉国家を擁護するロールズやドゥオーキンとが共にこの観念を受容していることに示されるように、階級対立的問題状況を反映したリバテアリアニズムと平等志向的リベラリズム――アメリカ政治の党派的意味における「保守」と「リベラル」――の対立も横断して共有されている。この関連で、通常「保守的」伝統主義者とみなされるマイケル・オークショットの政治思想のリベラルな性格が、彼の「社交体（societas）」の理念と正義の基底性との結合という観点から解明しうることも付言しておきたい[17]。

共同体論はこの正義の基底性の観念を誤った個人主義的人間観・社会観に立脚するものとして斥けることにより、リベラリズムに対するトータルな批判の遂行を試みている。逆説的だが、共同体論による批判は正義の基底性の観念に焦点を置くことにより、価値対立的正統性危機への応答というリベラリズムの根源的な問題意識の再生に貢献した。確かに、共同体論の台頭の背景には家族の崩壊、犯罪の蔓延、倫理的ないし公共的責任感の腐食などアメリカ社会の病理現象への危機感があるが、リベラリズムと共同体論との論争を特殊アメリカ的問題として一蹴するのは誤りである。この論争が提起している問題は、ポスト冷戦期の世界各地で再度先鋭化している古くて新しい正統性危機、階級対立的正統性危機より一層深刻な正統性危機に直結している。しかしまた、そうであるからこそ、旧共産圏の自滅により階級対立的正統性危機を克服したことをもって、「リベラリズムの勝利」を自己満足的に謳歌する「歴史の終焉」論は的外れであり、リベラリズムはいま、より根源的な挑戦を受けていることをこの論争は示している。共同体論による批判の重点や表現形式は論者によって異なるが、ここでは本書の関心に即して、批判の眼目を若干「合理的再構成」を加えた上で次の三点にまとめておきたい[18]。

(1)　普遍主義批判　正義の基底性は正義を善の特殊構想から切断することにより普遍化しようとするが、これは正義を無内容化・無力化してしまう。豊かな内容と説得力を備えた政治的価値の源泉と妥当根拠は、コスモポリタン的な人権や正義といった普遍主義的理念ではなく、それぞれの政治共同体の歴史と伝統に埋め込まれた特殊な善や徳についての共通了解である。特定の政治共同体の具体的実践に対する批判は可能であるが、普遍主義的理念に基づいた超越的批判は無力であり、その共同体の共通了解を構成する根本的な価値的コミットメントに立脚して派生的実践を内在的に批判する「関与的批判（connected criticism）」のみが意義をもつ。

(2) 原子論的人間観批判　正義の基底性は善き生を構成する諸価値を個人の恣意的選択の対象に還元することで個の自由を確保しようとするが、これは個人の主体性の形成の社会依存性を無視する誤った原子論的人間観に根差す。それが想定する自我は、自己のアイデンティティを自己の選択能力のみに負う「負荷なき自我（the unencumbered self)」であるが、かかる自我は自己の選択の指針となる原理を自己の内部にもたないためにかえって外的諸力による他律的操縦に抵抗できない。自己が帰属する共同体の共通価値を自己のアイデンティティの基盤にまで浸透させた「位置ある自我（the situated self)」こそが、強い人間的主体性を確立するために必要な倫理的脊椎をもつ。

(3) 反卓越主義批判　正義の基底性は一定の善き生の構想に従って諸個人を有徳な存在へと陶冶することを政治の任務とする「卓越主義（perfectionism)」を拒否し、善き生の追求を個人の私的関心事にする。しかし、これは善き生の問題を個人の趣味や欲望に還元することを意味し、その結果、「何でもござれ（Anything goes.)」の精神状況が蔓延し、社会の全般的なアノミー化が進行する。他者の干渉を嫌う権利意識は高まるが他者を配慮する倫理的責任感は腐食し、公共的活動から退却するアパシー化も進行する。社会の倫理的紐帯を回復するには、善き生の問題を諸個人の主権的管轄に置くリベラリズムの反卓越主義的な「権利の政治（the politics of rights)」に代えて、社会の共通の善き生の理想を公共的に論議し決定し執行することを政治の任務とする卓越主義的な「共通善の政治（the politics of common good)」を確立する必要がある。かかる共通善の政治はそれが追求する倫理的目的の実現によってだけでなく、そのプロセスへの参加そのものが人々の「公民的徳性（civic virtue)」――公共の事柄を配慮する責任と負担を自発的に引き受けうる資質と能力――を陶冶することによっても、人々の「倫理的完成（perfection)」に貢献する。

この三つの批判はそれぞれメタ倫理学的次元、人間存在論的次元、政治理論的次元と議論の平面を異にしているが、その根本的な狙いは同じであり、いずれも共通の善き生の構想を追求する伝統への自己同一化に基づく諸個人の共同体的結合を解体したとしてリベラリズムを批判するとともに、このような共同体的関係の再生を要請している。(1)はかかる共同体的関係を政治道徳的価値の内容的源泉・妥当根拠として、(2)は人間的主体性の陶冶の基盤として要請し、(3)はかかる要請を実現する上で政治が果すべき積極的な役割——政治の卓越主義化へのリベラリズムの自制を廃棄するという意味で積極的な役割——を規定している。価値対立的正統性危機への応答としてリベラリズムが提示した正義の基底性の観念は、正義を無内容化・無力化すると同時に善を主観化・放縦化することによってアノミー化とアパシー化を進行させ、社会的紐帯を腐食させるとともに人間的主体性を貧困化する——これが共同体論の批判の骨子である。

同じ善き生の理想を共有する共同体の再生という共同体論の代替的提案を、実効性のない願望思考ないし過去へのノスタルジアとして斥けることは易しい。再びハーシュマンの言を借りれば、深刻な対立状況において「共同体精神（community spirit）に訴えることは問題解決の具体的方法が未だ発見されていないことの承認であり、共同体精神は機械仕掛けの神（deus ex machina）として求められているのである」[19]。共同体論は価値対立的正統性危機というリベラリズムの問題にリベラリズムより優れた解答を与えたのではなく、共同体という名の「奇蹟」によって問題そのものを解消することを求めているのである。

しかし、このことは、リベラリズムに対する共同体論の批判の重要性を否定する理由にはならない。ギリシャ悲劇の舞台に機械仕掛けの神が登場するのは、登場人物が直面する倫理的葛藤がもはや人間の力では解決できないことが明らかになったときである。善の共同体という機械仕掛けの神の登場が求められるのも、価値の多元的対立を包容しつつそれが生起せしめる正統性危機を克服することがいかにして可能か、というリベラリズムの問題が解決不可能だからではないのか。正義の基底性に対する共同体論の批判は、この問題が人間の社会性と主体性をともに崩壊させることなしには解決不可能であることを示す試みとして理解できる。従って、次のような問いは依然成立する。共同体論はリベラリズムが陥っているディレンマの解消には失敗したとしても、その離脱不能性の証明には成功したのではないか。

## 四　ポスト共同体論的リベラリズムの問題状況

リベラリズムの企てを再生するためには、このような共同体論の批判を克服した形で価値の多元性と両立する正統性基盤を開示する立場の可能性、いわばポスト共同体論的リベラリズムの可能性が示されなければならない。この可能性を追求するために先ず検討する必要があるのは、共同体論の批判の主たる標的となったロールズの理論的変容である。

この変容はロールズが七〇年代末以降の諸論文で発展させ、最近の著書に集約した「政治的リベラリズム (political liberalism)」の構想に示されている。[20] 彼は哲学的真理性を標榜し形而上学的全体性を志向するような広義の「包括的理説 (comprehensive doctrines)」――人間の生を指導する諸価値を全般的に規定するという狭義の包括的理説と、認識論や存在論など論争的な哲学一般の諸問題について特定の立場を明確にする「一般的 (general)」理説を含む――が「理を弁えた (reasonable)」人々の間でさえ多元的に対立競合することがリベラルな立憲民主主義体制の恒常的特徴、不可避であるだけでなく健全な特徴であるという「穏当な多元主義の事実 (the fact of reasonable pluralism)」を承認する。その帰結として、特定の包括的理説に依拠してリベラルな政治体制を正当化する「包括的リベラリズム（comprehensive liberalism）」が、自由対等な人格たる市民により世代を超えて受容されるという「安定性（stability）」の条件をこの体制の下で充足することができないという自己矛盾を孕むとし、自らの前著『正義論』[21]もかかる包括的リベラリズムの限界を共有するとして、その修正の必要を認める。

包括的リベラリズムの限界を克服するものとして展開された政治的リベラリズムは、正義論を脱哲学化した「正義の政治的構想（a political conception of justice）」に依拠する。それは、政治社会の基本構造を規定する正義原理を、何らかの特定の包括的理説による定式化・正当化から独立させ、その内容を「民主的社会の公共的政治文化に内含されると見られる一定の基本的な諸理念」ないし「一般市民の教育された常識に少なくとも親しまれ了解されてきた内容をもつ民主的思想の伝統」[22]のみに依存して規定する。かかる正義の政治的構想にして初めて、それぞれに「理を弁えた」多様な包括的諸理説——「市民社会の背景文化」を構成する宗教的・哲学的・倫理的諸理説——が理由付けの接続回路を異にしながらも、この構想をいわば共通の「モデュール（module）」（独立して機能しうる構成部分）として自らの内に組み込み受容するという「重合的合意（an overlapping consensus）」を調達できるとする。正義の政治的構想の成功は哲学的正当化可能性にではなく、かかる重合的合意の成立に依存するとされる。

政治的リベラリズムへのロールズのこの「転向」は、直接には哲学的真理要求と安定性との衝突という問題の解決を目指したものであるが、ポスト共同体論的リベラリズムの一つの構想として位置付けることが可能である。この観点から見れば、政治的リベラリズムは善き生の特殊構想からの正義の独立性を要請する正義の基底性の観念を、包括的諸理説からの正義の独立性を要請する正義の政治的構想へと、いわば拡大再解釈することにより、前者に対する共同体論の批判に応えている。

「政治的リベラリズムは寛容原理を哲学そのものに適用する」[23]というロールズの言明が示すように、この拡大再解釈は価値対立的正統性危機への応答というリベラリズムの問題意識をさらに徹底する意図に基づく。宗教戦争への応答としての古典的寛容論は、公共的正統性基盤を回復するために政治権力の正統性根拠の脱宗教化を要請し、自然権論や社会契約説など世俗化された法哲学・政治哲学を発展させた。しかし、神学の侍女の地位から解放された哲学的理性が宗教と並んで多様な包括的諸理説へと分裂し、人々の忠誠を求めて対立競合するに至った現在、この「穏当な多元主義の事実」への応答としての政治的リベラリズムは、正義の構想の脱哲学化によって寛容論の伝統の発展的継承を図る。正義の政治的構想の意図された哲学的皮相性は、それが宥和しようとする対立の哲学的深層性の帰結である。しかし正義の脱哲学化は無内容化ではない。正義の政治的構想はその内容を立憲民主主義の歴史と伝統が形成した公共的政治文化から汲み取る。

このような政治的リベラリズムは共同体論の批判に対する次のような応答を含意する。多様な善き生の構想の自律的探求を可能にする正義の内容的源泉と妥当根拠は、超越的かつア・プリオリに設定された抽象的な哲学的真理にではなく、立憲民主主義社会の伝統が形成した政治文化が内含する共通了解に求められるから、共同体論による普遍主義批判は、政治的リベラリズムに対しては的外れとなる。また正義の政治的構想は特定の哲学的人間学や自我論にコミットするものではないから、原子論的人間観批判は無効化される。さらに、この批判と反卓越主義批判はそれらが前提する人間存在論や共通善の理想がきわめて論争的な包括的理説であるがゆえに、民主的社会の公共的正統性基盤を構成する共通了解に抵触するものとして斥けられる。

伝統的に形成された共通了解を政治社会の統合と正統性基盤にするという共同体論の立場を取り込みながら、その共通了解にリベラルな諸価値を埋め込むことによって、共同体論の批判をいわば内在的に掘り崩すという政治的リベラリズムの思想戦略は、共同体論のこの立場に基本的に共鳴する人々に対しては強い説得力をもつ。(24) しかしその反面として、この立場の限界と問題性を政治的リベラリズムも引きずることになる。すなわち、リベラルな政治的諸価値の正統性根拠を公共的政治文化をなす共通了解に求めるのは、共同体精神への依存と同様、「機械仕掛けの神」の導入にすぎないという批判にさらされるだろう。「西側」の民主社会においても、リベラルな政治的諸価値の解釈が分裂しているだけでなく、共同体論の台頭が示しているようにかかる諸価値そのものが根本的な懐疑と批判の挑戦を受けている現在、伝統や文化という名のコンセンサスへの依存は現実に存在する対立を解消するよりも隠蔽し、論証責任を回避するという意味をもつ。[25] さらに、それは「理性と真理に十分に照らして、現存する諸制度の倫理的諸前提を理解し、批判し、より良き制度を提唱するという伝統的な目標を政治的哲学が放棄すること」を意味するというジョゼフ・ラズの論評[26]のような手厳しい批判も招くことになる。

誤解をさけるために付言すれば、伝統の価値形成力や理性の限界を全面否定する啓蒙の倨傲への復帰をここで提唱しているわけではない。むしろ、かかる啓蒙の倨傲の批判とその政治的含意の探求自体も、ロールズが回避しようとするきわめて論争的な包括的・一般的諸理説――例えば、ハイエクの構成的合理主義批判[27]など――のいずれかに依拠せざるをえないというのが重要な点である。なぜ伝統が伝統であるという理由だけでそれを尊重する責務――これが「一応の責務（*prima facie* obligation）」にとどまるとしても――を生ぜしめるのかを理解するためには、メタ伝統論という理性の反省を必要とする。また理性の限界を自覚しその含意を探求するのも批判的理性の作用である。哲学的論争状況を超越することによって公共的正統性基盤を確立するという政治的リベラリズムの野心は、一種の「外挿法的誤謬（the fallacy of extrapolation）」を犯している。我々は宗教的寛容を語る論理の延長で哲学的寛容を語ることはできない。政治哲学の脱宗教化は可能だとしても、その脱哲学化は語義矛盾か、さもなくば自己を囲む地平線から離脱する試みに近いからである。

ポスト共同体論的リベラリズムが一つの包括的哲学として自己を貫徹せざるをえないとすれば、それはどのような哲学か。一つの興味深い応答はジョゼフ・ラズにより近年提示された「卓越主義的リベラリズム（perfectionist liberalism）」ないし「多元主義的卓越主義（pluralist perfectionism）」の構想である[28]。ラズは共同体論の反卓越主義批判を受容して正義の基底性観念を斥ける一方、リベラリズムをこの観念から切り離し、逆にリベラリズムを人間的生における倫理的卓越性についての一つの包括的な価値哲学に立脚するものとして再構成する。彼は善の主観化を斥け、有徳性の促進を政治の正当な任務とする卓越主義を支持するが、善き生を規定する客観的妥当性をもった価値は単一ではなく複数存在し相互に競合するという「価値多元主義（value pluralism）」の立場に立ち、これを卓越主義と結合させる。そして個人の自律を、客観的に価値ある複数の利用可能な選択肢からの選択による自己創造と規定した上で、これを人間の倫理的完成の構成要素として位置付け、価値ある複数の選択肢の利用可能性という自律の環境的条件そのものを一つの共通善と捉え、その確保を政府の責務とする。ラズによれば「懐疑論でもなく、価値中立性でもなく、この価値多元主義こそが、画一性に対する、即ち、理想的な生の形式についての画一的な構想を統治権力や他の手段によって人々に押し付ける社会に対するリベラルな防波堤をなす[29]」。

共同体論の批判に耐えうるような価値対立的正統性危機の克服という課題に対して、政治的リベラリズムは正義の基底性を脱哲学化した正義の政治的構想をもって応えたのに対し、卓越主義的リベラリズムは正義の基底性を破棄し、共通善の多元主義的解釈をもって応えている。後者にとって善き生の理想の多元的競合は、政治統合における道徳哲学の無力を示すものではなく、むしろ政治が積極的に実現すべき一つの道徳的真理である。ラズはかかる卓越主義的リベラリズムが正義の基底性観念や政治的リベラリズムよりも、価値の多元性を包容する政治統合のための一層確固たる道徳的基礎を提供すると主張する。

ラズのこの立場が一定の魅力をもつことは確かである。しかし、この魅力は危険な未知数に依存しており、不安を生み出すものでもある。卓越主義的リベラリズムが画一性を押し付ける権力に対する「リベラルな防波堤」になりうるか否かは、彼が個人の自律をその枠内に置く「善き生のための価値ある選択肢」のリストの内容の豊かさに依存するが、それがどの程度豊かなものなのかが明らかにされてはいないからである。さらに、客観的に妥当するリストの豊かさとは別に問題なのは、統治権力の主体（民主制においては多数者）が自己の判断に従ってこのリストを公定し、そこに含まれないものを排除することについて原理的な歯止めがないことである。ラズは善き生についての統治主体の判断の可謬性は卓越主義的政治を否定する理由にならないとしている。[30] また彼は、いわゆる「被害者なき犯罪」について「悪への寛容」の必要をある程度認めるが、それは善き生の探求における試行錯誤の自由や支配的生活形式への挑戦の自由を積極的に評価するからではなく、刑事制裁が「卑しい行動」の排除に止まらず、人が自己の生に対してもつ一般的統御能力を破壊してしまう場合があるからである。[31] もっと選択的な排除効果をもった洗練された制裁手段が利用できる場合は「悪への寛容」の余地はない。従って、公定された善き生のカタログに挑戦する自由を封殺ないし脱力化し、「善の多元性」を人々の探求の成果として受容するのではなく、化石化した教条として人々に押し付ける体制にこの立場が加担しない保証はない。

結局、卓越主義的リベラリズムはヌエ的未決断にとどまっている。それはリベラリズムとしても、卓越主義としても自己を貫徹できない。[32] 私自身の立場は正義の基底性をラズのように破棄せず、またロールズのように脱哲学化するのでもなく、むしろこれを哲学的に擁護することにある。私の戦略は二段階から成る。第一段階は共同体論の批判的組換である。政治的リベラリズムと卓越主義的リベラリズムが、それぞれ共同体論による普遍主義批判と反卓越主義批判を摂取し、これをリベラリズムの再構成のために転用するのに対し、私は反原子論的人間観批判を摂取し、位置ある自我を自己解釈的存在と捉え返して、これを正義の基底性の人間学的基礎とすることにより、共同体論の批判を内在的に克服するという戦略をとる。この議論は第五章で展開する。第二段階は共同体論を超えた地平の開示である。正義の基底性に立脚するリベラリズムは共同体論が隠蔽する差異と他者性の問題を直視することにより、「公共哲学（public philosophy）」を標榜する共同体論よりも深い次元で「公共性の哲学」を切り開く。他者性に開かれたこの公共性の哲学は、自由が内包する自己中心性と権力性を克服し、自由を鍛え直す思想としてリベラリズムを再定位する。以上の議論は第三章と最終章で展開される。[33]

共同体という「機械仕掛けの神」への依存を自らに禁じたリベラリズムの探求の道は険しい。袋小路や断崖絶壁に導かれることもあるだろう。しかし、このことが示しているのは「共同体論の勝利」ではなく、共同体論が回避しリベラリズムが引き受けた問題の困難さである。リベラリズムの再生が語りうるとすれば、それは「歴史の終焉」論が想定するような「リベラリズムの最終的勝利」などでは毛頭なく、むしろこの思想伝統の根源的な問題意識の復活である。以下の議論はこの復活への企てである。

# 第一部　リベラリズムの秩序構想

# 第二章　自由への戦略——アナキーと国家

## 一　ハヴェルの懐疑

### 言葉の倨傲

核戦争や生態系破壊から、諸個人や諸国民の間の貧富の差による亀裂の拡大という意味での社会的・文明的破局まで、今日の世界が直面しているすべての主たる脅威が、一つの根本的な原因を、内部に隠蔽していることを証明するのは、困難ではない。その原因とは、本来謙虚であったメッセージが傲慢なものへと、いつの間にか変質してしまったことである。

傲慢にも人間は、至高の被造物としてだけではなく創造主として自ら自然を全体的に理解し、好きなように操作できると信じ始めた。

傲慢にも人間は、理性の所有者として、自己の歴史を総体的に理解でき、それゆえ万人にとって幸福な生を設計できると信じ始めた。この信念は、自らがその唯一の鍵をもつ、万人のためのより良き未来と称されるものの名において、自己の計画に賛同しない者を皆、掃蕩する権利さえ人間に与えた(1)。

共産党独裁体制の崩壊後、新生チェコスロヴァキアの大統領となった劇作家ヴァッラフ・ハヴェルは、大統領就任前の一九八九年一〇月一五日、静かな「ビロード革命」の序幕を演出し始めていた頃、ドイツ図書出版協会平和賞（der Friedenpreis des Deutschen Buchhandels）を受賞し、「言葉についての言葉」と題する受賞記念講演を行った（標題は英訳による）。右の引用はその中の一節である。この講演の主題は、歴史をも変えうる言葉の偉大な、神秘的両義性を帯びた力である。「言葉が我々の存在の淵源、人間と呼ばれる宇宙的生命形態の実体そのものである」以上、人間の栄光と悲惨は、言葉の力の不可思議な両義性として現れる。圧制と搾取から人間を解放する闘争へと、人々を立ち上がらせ、勇気付け、連帯させた同じ言葉が、これらの人々を拷問し、殺戮し、抑圧する権力の所業の正当化シンボルに転化する。歴史の皮肉は、同時に、言葉の裏切りである。当時、旧ソ連・東欧で我々が見ていたのは、「共産主義」や「社会主義」という言葉の裏切りに対する、人民の報復である。(2)

ハヴェルの観察を支えているのは、社会主義圏の体制の挫折に対する万能の救済者として、「市場」、「自由」、「民主主義」などの言葉を理想化する人々の熱情、たやすく幻滅し反動化しうる性急な熱情とは異質の、醒めた精神である。言葉の両義的な力を見据える彼のまなざしは、「東側」の人々が今そこに立ち返ろうとしている近代市民社会の理念にも、フランス革命を鼓舞したあの言葉たちにも向けられている。「自由、平等、友愛——何と素晴らしい言葉だろう！　そして何と恐ろしい意味をもちうる言葉だろう。自由——処刑の前の、シャツのボタンをはずす解放感。平等——異なった首に対するギロチンの落下速度の定常性。友愛——最高存在によって支配された怪しき楽園！(3)」東欧変革の機動力となり、「西側」からも共感を呼びつつあった「ペレストロイカ」という言葉も、彼の懐疑に対して免除特権をもたない。ゴルバチョフの課題の困難さに理解を示しつつも、ハヴェルは、ストライキをする労働者や反抗的な少数民族、少数反対意見の持ち主を「ペレストロイカを危うくする」として非難するこのクレムリンの強き指導者の姿勢に、この言葉が「社会主義」という言葉と似た運命をたどり始めているという懸念を抱く(4)。（一九九〇年大統領就任前後の、バルト危機の深刻化に伴うゴルバチョフの保守派への接近は、ハヴェルのこの懸念の的確性を証明しつつあった。）

言葉の力を信じるがゆえに言葉を懐疑するというハヴェルの逆説は、傍観者的イデオロギー批判や、真理や価値を個人の意志や決断に還元する相対主義と同じではない。批判と希望の言葉が、抑圧と絶望的隷従の言葉に変質する根本的原因と彼が考えているのは、冒頭の引用が示すように、人間の倨傲である。これは啓蒙的理性の倨傲と読み換えてもよい。自然的・社会的所与を理解することにより作り変え、所与への埋没から自己を解放する自己の能力に目覚めた人間は、やがて自己の能力を過信し、世界を無から創造し設計した神のロゴス（言葉＝理性）に自己のロゴスを擬し始め、最後には神を殺害して、その地位を僭奪する。自己のロゴスの全能性を信じる人間にとって、自然や、観点を異にする他者は、共に生きらるべき自律的存在ではなく、自己の世界計画に適応するように改良さるべき素材であるか、さもなくば、除去さるべき障害である。啓蒙的合理主義が究極的に行き着く、この倨傲を抑制しうるのは、人間の言葉（ロゴス）の有限性の自覚であるが、この自覚を可能にするのは、人間の言葉では捉えきれない無限なる〈何か〉、超越的なる〈何か〉への畏怖である。キリスト教世界の住人であるハヴェルは、この〈何か〉を「初めにありし、人の言葉ならざる言葉」として表現するが、それは、共産党綱領や『資本論』でないのと同様、教会の公定教理体系ではなく、全体知を標榜するこれら一切の傲慢な人間の言葉を超越したあるものである。共産主義、あるいはマルクス＝レーニン主義という一群の傲慢な言葉の凄惨な帰結を学んだ後、人々がなすべきこととして彼が強調するのは、別の傲慢な言葉を以てこれらに代えることではなく、人間の言葉を超えたものを畏怖しつつ、すべての傲慢な言葉に対して連帯して闘うこと、一見謙虚な言葉に潜む倨傲の芽に警戒を怠らないこと、即ち、「言葉のための、言葉に対する責任」をとることである。ハヴェルにとって、これは「東側」だけではなく全人類が担うべき普遍的な課題であり、単なる言語学的課題ではなく、本質的に倫理的な課題である。(5)
言葉だけを武器に強大な国家権力と長年にわたり闘い続け、遂にはその闘いに勝利を収めつつあるかに見える知識人の口から、言葉についてこのような懐疑的なメッセージが伝えられるのは、意外に聞こえるかもしれない。しかし、言葉の力と権力の生態を共に知る劇作家が、国家の暴虐の根底にある言葉の倨傲を洞察したのは、決して不思議ではない。何故なら、国家権力とは単なる物理的な力ではなく、物理力行使の正当性の認定権を独占する観念的な力であり、力の行使を正当化する言葉の力に依存せずには存立できないからである。国家は言葉の力に依存するがゆえに、言葉が傲慢化するとき、専制の最悪の形態が現出する。

**権力の倨傲**　ハヴェルのこの基本思想は、彼が大統領に就任した後、まさに権力の座に自らが就いた後も変わらない。大統領就任後の一九九〇年一月二一日、訪問先のポーランドの国会における演説で、劇作家としての自分が属するチェコ文学の懐疑主義的伝統と対照的な、英雄主義的自由精神を発散するポーランド的エートスを称賛し、さらに、「中欧（Central Europe）」——もはや「東欧」とは呼ばれない——における一連の変革の動きが、民主主義・自由・正義・民族自決への逆行不可能な一つの共通の流れになっているという確信を表明した後、次のように述べている。

しかし、地上の楽園が勝利を収めたことはかつてなかったし、将来もありえない。それがありうるという観念に慰められるのは、次のような者たちの自惚れた精神だけである。即ち、自分たちがすべてを理解したと確信し、自分たちを超える高次の神秘的な制度の存在を否定し、自分たちこそが歴史を管理していると信じている者たちである。(6)

「地上の楽園」に代わる現実的な希望として提示されるのは、「ヨーロッパへの回帰」である。東西対立の下で上から押し付けられた、内部対立を隠蔽する偽のイデオロギー的団結に代えて、ヨーロッパ全土に、自由で民主的な自律的民族国家の間の、真の相互的尊敬と協力に基づく多元的統一を実現することである。そこに至るための課題（特に、ドイツ再統一問題）と解決の道筋を素描した後、演説を締め括る前に、ヨーロッパを分断する壁よりももっと危険な壁、諸個人の魂を分断する壁とされた問題を、彼は自国を念頭におきながら指摘する。

今日の最も危険な敵は、もはや全体主義の暗い諸勢力、あれやこれやの敵対的で陰謀好きなマフィアどもではなく、我々自身の悪しき性である。従って、大統領としての私の施政方針は、精神性、道徳的責任、人道性、そして謙虚さを政治にもたらすこと、その点で、次のことを明確にすることである。即ち、我々を超えた高次の何かが存在すること、我々の行動は時間のブラック・ホールの中に消失してしまうのではなく、どこかで記録され、裁かれること、我々には、自分たちがすべてを理解し、すべてを為しうると考える権利も理由もないことである。(7)

ハヴェルのこの謙虚なる懐疑を、ゴルバチョフの傲慢なる確信と比べるとき、我々は両者の相違を、〈下からの民主化〉としてのビロード革命と、〈上からの民主化〉としてのペレストロイカとの相違として説明する誘惑に駆られる。国家権力を国家権力によって頂点から改造しようとする者は、権力の倨傲から目覚めるどころか、ますますその罠に深く嵌まり込んでゆくのに対し、国家権力を下から突き崩す者は、この陥穽から自由である、と。私はこの説明のレレヴァンスを完全に否定するつもりはないが、この説明で満足してしまうならば、ハヴェルのメッセージを半分も理解したことにならないと思う。

フランス革命についてのハヴェルのシニカルにさえ響く言述が示すように、下からの民主化が言葉の倨傲に対して、従ってまた権力の倨傲に対して、免疫をもつという楽観を彼は抱いていない。下からの民主化運動は、その時点での支配権力に対して懐疑と不信をもつが、この懐疑と不信は権力そのものに対するものというよりは、権力主体たる支配層に対するものである。権力自体に問題があるのではない、誰が権力を握るかが問題なのだ、というのがその基本的な関心である。「民衆に権力を」という要求は、それだけでは「権力に制約を」という要求を含意しない。飽くことなき貪婪な権力欲、一切の制約を断ち切る権力への意志といったものと、下からの民主化は完全に両立するし、実際しばしば結合する。下からの民主化が絶対的な権力への意志と結合するとき、権力獲得後「下」の一部が他を「上」から抑圧するという「革命の裏切り」や、強き独裁者に民衆が自己を同一化して自己の権力衝動の代償的充足を図るという「革命の自殺」が、そしてそれらに対する様々な反動が、殆ど不可避的になる。フランス革命を「下からの民主化」と呼ぶことができるのは、この言葉を、このような反転・再反転を含む屈折した意味で用いるときである。

しかし、下からの民主化と権力への意志との結合に関わるフランス革命の問題性は、恐怖政治の狂気や、ナポレオン帝政、ボナパルティズム等々にだけではなく、革命の全過程を通じて一貫して進展した国家権力の強大化にある。国家権力の主体の変更という観点から見れば、確かにこの革命は、旧体制と断絶するラディカルな変化、即ち民主化を、一世紀近くにわたる紆余曲折を経てもたらした。しかし、国家権力そのものの強さの変化という観点から見るならば、この革命は、トクヴィルが示したように、旧体制たる絶対主義国家の下で既に進行していた集権化の過程を、さらに継続し発展させたものに他ならないのである。(8) この過程を通じて、個人と国家の間に介在する様々な自立的諸権力を吸収することにより国家が肥大化・強大化し、社会の隅々までその支配を浸透させていった。この革命が生んだ近代国民国家は、絶対主義国家の権力への意志をさらに徹底して追求する、一層強大で、遍在的で、浸透的な権力である。

ハヴェルが洞察し、警告を発しているのは、単に、上からであれ下からであれ、民主化によって是正しうると信じられた全体主義の誤謬ではなく、民主国家も含めて、およそ国家なるものが、そこへ陥る危険を常に内包している権力の倨傲という罠である。この罠は、単なる体制の欠陥として片付けうるものではなく、我々の「悪しき性」の内に、自己のロゴスの有限性を忘却する人間の倨傲の内に仕掛けられているがゆえに、「全体主義の暗い諸勢力」がもはや危険な敵ではなくなった後も、否、その後にこそ一層、警戒されなければならない。悪しき権力を倒した人民の、自らの善き理性、正しき言葉に対する信頼は、自らの理性=言葉の内に潜む倨傲の芽に対して、彼らを盲目にするからである。

## 二　リベラリズム

### 啓蒙を超えて

このように解釈されたハヴェルのメッセージは、国家の権力性に対する批判的問題意識を深め、発展させてきた一つの思想伝統に連なっている。リベラリズムがそれである。人間の理性を全能視する啓蒙的合理主義に対するハヴェルの反感と、リベラリズムがしばしば啓蒙的理性の嫡出子とみなされることとを考え併せるならば、このことは奇妙に聞こえるかもしれない。しかし、単なる「啓蒙の嫡流」としてのリベラリズムの理解は、浅薄のそしりを免れない。確かに、啓蒙による個我の覚醒は、個の自律というリベラリズムの一つの重要なモティーフの源泉となった。しかし、啓蒙の限界を超えた思想資源も、リベラリズムの伝統は包蔵している。

第一に、例えば、フリードリッヒ・ハイエクが「構成主義的（constructivistic）」リベラリズムに対置し、「進化論的（evolutionary）」リベラリズムとして描いて見せた思想系譜が示すように、社会の伝統や歴史的に生成したルールを一切無視し、合理的設計に基づき、白紙から社会をトータルに構築することを意図する啓蒙的理性の倨傲が、自由を圧殺する専制に導くことを、フランス革命やロシア革命の経験からいちはやく洞察し、これを鋭く批判する視野を切り開いたのは、英国のオールド・ホイッグを始めとする、古典的なリベラリズムの伝統である。(9)

第二に、自然や他者を欲求充足の最大化のための操作の客体とみなす、効率主義的・機能主義的・道具主義的発想も、啓蒙的理性の倨傲の一面をなすが、この発想を徹底させ、これを近代社会の一つの――幸いにして、「唯一の」ではない――支配原理とするだけの影響力をもったのは功利主義である。かつて、功利主義がリベラリズムの「通説」的立場とみなされたこともあったが、人格的主体性の回復の見地からこれをラディカルに批判し、自然権思想や社会契約説など、対抗的影響力をもつ近代の思想遺産の現代的再解釈により、新たな代替的パラダイムを提示しようとする運動、啓蒙の限界を啓蒙の遺産の批判的組み換えによって克服しようとする運動も、ジョン・ロールズ以降の反功利主義的リベラリズムの勃興に見られるように、リベラリズムの伝統の中から生まれている。(10)

リベラリズムの「脱啓蒙的」性格に関して、最後に、おそらく最も重要な点であるが、超越的なものへのハヴェルの志向とリベラリズムとの関係に触れておく必要がある。リベラリズムの核心が「相対主義的寛容」にあると錯覚する人々にとって、超越者への信仰の回復を大統領施政方針とするハヴェルの思想を、リベラルと呼ぶのは許し難いに違いない。しかし、ハヴェルにおける超越者への信仰は、既に示唆したように、特定の宗教のドグマの体系を絶対化する独善的狂信とは何の関係もない。逆に、宗教的ファンダメンタリズムと左翼全体主義が共有する倨傲、即ち、確実不可謬な知や全体知を所有するという独善的標榜を退け、我々の理性の有限性・不完全性・可謬性を自覚する根拠として、あらゆる傲慢な言葉を懐疑する根拠として、我々の理性を超えたものを畏怖する謙虚なる精神が蘇生さるべきことを説いているのである。

ハヴェルはこの超越的なものを、キリスト教的隠喩で表現しているが、それは人間の言葉で汲み尽くすことのできないもの、制度としてのキリスト教の言葉をも超えたものである。このような意味での超越者を畏怖する精神は、キリスト教という特定の宗教の枠に限定されない普遍的射程をもつ。宗教的色彩を拭った散文的な、哲学者の手垢のついた言葉で表現すれば、それは「客観主義」である。これは危険な言葉である。多くの哲学者が今や、何かを嘲笑したいという自己の欲求を満たすために戯画化した、滑稽で醜悪な道化役者的観念――プラトン的哲人王の認識論的＝政治的専制から、「女の主観性」を蔑視するマッチョ的男性優位思想まで――をこの言葉に担わせて、これを指弾し、辱めることを楽しんでいる。しかし、この言葉にダンス・キャップを被らせてこれを引き回す、哲学的紅衛兵たちのけたたましい行進に、私は加わりたくない。むしろ、糾弾の喧噪が掻き消したこの言葉の静かな肉声を記録したい。救済さるべきは、判断――ここでは特に価値判断が問題となる――の真偽は、判断主体の信念・願望から独立であるというメッセージである。客観主義は相対主義者によってしばしば独断的絶対主義と混同されるが、後者は判断主体の確信（自明性）を判断の真理性の根拠とするものであり、客観主義とはむしろ両立不可能である。

リベラルな寛容の認識論的基礎をなすのは、相対主義ではなく、ジョン・スチュアート・ミルの古典的洞察[11]が示すように、この客観主義によって初めて可能にされる我々の価値判断の可謬性・不完全性の自覚である。相対主義は客観主義を否定し、価値判断の真理性ないし妥当性を判断主体の意志に還元することにより、この可謬性・不完全性の自覚を無意味化・無用化する。相対主義は啓蒙的理性のもう一つの傲慢な顔である主意主義、即ち、人間の意志をすべての価値の創造者とする発想の帰結であり、独断的絶対主義が全知の標榜を人間に許すように、価値を創造する自己の意志の全能性の標榜を人間に許すのである。「これは正しい、何故なら私（我々）がそれを欲するからだ、ピリオド。」相対主義者がしばしば口にする体系内整合性の制約は、この主権的意志の倨傲を抑制するどころか、究極の価値を選び取る己れの意志の貫徹を阻む「不純物」の受容を拒否させることにより、この倨傲をさらに増長させるものである。

「相対主義的寛容」の虚妄性、相対主義と絶対主義との反転可能性については、私は別著で論じた[12]ので、ここではこれ以上立ち入らない。ただ、この文脈で一言だけ付け加える必要がある。相対主義は本来、絶対主義的言説の倨傲を戒めるために、人間の言説のはかなさを説くという動機に発していたはずである。しかし、相対主義は、真理や価値についての人間の言葉を相対化することによってではなく、真理や価値そのものを人間の多様な言葉に相対化することによって、この狙いを達成しようとする倒錯を犯した。その結果、人間の言葉を真理や価値の最終審級として絶対化するという、絶対主義と同じ倨傲に陥ったのである。「相対主義」という言葉の意味の、この皮肉としか言いようのない運命は、本来謙虚であった言葉がいつの間にか傲慢なものに転化するという、ハヴェルを震撼させた言葉の両義的な力の、もう一つの劇的な例である。相対化の二つの意味の混同という知的誤謬が、相対主義の傲慢化の原因であるというのは、事柄の半面に過ぎない。人間の言葉の相対化を、人間の言葉への相対化と混同すること自体が、啓蒙が生んだ人間中心主義という倨傲、人間を万物の尺度としたプロタゴラスの、古代ソフィスト啓蒙にまで遡りうる倨傲の帰結である。客観主義に立脚するリベラリズムは、我々がそのほんの小さな一部でしかない、しかし共にその一部であるような、我々を超えた大いなる存在への畏怖に根差す自己批判的謙抑と連帯を、寛容と多元的共存の基礎にすることによって、啓蒙の陥穽から、自己の言葉を神の言葉に代位させる倨傲に人間を誘い込む罠から、脱出することができる。ハヴェルの超越者の隠喩は、このことを暗示している。

**権力批判**　ここに示したような、ハヴェルの言葉のリベラルな解釈と、リベラリズムのハヴェル的解釈とは、ハヴェルの「真の思想」に対する釈義学的忠実性や、「リベラリズム」という言葉の平均的イメージへの統計学的近似性を標榜するものではない。その狙いは、リベラリズムという思想伝統の、継承発展に値する良質の遺産と私が考えるものに照らして、ハヴェルの言葉をより良き光の下に置くこと、そして、このように照らし出されたハヴェルの言葉によって、表層を撫でる目には見えにくいリベラリズムの深みを逆照射することである。

この深みをなすのは、国家権力の主体問題には還元されない、国家権力の限界問題の、人間的自由にとっての根源的重要性への洞察である。「我々が自由であるためには、我々は国家権力の単なる客体にとどまるのではなく、その主体でなければならない」という命題を、リベラリズムは否定しない。しかし、そこから、「我々が国家権力の主体であるならば、我々が国家権力を自己のものとするならば、我々は自由である」という命題を導出することを、リベラリズムは危険な「飛躍理論（*non sequitur*）」として斥ける。国家権力の主体が誰であれ、「国家権力は一体何をなしうるのか」という問いを、我々の自由にとって根本的な問いとして、リベラリズムは執拗に提起する。この問いに対して「我が意志に適う限り、何事をも」と答える者は、それが独裁者であれ、国家権力を奪取した武装せる人民組織であれ、議会における多数派であれ、議会の多数派に実効的に工作できる圧力団体であれ、その時々の選挙権者集団の過半数であれ、リベラリズムにとっては自由の敵である。

この答えが要約するような、無制約な権力としての国家の全能性の想定は、ハヴェルが警戒する言葉の倨傲の自然な帰結である。神の言葉に代位せんとする人の言葉が、自己を実現する究極の手段とみなすのは、この世における神としての、全能なる「主権的」国家だからである。リベラリズムは誰の言葉であれ、全知を標榜する傲慢な言葉を斥けるように、誰の権力であれ、全能を標榜する国家権力を斥ける。無制約な権力は、誰の権力であれ、自由を窒息させる専制をもたらすからである。リベラリズムの専制概念は、権力主体の数や性格にではなく、権力そのものの制約性の有無に関わっている。

国家権力の限界問題を主体問題に解消する上述の飛躍推論への誘惑として、特に言及する必要があるのは、権力への人民の参加のモティーフである。これには二つの形態がある。一つはイデオロギー的形態であり、参加の徹底が治者と被治者の同一性を生み出し、権力の限界問題を無用化するとする。しかし、この議論が依拠する同一性の想定は、最もラディカルな参加民主主義でさえ避けえない多数者による少数者支配の実相を隠蔽する、文字通り「イデオロギー的」な虚構である。

もう一つは、現実主義的（たることを標榜する）形態である。民主的参加保障こそが権力を制約する最も実効的な方法であり、人民が参加する決定に対する一切の外在的制約は、むしろ超越的権力の横暴を許すものであり、排除さるべきであるとする。確かに、権力への参加が権力の制約の重要な条件の一つであることは事実であり、リベラリズムもこれを承認するが、このことは、権力への参加が権力の制約の、ましてやその正当性の必要十分条件であるということを意味しない。参加が保障された民主的権力に、一切の制約を排した白紙委任的信頼を与えることを要求する人々に対しては、リベラリズムは、もっと現実主義的な懐疑の必要性を主張する。即ち、ラディカルな参加民主主義も無制約の権力を我が物とするとき、きわめて不寛容な迫害や全体主義的抑圧をもたらしうることを、それは再強調する。「下からのファシズム」としてのナチズムと民主主義との関係という、微妙な問題には立ち入らないとしても、例えば、健全な民主主義の歴史を物語るとき言及される「聖地」の一つ、ニュー・イングランドのピューリタン入植地でも、一六九二年のセイラムにおけるように、草の根民主主義はときに魔女狩りに狂い、同胞の血を貪婪に吸う。「人民の敵」やその他の名のスケープ・ゴートは制約されざる民衆の権力が傲慢になるとき、最初に作り出されるものである。

誤解のないように言っておけば、参加民主主義が、公共の論議を通じて形成される分別ある自己抑制を望みえないとここで言っているのではない。重要なのは、公共の論議の力を過大視し、参加民主主義が分別を失う可能性を捨象して、その権力の制約の必要性を否定するのは、最も危険な種類の願望思考であるということである。謙虚な言葉がいつのまにか傲慢な言葉に変質するという、言葉の両義的な力に対するハヴェルの洞察を、我々はここでも想起すべきである。

権力の主体問題の枠を超えて、権力そのものに対する批判的問題意識を発展させてきたのは、リベラリズムだけではない。国家権力の制約ないし限界設定の問題に関心を寄せるリベラリズムは、権力批判の他の立場からすれば、むしろ不徹底で浅薄、あるいは欺瞞的に見える。リベラリズムの「深さ」を測るには、これらの立場からの批判に対する、その耐性を検討する必要がある。以下では、リベラリズムに対する歴史的宿怨をもつ二大批判者、マルクス＝レーニン主義の階級的国家論とアナキズムに焦点を合わせたい。

## 三　階級的国家論

**「裏切られた」思想**　マルクス＝レーニン主義の実践としての現実の共産主義国家が、人間を解放するどころか、人間の生を隅々まで統制する、きわめて浸透的な官僚的・警察的権力機構であることが、誰の目にも明らかとなり、至るところで自壊してしまった現在、思想としてのマルクス＝レーニン主義が権力批判の契機をもつと言ったところで、白々しく聞こえるだけかもしれない。しかし、自由な国家なるものを概念矛盾とし、国家の死滅後に真の人間の解放を見たこの思想は、リベラリズムよりもラディカルな国家権力批判として自己を理解している。共産主義国家の従来の現実を、この思想の裏切りと見る人も少なくない。しかし、なぜこの思想は「裏切られた」のか。「裏切り」を許した責任が、この思想そのものにはないのか。これは検討に値する問題である。

マルクス＝レーニン主義の国家論の全貌をここで検討する余裕はない。ここでは、レーニンの『国家と革命』[13]が古典的表現を与えている見解に考察を絞りたい。この限定的な考察だけでも、リベラリズムの「深さ」の測定に資するところは少なくないと思う。問題の古典的見解は、「国家とは、抑圧階級による被抑圧階級の搾取の手段としての特殊な暴力装置である」という命題に要約される。

この階級的国家論が前提しているのは、階級対立の非和解性であるが、この前提は、単に、階級対立の調停者として国家を承認する「修正主義」や「改良主義」を斥けるということ以上の意味をもつ。より重要な含意は、社会の、階級社会としての社会の、国家従属性である。リベラリズムは、「夜警国家論」的ヴァージョンだけでなく、「福祉国家論」的ヴァージョンにおいても、社会が多かれ少なかれ——この程度の差は別の文脈では重要であるが——自律的な秩序維持機能をもつことを前提し、そうであるがゆえに、国家権力の制約の必要性を説くが、階級的国家論はこの前提を否定する。後者の観点からは、社会は調停不可能な階級対立によって引き裂かれており、自らの手で秩序を形成する力をもたない。従って、搾取階級は、「私的」な社会の上位に立つ「公的」権威として偽装された特殊な暴力装置を使って、被搾取階級を抑圧することによってしか、秩序を維持することはできず、この暴力装置こそ国家に他ならない。資本主義体制における経済社会の国家に対する外見上の自律性は、プロレタリアートに対する抑圧装置としてブルジョア国家への、この社会の依存性を隠蔽するものでしかない。国家権力の制約を説くことにより「自律的社会」の虚構を再生産するリベラリズムは、制約された国家権力による階級抑圧の無制約化を隠蔽するイデオロギーである。社会の国家からの真の解放、真に自由な社会の実現は、国家権力の制約によってではなく、階級抑圧一般、階級対立一般を止揚し、国家権力一般を廃絶することによってのみ可能である。(14)

階級対立と国家権力の廃絶のシナリオは、周知のように、暴力革命によるブルジョワ国家の破壊、それに代わるプロレタリア独裁国家の樹立、無階級共産社会の確立による国家一般の死滅である。このプロレタリア国家は、「官房と参謀本部」、さらには「証券取引所」によって支配されたブルジョア国家の形骸化した民主主義と異なる、真の民主主義を体現するものとして描かれる。すなわち、常備軍と官僚機構は破壊され、武装した労働者大衆の民兵組織と、立法権のみならず執行権も手にした人民の代表機関がこれに代わる。さらに、後者の特権化・官僚化を排するために、代議員について、選挙制だけでなく随時解任制、労働者賃金を超えない俸給、万人の一定期間就任確保などの方策が採られる。この国家はブルジョア国家よりもはるかに民主的ではあっても、多数派であるプロレタリア階級の支配に対するブルジョア階級の反抗を抑圧するために、組織的な暴力を行使する点で、依然として国家である。しかし、共産主義社会の建設が完了し、階級対立と搾取が消滅すれば、おのずと死滅するとされる。(15)

**資本主義の現在**　この階級的国家論に対しては、その階級対立の非和解性の主張が、資本主義の現実の発展過程によって反証されたという批判が、しばしばなされる。それによれば、産業化の初期にはゼロ・サム的階級利害対立と労働者の非人間的収奪が見られるとしても、資本主義の成熟とともに全体のパイが飛躍的に拡大し、さらに福祉国家的再分配も加わって、労働者の生活水準が大きく向上し、階級対立は利益政治的交渉ゲームによって調停可能な、馴化された分配問題へと弛緩する。さらに、強い交渉能力をもつ組織労働者と、それを欠く未組織労働者との利害対立や、ポスト産業社会化に伴う労働条件や労働者意識の多様化と個性化などにより、労働者を一体化させる階級的利害なるものが経済的基礎を失う。

階級的国家論の経済学的前提に対する批判としては、この種の議論の妥当性を私も承認する。ただ、資本主義の弁護論をこれに求める向きに対しては、一言付け加える必要を感じる。すなわち、資本主義経済の成長のダイナミックスは、階級対立の問題を解消ないし緩和するとしても、それによってかえって、成長がもたらす富の享受者と、成長によって犠牲にされる者との、解消がより困難な別の対立を前面に出すのである。都市の繁栄の陰に隠された農村の疲弊の問題や、先進産業諸国による発展途上国の構造的収奪の問題はよく指摘されるが、さらに「世代間正義（intergenerational justice）」の問題がある。産業化の初期に非人間的な収奪を受ける世代は、何故、産業化の豊かな成果を享受する将来の世代のために、犠牲にされなければならないのか。資本主義の弁護論にとって、これらの諸問題は、現在では階級対立問題よりも重要である。

例えば、近代化を目指すタイで、放擲された貧しい農村地域から、安価な労働力として大勢の子供たちが都市へ連れて来られ、産業奴隷的な搾取を受けており、日本企業の容赦ないコスト低下圧力に応える現地下請け業者の戦略に組み込まれているが、そこには上述の諸問題が集約的に表現されている。一九九〇年頃、バンコクだけでこのような子供たちが一〇〇万人位いると言われ、さらに増え続けることが予想された。タイにとって、資本主義的経済発展は、この膨大な幼い犠牲に本当に値するものなのか。現在の特定化された「繁栄」の未来における一般化の約束、履行期限も履行保証もないこの約束が、それによって救済されることのない現在の特定化された犠牲を、いかにして正当化しうるのか。うるわしい労資協調を成功の秘訣として喧伝する日本資本主義は、その圧倒的な競争力の維持という神聖な至上命令を、この声なき幼い犠牲を貪る権利根拠にすることが許されると、いつまでも労資協調して信じ続けることができるのだろうか。

社会主義に対する体制間競争で資本主義が勝利を収めたように見える現在こそ、このような問いが問われるべきである。万能の解決策を知っていると標榜しているわけではなく、社会主義圏における計画指令経済の挫折は、資本主義に、自己満足に浸る権利を与えるものではないという、陳腐な、しかし現在いとも容易に忘却される命題を確認しているだけである。

## 対立の多次元性

資本主義の経済分析としてではなく、権力批判の政治哲学として、階級的国家論を見るとき、その根本的な欠陥は、階級対立の非和解性という形で、社会的対立の深刻さを過大評価していることにではなく、逆に、社会的対立を階級対立に一次元的に単純化することにより、社会的対立の複雑性と根深さを過小評価している点にある。人間存在の多次元性に応じて、社会的対立も多次元的であり、経済的な階級利害の対立だけでなく、人種、民族、文化、言語、性、性的生活形式、宗教、価値観、世界観、個人的選好など、様々な軸に沿って、多様な対立が存在する。それぞれの対立次元は固有の意味と論理をもち、固有の抑圧・差別・闘争・妥協・宥和・決裂の歴史をもつ。階級対立に、あるいは、何であれ単一の対立次元に、他のすべての対立次元がその「付帯徴候(epiphenomena)」として還元できるなどと信じるのは、一個の人間を労働者として、あるいは、エディプス・コンプレックスの持主として「規定」することで、完全に理解できたと信じるのと同程度に愚劣である。

リベラリズムが国家権力の制約に関心をもつのは、社会を葛藤なき自然的調和のシステムと見るからではなく、ここに述べたような多次元的な対立の巣として、それゆえ、熾烈な闘争の可能性を多方向的に秘めたものとして見るからである。多様な対立の錯綜を社会が内包する以上、放縦な暴力から個人を保護し、自力救済の恣意と無力を是正する実効的な紛争解決機構を確立するために、国家権力が必要であるという、散文的な国家の存在理由をリベラリズムは承認する。しかし、同時に、そのために必要な、暴力と暴力行使の正当性認定権との国家への集中がもつ危険性も、それは自覚する。すなわち、多様な対立が社会に根深く存在するからこそ、対立者を抑圧する手段として国家権力を利用することへの誘惑を、国家権力の存在そのものが不断に生み出すのである。リベラリズムはこのことを自覚するからこそ、権力制約問題の権力主体問題への還元可能性を否定する。権力の倨傲の罠から完全に自由であるような、一切の対立を超越した主体はどこにも存在しないから、逆に言えば、社会的対立の多次元空間は、どの主体の位置をも包摂するほど、十分に複雑だからである。

国家権力の廃絶でも全能化でもなく、その制約された存在の必要性を社会的対立の多次元性が含意することが、特に明らかになるのは、社会的対立を一次元化する者たちの欺瞞の、犠牲者の観点に立つときである。例えば、根深い反ユダヤ感情をもつ一般労働者の敵意に脅かされるユダヤ人労働者は、一般労働者が階級搾取の手段として攻撃する「ブルジョア自由主義国家」の合法的支配に、一般労働者の一層抑圧的な社会的専制からの保護を求めるだろう。このユダヤ人労働者が、この国家を、労働者階級の一般的な経済的利益の保護に欠けるとして批判するとき、彼はこの国家の改革を要求しても、この国家の合法的支配がもつ個人保護機能の廃絶を要求したりはしないだろう。同様に彼は、プロレタリア独裁国家においては、ユダヤ人など少数派の権利擁護のための、国家権力に対する法的制約が無用化されるなどという幻想に浸ることもない。彼にとって国家は、保護者として必要な存在であると同時に、可能的迫害者として警戒され統御さるべき存在であるというアンビヴァレンスを、常にもつのである。

国家権力の制約の必要性を主張することにおいて、リベラリズムは確かに、社会が多かれ少なかれ自律的な秩序維持機能をもつことを前提する。しかし、この自律的秩序維持機能とは、狼と羊が仲良く戯れる牧歌的な理想郷の静的安定ではない。それは、むしろ、多様な対立を内包する社会が、多様な対立項の観点から公平として受容できるような、共生の枠組として国家を確立したとき、この枠組の中で、国家の恒常的・全般的な介入によらずに、人々の協力・競争・交渉・論争を通じて、動的な安定を実現する可能性である。かかる枠組となるのはいかなる国家か、という問いに対するリベラリズムの当面の解答は、立憲主義的に制約された民主国家であるが、この解答の精密化はここでは必要ではない。重要なのは次の点である。リベラリズムにおいて国家権力の制約は、階級対立の隠蔽のためではなく、むしろ階級対立一元論によって隠蔽された、多様な社会的対立を認知し、対立者の共生を可能にする公平な枠組を確立するために、要請されるのである(16)。階級的国家論は、その階級対立一元論のゆえに、このような共生枠組としての国家の可能性と必要性を無視することにより、自己の「ラディカル」な権力批判の批判力を、自らの手でそぎ落としてしまう。これに関して、三点、指摘しておきたい。

**問題湮滅**　第一に、階級的国家論は、階級対立が止揚されれば社会的対立一般が解消し、その結果、人間に対する暴力一般が、従ってまた、国家権力一般が死滅すると主張する。しかし、多元的な社会的対立の現実を捨象しているために、この主張は、ユートピア的空想であるだけでなく、その意図と正反対の、専制的な国家権力の永続的合理化に、容易に転化してしまう。階級対立一元論に従えば、階級対立が止揚された後に、社会的対立が存在するはずがない。革命後も存在する社会的対立はすべて、残存する階級対立の反映である。従って、プロレタリア独裁国家の決定、プロレタリアの前衛党の決定に対する一切の批判は、ブルジョアジーの階級利害の残滓の反映であり、徹底的に撃滅しなければならない。この論理により、国家の死滅は永遠に先送りされ、一切の異論を抑圧する前衛党の専制が、専制一般を止揚するために永続化されるだろう。仮に階級対立の消滅が宣言されたとしても、この宣言は、国家の死滅によってその効力を証明されるのではなく、社会的対立の存在を表面化させる意見の多様性や批判を圧殺する権力によって、強制的に通用させられることになろう。例えば、真の共産主義社会には民族問題は存在しないはずである以上、不当な差別に対して抗議する少数民族の口は塞がれなければならず、必要とあらば、その存在そのものが抹消されなければならない。

**指導者的国家観**　第二に、「前衛党の専制」と今言ったが、階級的国家論は、これと一方でそれが説くラディカルな参加民主主義との間に、何の矛盾も見いださない。階級的国家論は、プロレタリア国家も含めて、国家一般の本質を階級抑圧の手段として規定する「本論」とは別に、指導者的国家観とも言うべきものを「傍論」で提示している。

> プロレタリアートには、国家権力、すなわち、中央集権的な権力組織、暴力組織が必要であるが、それは、搾取者の反抗を抑圧するためにも、社会主義経済を「組織」する大事業において膨大な住民大衆、すなわち、農民、小ブルジョアジー、半プロレタリアを指導するためにも必要なのである。
> マルクス主義は、労働者党を教育することによって、プロレタリアートの前衛——権力を掌握して、全人民を社会主義にみちびき、新しい秩序を指導し組織する能力をもち、またブルジョアジーぬきで、ブルジョアジーに反対して、自己の社会生活を建設する事業で、すべての勤労被搾取者の教師となり、指導者となり、首領となる能力をもつ前衛——を教育する。[17]（傍点部は原著者の強調）

革命前のロシアで国民の僅かな部分に過ぎなかったプロレタリアートに、他の「膨大な住民大衆」を指導する権力を与える根拠は、ブルジョアジーの支配を打倒するに足るだけの階級的自覚と連帯を、プロレタリアートにだけ可能にする彼らの「経済的存在条件」である。このプロレタリアートをさらに指導する権力を、前衛党に与える根拠は、不可謬の全体知としてのマルクシズムの、もっと正確に言えば、その「正当なる継承者」の絶対主義的権威である。この指導者的国家観と、プロレタリア国家において実現すると主張される徹底的な参加民主主義との両立可能性は、強制された拍手を完全なる合意の表現と見るときのみ信じうるものである。さらに、より原理的な次元では、この指導者的国家観と抑圧者的国家観との整合性も問題となる。後者の観点からは、プロレタリア国家も、一つの階級による他の階級の抑圧の手段であり、階級対立の消滅とともに死滅するはずであるが、「抑圧」ではなく「指導」の手段としての国家権力への需要が、階級対立の消滅によりなくなるという保証はない。様々な「修正主義」が性懲りもなく出現する可能性が有る限り、すなわち、永遠に、この需要は前衛党にとって、なくならないだろう。

指導者的国家観は、階級的国家論の「本論」との間に緊張を孕むが、「健康な本論」を蝕む異質な癌細胞というわけではない。それは「本論」と同じ病因の付加的症候である。この病因は、人間社会において不可避な多様な対立の、単純化への偏執である。この偏執に囚われた者にとっては、それさえ止揚すればすべての社会的対立を一挙に解消できる根源的な対立が存在しなければならない。資本と労働との階級対立がそれである。この対立図式はプロクルステスのベッドであり、すべての対立はこれに適合するように、切断され圧延される。そして、この対立が根源的であるからこそ、その被抑圧項たるプロレタリアートは真の敵を正しく同定し粉砕する能力をもち、聖なる救済者としての地位を獲得する。都市と農村との、あるいは工業化と農業との対立は、資本と労働との対立という本質的な対立を隠蔽する仮象であり、経済的存在条件のゆえに進んだ階級意識をもつ労働者は、意識の遅れた農民を指導・教育し、このことを理解させなければならない。早熟な革命的観念が先取りしてしまった工業化を、事後的に現実化すべく早急に輸入された設備・機械などの費用を穀物輸出で賄うために、種籾まで徴発して数百万ものウクライナ農民を餓死させたとしても、これは出来の悪い生徒に対する当然の処罰である。

社会改造の方向をめぐる思想的対立も、この根源的対立によって規定されている。真に革命的な教説としてのマルクシズムに忠実な思想のみが、プロレタリアートの階級意識を反映し導く光であり、それ以外のすべての思想は資本という闇の力によって動かされた邪説である。このマニ教的二元論は、何がマルクス主義に真に忠実かを認定し、闇の力に魂を売った日和見主義や修正主義を摘発し労働者を思想善導する政治認識論的権威としての前衛党を、必要不可欠なものにする。

**抑圧の民主主義**　最後に、指導者的国家観よりも一見「健全」と思われる階級的国家論の「本論」、その民主主義論の症候についても一言しておきたい。この「本論」はプロレタリア独裁国家を、官僚制と常備軍を廃棄した徹底的な参加民主主義の実現として規定するが、社会的対立の多次元性の自覚を欠くがゆえに、この民主主義の多数の専制への転化を抑制せず、むしろ、奨励する。確かに、階級的国家論は、民主主義における治者と被治者との同一性の虚構を斥け、プロレタリアートによる徹底的な参加民主主義も「多数者への少数者の服従を承認する国家であること、すなわち、一階級の他階級に対する、住民の一部の他の部分に対する、系統的な暴力行使のための組織である[18]」ことを承認する。人間に対する暴力一般の消滅という階級的国家論の理想が実現するためには、プロレタリア国家も死滅しなければならない。しかし、プロレタリア民主主義の抑圧性の、この率直な承認は、この民主主義の下での多数者権力に対する制約の必要性の承認とは、結び付けられていない。

階級的国家論によれば、プロレタリア民主主義における抑圧とは、何よりもまず、「多数者である昨日までの賃金奴隷が少数者である搾取者を抑圧すること」であり、次いで、共同生活の規則を侵害する労働者個々人の不法行為の抑圧である。いずれの場合も、抑圧の正当性は自明であり、また、抑圧する側が圧倒的多数であるために、常備軍と警察によって大衆を抑圧するブルジョア国家ほど、流血や凶暴性・残忍性など、暴力コストを要しない。しかも、不法行為の原因である、搾取による貧困と困窮は、資本主義の破壊によって消滅へと向かうし、抑圧さるべき少数者たる旧搾取階級や、資本主義のため堕落した労働者やインテリゲンツィアは、圧倒的多数の武装した大衆に囲まれて「身のおきどころがなくなる」[19]ので、強制や暴力が行使されなくとも、共同生活の規則を自発的に守ることに、人々が段々慣れ、その結果、正当かつ暴力性の少ないこの抑圧でさえ、段々無用化されてゆく[20]。要するに、ブルジョア国家の抑圧とは違って、プロレタリア民主主義における多数者の少数者抑圧には、何ら〈問題〉がない。これを制約する必要がないどころか、制約すべきでもない。

国家権力一般の廃絶を説きながら、プロレタリアが民主的に行使する権力には、白紙委任的信頼を寄せる階級的国家論の無批判性は、二つの誤謬に基づいている。一つは、現実に支払われる暴力コストの少なさと抑圧の少なさとの混同である。この混同はさらに、二つの強制概念、即ち、威嚇による抑止としての強制と、威嚇の実行としての強制との混同に基づく。前者の成功は後者の不在を、反対に、後者の存在は前者の失敗を意味するから、両者は明確に区別さるべきである[21]。最も抑圧的な国家とは、最も暴力的な国家のことではなく、逆に、暴力の実行が殆ど無用化されるほどに、威嚇が浸透し成功している国家、外見上はきわめて穏やかで平和な国家である。プロレタリア国家の万人警察体制が暴力コストを最小化するという前提は疑わしく、むしろ、暴力使用が無秩序化する蓋然性が高いが、仮にこの前提が正しいとしても、それが意味するのは、この万人警察国家がブルジョア国家よりも非抑圧的であるどころか、逆に、後者が手ぬるすぎると見えるほど徹底的に抑圧的であるということである。ブルジョア国家には、現実の国家暴力の対象となる反抗者が依然存在するが、プロレタリア国家では、かかる反抗者は「身のおきどころがなくなる」のである。

もう一つの、より重要な誤謬は、階級対立一元論に基づく、多数者と少数者との区別の一元化である。プロレタリア民主主義においては、抑圧される少数者は、旧搾取階級たる資本家と、労働者・知識人のうちの資本主義的堕落分子であり、抑圧する多数者は、昨日までの賃金奴隷たる労働者大衆である。多数者は、搾取なき社会における自由な人間的結合の享受を実現する使命によって、階級的に一体化されているのに対し、少数者は資本主義的搾取の受益者・寄生者、さらに搾取によってアノミー化された反社会分子であり、搾取なき自由社会の到来を妨害する共犯者として一体化されている。多数者と少数者との対立は、搾取という単一の観点から、一元的に固定され、この対立の両項は善悪二元論的に非対称化されている。多数者と少数者とのこのような区別を前提するならば、少数者は多数者によって徹底的に抑圧されなければならず、多数の専制に対する少数者の権利保障などという観念は入り込む余地がない。

しかし、社会的対立の多次元性に応じて、多数者と少数者との区別も多元的であり、一人の個人は労働者大衆の一員であると同時に、被差別少数民族の一員、国家の公定無神論と社会の支配的な宗教・宗派の双方によって迫害される宗教的少数者、党綱領を批判する思想的異端者、同性愛者、「精神障害者」等々でありうる。先に、ユダヤ人労働者の例で見たように、このような個人は、プロレタリア国家においても、というより、プロレタリア国家においては一層強く、少数者としての権利保護を必要とする。このように理解された多数者と少数者との区別は、実体的な区別ではなく、問題相関的な区別である。多数者にとって少数者とは、自分とは無縁な別個独立の存在者なのではない。逆説を言えば、多数者こそ少数者なのである。自らの内に少数者性を全くもたない個人、その存在の全側面において平均的な個人というのは、統計学的虚構であって、現実の人間ではない。すなわち、すべての個人が何らかの点で少数者なのであり、少数者の権利保護とは万人の権利保障に他ならない。しかし、階級対立一元論によって、このような少数者概念を抑圧隠蔽する階級的国家論は、聖なる使命を帯びた解放勢力として抽象的に一体化された多数者権力が、プロレタリア国家の万人警察体制の下で、多様な少数者に対して、従って、すべての個人に対して、「身のおきどころがなくなる」ほどに同調圧力をかける様を、すなわち、万人による、万人のための、万人の抑圧を、抑圧なき社会への偉大なる前進として称賛するのである。

**多元性の規律**　社会主義圏における体制の挫折は、現在、その経済的破綻だけでなく政治的破綻も、主として経済的観点から説明されている。計画指令経済は、巨大な官僚機構への権力集中を不可避とし、民主主義とは本来両立不可能であることを知らずに、読み書きのできる者なら誰でも輪番で担当できる単純な「監督と簿記係」の仕事で、この経済が運営できると信じた、レーニンらの経済学的ナイーヴさ(22)が批判される。

確かに、これは一つの重要な論点であるが、権力批判の政治哲学として階級的国家論を見るとき、真の問題点は別のところにある。ここで明らかにした社会的対立の単純化への偏執、逆に言えば、社会的対立を一挙に止揚して、葛藤なき調和体を実現したいという母胎回帰願望がそれである。このことを自覚しないならば、社会主義世界が仮に市場経済や民主主義との幸福な結婚を実現できたとしても、自由な社会が実現されることはないだろう。自由な社会の核心は、単なる「異なり」の相互承認ではない。むしろそれは、「異なりの異なり」、即ち、人々を異ならしめる対立次元そのものの多様性を自覚し、これを我々の生の恒常的条件として受け容れられるだけの度量の陶冶にある。この「二階の多元性」の規律に耐ええない精神には、自由を担うしたたかさは望めない。

## 四　アナキズム

**根源性**　リベラリズムはラディカルな社会改革家の情熱を満足させない。それは彼らにとって、中途半端で偽善的な哲学である。これは、リベラリズムが二つの「純粋」な極の間を歩もうとするからである。一つの極は左右の全体主義であり、もう一つの極はアナキズムである。前者は理想を実現する手段としての国家権力の全能性を信じ、国家権力による統制の存在範域と善き秩序の存在範域とを同一視するのに対し、後者は国家権力の存在と理想社会との両立不可能性を主張し、国家の統制と、暴力によって自己を貫徹する恣意とを同一視する。全体主義は、異論を許さぬ絶対的な国家権力によって善き社会の建設を強行しようとする自己の情熱に、批判的謙抑性の冷水を注ぎかけるリベラリズムの「凡庸さ」、「小心さ」、「生ぬるさ」を嘲笑する。これに対しアナキズムは、リベラリズムが国家権力は「善き主体」に担われているか否かに関わらず警戒さるべきことを強調しながら、国家権力の存在を「必要悪」として承認し、その制約を要求するだけで廃棄を主張しないのを、哲学的欺瞞として非難する。

権力批判としてのリベラリズムにとって、この両極からの批判のうち、アナキズムからのそれの方が、より内在的であると同時に、根源的である。善き意図に満たされた慈父的独裁者であれ、一般意志の代表者であれ、民族的統合の中心であれ、メシア的使命を担った階級であれ、何であれ、一定の主体的資格を国家権力の正当性の十分条件とすることを拒否し、主体問題の枠を超えて権力批判を遂行しようとするならば、なぜ、アナキズムの手前で立ち止まることができるのか。全体主義や多数の専制、その他様々な専制的国家形態を批判するだけで、すなわち、国家の偶有性としての専制を批判するだけで、なぜ、国家の本質に内属する専制、すなわち、暴力の集中と暴力行使の正当性認定権の独占とを、批判しないのか。

このような詰問をリベラリズムに投げかけるアナキズムは、既述の階級的国家論よりも、権力批判として徹底している。後者は、無政府社会という理想をアナキズムと共有するが、それを実現する手段として全能なるプロレタリア独裁国家の必要性を説き、結局、無限に未来へと先送りされる虚像と化した無政府共産社会の理念によって、全体主義的な対極的現実を永続的に正当化する倒錯に陥った。国家からの社会の解放を、強大な国家権力による全般的な社会改造によってもたらそうとする試み、あるいは経済（生産活動）の政治（支配）からの解放を、中央集権的な計画指令経済という政治化された経済によってもたらそうとする試みが、破綻を宿命付けられた不可能事であることを、アナキズムは夙に洞察していた(23)。アナキズムにとっては、いかなる国家形態の変更も国家の死滅をもたらさず、民主制・寡頭制・独裁制等の様々な国家形態の輪廻転生に、新たなエピソードを付け加えるだけである(24)。これから解脱するには、代替的国家形態を求めるのではなく、国家一般を直ちに廃棄しなければならない。

**現実性――醒めたアナキズム**　アナキズムの権力批判の徹底性、そのリベラリズム批判の根源性にも拘わらず、リベラリズムはこれまで、若干のリバテアリアン的論客による応答と乗り超えの試み(25)を除いて、アナキズムを十分真剣に受けとめてきたとは言い難い。その最大の理由は、アナキズムのユートピア的空想性、超現実性の想定である。アナキズムはあまりに素朴な性善説的人間観に立脚しているか、さもなくば、あまりに過激な人間改造の荒療治を要求するか、どちらかであり、それが描く無政府社会は、人間にとって現実的な選択肢たりえない、というのが一般的想定である。確かに、アナキズムを名乗る、あるいはそうみなされる思想の中には、このことがあてはまるものも少なくない。従来のアナキズムの主流には、この想定が多かれ少なかれ妥当するとさえ言えるかもしれない。しかし、この想定は、アナキズムの全思想資源に対する、完全に公平な査定であるとは言えない。もっと醒めた社会秩序構想をもつアナキズムも存在する。醒めたアナキズムの社会構想は、「ユートピア的空想」とか「素朴な性善説」として一蹴できるほど単純ではなく、その実効性が否定されるとしても、そのためには真剣な検討と反論が必要である。

醒めたアナキズムは、国家なき社会を求めるが、強制あるいは社会統制一般の廃絶を必ずしも主張しているわけではない。国家という暴力集中機構による組織的強制がなければ、社会秩序は維持できないという前提を、このアナキズムは斥けるが、このことは、社会秩序の維持にいかなる強制も不要であるという前提に、それがコミットしているということを意味しない。一切の強制なしに人々が自発的に他者に対して、侵害行為を抑制し、責務を履行するような事態を、醒めたアナキズムはもちろん理想とするが、無政府社会の可能性をこの理想の実現可能性に依存させているわけではない。この理想を完璧に実現できない人間の弱さを自覚した上で、醒めたアナキズムは教育その他の社会化の方法に加えて、一定の統制手段の必要性を承認する。ただ、国家による統制とは異なった社会統制の形式をそれは求めるのである。

非国家的統制手段として、醒めたアナキズムは、侵害者に対する被侵害者自身ないしその近縁者の自力救済的な報復・求償で事足れりとはせず、もっと社会的な統制形式を考える。しかし、この社会的な統制形式を何に求めるかについては、このアナキズムの中でも、大別して二つの異なった立場がある。一つは市場アナキズム——アナルコ・キャピタリズム（anarcho-capitalism）とも呼ばれる——であり、もう一つは、共同体アナキズム（communitarian anarchism）である。

**市場アナキズム**　市場アナキスト[26]は、他の財の場合と同様、生命・身体・財産の安全についても、「自給自足」の限界を自覚し、社会的供給の必要性を認めるが、その社会的供給源を、国家にではなく市場に求める。安全や秩序の維持という「公共財」の供給については、国家的独占が要請されるという想定の自明化に対する批判、公共財供給と国家との結合の必然化に対する批判から、それは出発する。

国家は、物理的強制の行使により、その管轄領域内における防御サーヴィスの強制的独占を我物としてきた。しかし、勿論、このようなサーヴィスが私的な、非国家的制度によって供給されることは、概念的に可能であるし、実際、歴史的にも、国家以外の組織によって、かかるサーヴィスが供給されたことがある。従って、国家に反対することは、それとしばしば結び付けられてきたサーヴィスに反対することでは必ずしもない。国家に反対することは、警察的保護、裁判所、調停、通貨鋳造、郵便業務、街路、公道などに反対することを、必ずしも含意しない。確かに、警察に、そして身体および財産を防衛するためのいっさいの物理的強制に、反対するアナキストもいるが、これは身体および財産を侵害する、あるいは攻撃する一切の物理的強制への反対によってまさに特色づけられるアナキストの立場に内在するものではなく、この立場とは根本的に無関係である。[27]（傍点部は原著者の強調）

市場アナキストは、個人が自己の生命・身体・財産を、自己の同意によらない他者の侵害・攻撃に対して防衛する、前国家的な道徳的権利をもつという前提に立つ。国家が物理的暴力を背景にして、防衛サーヴィス（や他の公共財）の供給を強制的に独占し、個人に対する処罰や課税を行うのは、この道徳的権利の侵害である。それだけでなく、市場アナキストにとって、国家による強制的独占は、官僚的な不効率・腐敗・権限濫用などの温床となり、防衛サーヴィスの質を悪化させ、不当に高価にする。かかるサーヴィスは、「保護代行業者（protection agency）」と呼ばれるような、市場的競争の下にある私的企業体――現在利用されている警備保障会社などはその一例――によって供給することが可能であり、むしろその方が、防衛サーヴィスを良質化・低廉化する。

市場化すべき防衛サーヴィスは、市場アナキストによれば、警察的保護に限らない。侵害の主体・内容・範囲などについて争いがある場合の紛争裁定・調停機能についても、排他的管轄を要求する国家の裁判所にこれを委ねるよりは、紛争裁定・調停サーヴィスを専門的に提供する私的企業体に委ねた方がよい。何故なら、相互に競争する私的企業体の中から、紛争の当事者双方が合意によって自由に裁定者・調停者を選べるようにした方が、当事者双方にとってより満足のゆく結果が得られるからである。

中立公平な立場からの紛争裁定・調停は、利潤動機に支配された私的企業体によってはなされえず、国家によって身分的独立を保障された裁判官や、他の公的被選任者によってのみ可能であるという通念は、市場アナキストに言わせれば、一八〇度誤った先入観である。国家による裁判官の身分保障は、中立公平な判断をなすための独立性を裁判官に与えるどころか、裁判官の権限と収入を国家に全面的に依存させることにより、国家権力を掌握する党派や官僚集団の政治的利害に、彼らを従属させるだけである。他方、紛争解決サーヴィスの提供によって収入を得る私的企業体は、紛争裁定・調停におけるその熟達した技量と中立公平性の評判を高めることによってのみ、自己のサーヴィスを買ってもらうのに必要な紛争当事者双方の合意を獲得できる。強制的管轄と身分的独立を享受する国家の裁判官は、その無能さや偏頗性を、裁判を受ける側から実効的にチェックされることがないのに対し、紛争当事者双方の合意に基づく選択に依存する私的な紛争解決企業は、裁定・調停におけるその能力と公平性の向上に死活的利益をもつのである。(28)

ここに示されるように、聖人君子の集まりとして人間の社会を見る、超現実的ユートピア思想という批判は、市場アナキズムには当たらない。市場アナキストは、人間が天使と悪魔の中間の存在、「善と悪の、協力的傾向と犯罪的傾向の混合」であることを認め、「善をなす機会を最大化し、悪をなす経路を最小化する」体制として、無政府社会を構想する。[29]一人の挫折した画学生の鬱積した攻撃衝動を、六〇〇万人のユダヤ人の合法的虐殺にまで発展させるような、悪の経路の最大化は、まさに国家によってこそもたらされる。市場アナキストは、人間が利己的動機によって動かされる、あるいは人間の利他性が限定されているという事実を冷厳に見つめるからこそ、国家主義者の二分法、即ち、市場において活動する経済的人間は利己心のみに基づいて行動するが、国家権力を行使する政治的人間は公共心のみに基づいて行動するという二分法を斥ける。どちらも利己的動機の支配を免れないとしたら、市場アナキストにとって、国家権力によって他者を強制する政治的人間の方が、他者の選択に依存して利益を追求する経済的人間よりも、有害かつ危険である。国家権力は公共性の名において私利を、さらにはもっと危険な加害衝動をも追求することを可能にするのに対し、市場は諸個人の私利追求の結果として、人々の多様なニーズに応じた多様な財・サーヴィスの生産と分配の効率化という公益を実現する。アダム・スミス以来の古典的経済学も、市場のこのような機能を強調するが、市場アナキズムはさらに進んで、古典的経済学が国家による供給の必要性を承認した、治安・紛争裁定・社会基盤整備などのサーヴィスも、市場に委ねられるべきであるとする。

**市場の失敗と国家化**　市場アナキズムは、このように、国家機構の担い手たる人間集団の行態の現実的規定要因が、国家に規範的に要請される公共性と不適合、あるいは相反的でありうることを鋭く洞察している。「国家の公共性」に関する楽観的な独断のまどろみから、人々を目覚めさせるというその功績は、認められなければならない。しかし、防衛サーヴィスの公平かつ効率的な供給に関する市場の可能性への、その楽観的な信頼には、やはり問題がある。

第一に、市場アナキストは、通常公共財とみなされている安全や秩序が、私財化可能であるとする。即ち、対価を支払った者のみが排他的に享受できるような形で、防衛サーヴィスを供給することが可能であると考えている。しかし、保護代行業者による顧客への保護提供は、いわゆる正の外部性ないし近隣効果、即ち、この場合では、同一地域の顧客以外の住民に対する随伴的保護効果をもたざるをえない。これを避けるための方法、例えば、非顧客住民のリストの公表は、彼らの生命・身体・財産に対する侵害を意図的に容易化するものであり、市場アナキストにとっても倫理的に正当化し難いだけでなく、可能的侵害者が誰の権利を侵害しようとしているのか、あるいは、したのかが不確実であるという条件の下では、保護代行業者による選別的な抑止・制裁を可能にするものではない。さらに、様々な保護代行業者による個別的な抑止・制裁ではなく、その累積効果として現れる当該社会の一般的な治安の良さと、それに伴う様々な経済的あるいは経済外的（例えば教育的）メリットについては、外部性の内部化、あるいは非顧客の排除は一層困難である。

防衛サーヴィスによって得られる安全が、「排除不可能（non-excludable）」な公共財であるとすると[30]、いわゆるフリー・ライダー問題——負担を他者に転嫁して、便益だけを享受する可能性と誘因の発生——や、保証問題（assurance problem）——他者も負担を引き受けるという条件で、負担を引き受ける用意がある者のための、この条件充足保証の困難性——が生じ、市場はパレート効率を失う。即ち、フリー・ライダーだけでなく、フリー・ライダー排除の保証があれば対価支払いの用意のある人々にとっても、欲しいだけの防衛サーヴィスを全部購入するのは不合理になり、結果として、市場は誰にとっても不満な程度の安全しか供給できなくなる。

第二に、市場アナキズムの体制下では、紛争の相手方との合意により選んだ裁定業者や調停業者の仲介により、平和裡にその紛争を解決することも可能であるが、その必要はない。一方の当事者が、相手方よりもはるかに大きい経済力をもつ場合は、前者は相手方が買いうる程度の防衛サーヴィスを圧倒する強大な防衛サーヴィスを買うことにより、力で相手を押さえ付けることができる。もちろん、弱者の側でも、互いに合従したり、別の強者と連衡したり、防衛保険組合を設立して、その保険を買ったりなど、様々な戦略的対応をするであろうが、その結果現出する事態は、市場アナキストが求めるような、自己の生命・身体・財産に対する個人の道徳的権利の侵害に対する、匡正的正義の市場的実現ではなく、現在の国際社会に見られるような、国家間のパワー・ポリティックスの縮小版であろう。

第三に、市場メカニズム自体により、国家ないしその実質的対応物が生成しうる。防衛サーヴィスは性質上、規模の経済が顕著であるため、相互に競争する保護代行業者の中から、早晩、支配的な業者が現れ、その圧倒的な競争力により、事実上の独占（de facto monopoly）を確立するだろう。この独占業者は自らが市場を支配する地域の住民すべてを顧客にすることに成功するか、あるいは、顧客への非顧客の自力救済的実力行使を抑止することに対する補償として、非顧客をも顧客による攻撃から保護し、さらに非顧客間の実力闘争も顧客が巻添えにされる危険を排除するために、抑止するだろう。このような独占業者は、国家の最小形態（いわゆる夜警国家）と機能的に変わらない。

実際、最小限国家を擁護するロバート・ノージックは、市場的アナキーから、最小限国家がこのような自生的過程を経て、誰の権利も侵害することなく成立できることの論証を試みた。[31] 彼の議論は最小限国家の道徳的正統性の証明という点では異論の余地があるが、[32] 国家の機能的等価物の事実上の成立のシナリオとしては有効性をもつ。最小限国家の正統性を、例えば、非顧客の自力救済権の侵害を理由に否定したところで、市場アナキストは自己の立場を擁護したことにならない。国家一般の正統性を否定する市場アナキストにとっては、まさに事実上の国家の解消が課題であり、国家に対するオールタナティヴとして自らが提唱する市場システムが、国家の事実的等価物を生み出すとすれば、市場アナキズムはそれ自身の評価基準に従って、自らに失敗を宣告しなければならないからである。

もちろん、圧倒的競争力に基づく事実上の独占形成が、唯一可能なシナリオではなく、競争制限・協調を行う、様々な保護代行業者の企業合同形態の生成も考えられる。重要なのは、このような企業合同形態も、その内的統合の度合に応じて、機能的に国家に多かれ少なかれ近似してくることであり、国家におけると同様な不効率・腐敗への傾向をもつに至ることである。

最後に、治安維持や、道路・港湾・郵便・治水などの社会基盤整備以上の国家の機能については、市場による代行がさらに困難である。古典的自由権に個人権を限定する市場アナキストは福祉国家的再分配の正当性を承認しないから、これは別としても、(33) 外敵からのアナキスト社会の防衛や、環境破壊の規制など、市場アナキストも関心をもたざるをえない問題で、市場メカニズムだけでは解決できないものがある。

外敵からの防衛については、世界中から国家が一掃され、ボーダーレスな市場経済に基礎を置く世界無政府社会が成立すれば、外敵という概念そのものが無意味化し、問題は解消するという反論がなされるかもしれない。しかし、世界同時革命戦略が殆ど現実性をもたない以上、世界無政府社会への漸次的移行過程において、局部的な市場無政府社会という体制的孤島を、それに本能的敵意をもつ周囲の国家から、いかに防衛するかという問題は、市場アナキズムの実現のシナリオを構想する上で、ネックとなる。

環境破壊は、その被害が不特定多数の人々に及ぶだけでなく、多くの場合、不特定多数の人々の活動の累積的効果として惹起されるために、特定侵害者に対する特定被侵害者の、個別的な賠償請求や抑止を前提とした保護代行サーヴィスの市場的供給によっては、対応できない。ある活動の累積的な環境破壊効果は、その活動に従事する人々にも少なくとも長期的には重大な不利益をもたらしうるから、この種の環境情報を売る企業が現れてくれば、国家による規制がなくとも、人々はそのような活動を自主規制するようになるはずだという想定は、明らかに誤りである。なぜなら、環境破壊効果の知識と回避動機をすべての人々がもったとしても、十分多くの人々が自主規制すれば、一人がしなくとも問題はなく、逆に、十分多くの人々がそうしなければ、一人が自主規制しても意味がないため、フリー・ライダー問題や保証問題がここでも生じるからである。

以上のように、市場無政府社会には解決の困難な多くの問題がある。市場アナキズムを一篇の空想小説として一蹴するのは不当であるが、それが国家に対する「より良きオールターナティヴ」を提示できているか、という点になると、否定的解答を出さざるをえない。市場無政府社会は国家が解決する問題を解決できないか、あるいは、国家の機能的等価物を発生させることにより、それを解決するか、いずれかである。前者の場合は、富者の私兵による貧者の蹂躙、貧者の暴動、私兵団の間の恒常的闘争、そして極限的には「孤独で、貧しく、汚く、獣的で、はかない」生というホッブズ的悲惨が国家悪に代わり、後者の場合は、この機能的等価物の内に、国家悪の継承者が見出されるだろう。

**共同体アナキズム**　共同体アナキスト(34)は、国家の存在をあたかも自然の理のごとく自明視する独断から、現代人を目覚めさせるために、人類史の基本的事実の想起を求める。

平等主義的な無政府共同体は、事実として何千年にもわたって生き残ってきた。ホモ・サピエンスはその四万年ないし五万年に及ぶ歴史の殆どの期間、このような共同体の中で生きてきた。しかし、ついには――大抵の場合、過去数世紀の間に——それらは殆ど消滅してしまった。国家によって吸収され、掘り崩され、破壊されたのである。[35]

共同体アナキストにとって、社会秩序という公共財の供給システムとして、国家に代わる現実的な選択肢は、市場ではなく、共同体（communities）である。アナキズムを非現実的であるとして国家の必要性を説く人々は、共同体的アナキストから見れば、一種の循環論的な誤謬を犯している。即ち、国家は、それに対する唯一現実的な代替システムである共同体の存立条件を侵食することによって、自己の支配を貫徹・拡大してきたのであり、国家の存在そのものが、無政府社会の実現を困難にし、国家を必要ならしめるような条件を再生産しているのである。[36]

共同体アナキズムにおける共同体とは、一定の人間関係の様態であり、三つの核心的な特質によって性格付けられる。すなわち、第一に、信念と価値の共有、第二に、成員間の関係の直接性と多面性、そして第三に、互酬性（reciprocity）である。[37]

信念と価値の共有の程度は、共同体によって様々であり、イデオロギーや宗教、神話の共有にまで強化されることもあるが、それほど強いものである必要はなく、外部世界一般に支配的な一定の信念・価値・実践などの拒否を含意する限定的なものでもよい。しかし、共同体の成員同士の相互理解の密度や合意形成の可能性を、外部者とのそれよりも高めるような程度の、信念や価値の共有が必要である。

関係の直接性とは、成員同士が、代表者・指導者・官僚・制度・法典、さらには抽象化・物象化した観念や役割に媒介されて結合するのではなく、相手と直接に顔の見える付き合いを営むことによって結合することを意味する。信念や価値がいかに強く共有されようとも、この意味での関係の直接性がない場合は、共同体的関係があるとは言えない。関係の多面性とは、成員の関係が特定目的や特定領域に特殊化されず、彼らの存在や生活の、より広範で多様な側面を含み込んでいることである。例えば、学会は他の条件を満たしている限りで、共同体と呼べたとしても、関係が特殊化されている分だけ、共同体的性格が弱くなる。

互酬性は、相互扶助やある種の協力・分担・分与など、多様な相互依存関係の形をとるが、要するに、「情けは人のためならず」式の、長期的に自己利益に資するような、利他的行為の相互遂行である。広義の互酬性については、「均衡化された互酬性（balanced reciprocity）」と「一般化された互酬性（generalized reciprocity）」とが区別される。前者においては、双務契約に典型的に見られるように、特定された反対給付を条件にしてのみ特定された給付がなされ、相互性が一回的、限定的、二者間的である。後者においては、利他的行為が直接にはみかえりを条件とせずになされ、反対給付義務が特定されておらず、利益供与が短期的、二者間的には一方向的でありうるが、長期的、多数者間的には供与と享受が各自について概して均衡しており、結果的に全員の福利の向上がもたらされる。ここで言う共同体の特質としての互酬性は、均衡化された互酬性は含まず、一般化された互酬性、およびそれと均衡化された互酬性との様々な中間的混合態を指す。

この三特性から成る共同体概念は一般的・包括的で、「原始共産制」的社会や「無首長部族社会（acephalous societies）」から、近現代のユートピア主義的な実験的共同体や宗教的コミューン、さらに、共同生活を自己目的化して追求する、友情の制度化とも言うべき「世俗的家族コミューン（secular family communes）」まで包摂する。[38]また、この共同体概念は最小限主義的に構成されている。すなわち、しばしば共同体的人間関係に期待される愛情や友愛のような、強い情緒的紐帯は、本質的要素とはされていない。上記の三特性をもつ共同体においては、このような愛着が成員間に形成されやすく、それが目的とされることもあるが、愛情や友情の遍在性・持続性の有無に関わりなく、この三特性を備えた共同体的関係は存続しうる。[39]強い情緒的結合を共同体の本質とするならば、人間感情の移ろい易さに応じて共同体も不安定性をもつことになり、国家に代わる秩序安定化システムとしての共同体の機能が見えにくくなろう。愛着感情に必ずしも依存しない、社会的相互性の一形式として共同体を捉えたとき、この機能が明確化される。

このような共同体においては、教育や社会化が社会秩序維持のために重要な役割を果たすのは勿論であるが、それで十分であるとか、それらが中心的役割を果たすというような楽観には、共同体アナキズムはコミットしていない。個別的な行動に対する肯定的または否定的なサンクションと結び付いた社会統制方法が秩序維持に必要であり、教育や社会化の実効性も、かかる統制の存在に部分的には依存していることが承認される。しかし、共同体には、刑罰や強制執行などとは異なる、国家権力に依存しない有効な統制方法が存在するとされる。(40)

共同体の非国家的社会統制方法として、一般的には、特に二つの方法が重要である。一つは、互酬性の利益の褒賞的供与と懲罰的撤回であり、もう一つは、共同体の成員一般による公共化された是認や非難である。この二つほどではないが、やはり重要な役割を果たすものに、交際断絶（ostracism）や共同儀式からの排除（excommunication）などがある。共同体的制裁の極限形態は、共同体からの完全かつ物理的な排除としての追放（expulsion）である。しかし、これは原始的部族共同体では、被制裁者の社会的な死、さらには生理的な死さえ意味しうるきわめて厳しい制裁であるため汎用されず、逆に、近現代のコミューンにおいては、共同体外での新生活の可能性が拡充されているため抑止効果がそれほど強くない。従って、必ずしも共同体の中心的な統制手段とは言えない。追放はむしろ、共同体的統制の失敗の共同体による承認を意味すると見た方がよいかもしれない。しかし、抑止手段としての有用性は別としても、秩序攪乱分子を除去する限りで、それは共同体の秩序維持に一定の役割を果たす。(「血讎」による自力救済的報復や、超自然的制裁や魔術行使告発などの威嚇も、共同体の社会統制方法として挙げられる。(41) しかし、前者は共同体に必ずしも固有ではなく、血讎を続行する敵対下位集団間には共同体的関係は事実上破綻している。また後者は特殊な宗教的・神話的信念の共有を前提しており、共同体の一般的な社会統制方法とはみなしにくい。従って、ここではこの二つは無視する。)

人々の間の共同体的関係は、このような非国家的統制に実効性を与える。人々の基本的な生活利益が互酬実践に依存している場合に、互酬関係からの無期限の、あるいは、改悛・謝罪をするまでの排除が、きわめて効果的なサンクションになることは言うまでもない。また、信念・価値の共有や、関係の直接性・多面性という条件は、愛情や友情を必然性にもたらしはしないとしても、強い帰属感情を成員の間に育むため、他の成員、すなわち、「仲間」による非難、嘲笑、軽蔑、愚弄、ゴシップや、交際断絶・儀式排除などの制裁は、被制裁者の生を耐え難いもの、つらいものにし、大きな抑止効果をもつ。カナダ北西部のエスキモー共同体におけるように、非難・嘲笑の応酬が、それを楽しみながら裁定者としての役割を演じる観衆を前にしての、「歌による決闘(song-duels)」という形で儀式化されることにより、成員の逸脱行動の公知化と、共同体の規範の集団的再確認の機会が制度的に保障され、このサンクションの効果が高められるとともに、その暴発に一定の制度的抑制がかけられている場合もある。[42]また、仲間による互酬利益の供与、是認、尊敬、信頼や、仲間との交際、共同儀式参加などの積極的サンクションは、かかる共同体の成員に「世界の中の自分の位置」と「生き甲斐」を与え、規範遵守と個人的利害関心との調和、あるいはその衝突の緩和をもたらすため、規範遵守促進効果をもつ。

従って、共同体はその共同体的性格が安定的に維持される限り、秩序維持のために国家を必要とはしない。それは、「純粋無政府状態(a pure anarchy)」、すなわち、実力の完全平等と政治的役割分化の完全欠如を条件とする理想的無政府状態には達しないとしても、実力集中の制限性と、集合的決定を執行する組織的実力の不在とによって性格付けられる、実際的意味での無政府社会を実現する。[43]

共同体的統制の最大の特色は、その平等主義的性格にある。即ち、それは、共同体の成員の誰に対しても、誰のためにも、誰によっても、行使される。侵犯者が誰であるかに関わりなく制裁がなされ、被侵害者が誰であるかに関わりなく保護が与えられ、サンクションの発動には誰もが平等に参加する。共同体が統制の平等を実現できるのは、その主要な統制手段、すなわち、互酬利益の供与・撤回や、非難・是認という統制手段は、性質上、共同体の成員によって概して平等に分有されているからである。これに対し、国家は性質上、共同体ほどには統制の平等を実現できない。統制への参加の平等は、主たる統制手段としての実力の独占ないし集中という国家の定義的本質により、排除されている。拘束の平等と保護の平等については、国家も法の支配の理念を受容する限り、建前としてはこれらを尊重するが、統制手段を独占する国家機構の担い手には、自己または自己が依存する利益集団のためにこの建前に背反する強い誘因と機会が、常に与えられている。

共同体的統制は、この平等性により、市場アナキズムにおける防衛サーヴィスの市場的供給が抱えるいくつかの難点も、回避できる。経済力の不平等に応じた、購買可能な防衛サーヴィスの質量の不平等による保護の不平等や、強力な防衛サーヴィスを享受する富者の専横・無拘束性という、市場無政府社会にとって不可避的な問題は、保護の無償性・均霑《きんてん》性と、統制過程への参加の平等が保障された共同体的統制には生じない。また、保護代行業者の間の、競争による事実上の独占の成立や、企業合同形成のような、国家の機能的等価物の市場的発生メカニズムは、無政府共同体には存在しない。さらに、保護の平等と参加の平等が示すように、共同体的統制においては、保護がそもそも私財として個別に売買されるのではなく、共同体全体によって集合的に享受され供給されるため、市場アナキズムの躓きの石である、防衛サーヴィスの近隣効果によるフリー・ライダー問題や保証問題も生じない。

もっとも、最後の点については、統制への参加は、共同体の成員にとって回避ないし最小化したいコストであるから、共同体的統制においても、フリー・ライダー問題や保証問題が発生する余地があるという反論がなされるかもしれない。しかし、共同体の規範の侵犯者に対する非難や互酬撤回は、義憤の表出であり、これを、市場無政府社会における保護代行業者への支払いと同じようなコストであると見るのには、無理がある。仮に統制参加がコストとして意識されるとしても、規範侵犯者を非難せず、その者と互酬関係を継続する者は、自分自身をも共同体の制裁にさらすという、一層大きなコストを払わなければならないから、いずれにせよ、この反論は成功しない。

共同体アナキズムが描く無政府共同体の秩序構想は、以上に見たように、愛による自発的な相互献身だけで、共同生活の秩序が実現されるというような、ユートピア的空想とは異なり、歴史的・同時代的に実存する前国家的または没国家的な共同体の、秩序機制の経験的分析を踏まえて、国家に対する実効的なオールターナティヴとなりうる、一般的秩序原理を抽出しようとするものである。もちろん、愛による結合や、その他のユートピア的理想を追求する無政府共同体の可能性が否定されているわけではなく、ユートピア主義的理想を集合的に追求するかかる共同体の共同事業が、常に未完でありながら、なお瓦解することなく日々営まれ続けるための、しかも小さな国家に転化することなくそうしうるための、非ユートピア的諸条件が呈示されているのである。さらに共同体的秩序構想には、国家や市場無政府社会が陥り易い、少数実力者の横暴に対して、統制の平等により、一定の歯止めがかけられているというメリットがある。

**共同体の限界**　しかし、共同体アナキズムは、共同体の可能性によって現実性を与えられているというまさにその理由で、共同体の限界により限界付けられている。

共同体的統制の実効性は、共同体的関係（信念・価値の共有、関係の直接性・多面性、互酬実践）の安定性に依存しているが、後者は、現代世界では既にその持続的充足が著しく困難になっている一群の諸条件の下でのみ、可能である。すなわち、共同体的関係が成立するためには、当の集団の規模が十分小さく、参入・離脱による成員の交替が殆どないこと、また、成員間に経済的平等が、大体において維持されていることが必要である。(44)

集団の規模が巨大になり、成員の移動交替が激しくなると、共有された信念・価値は希薄化し、人間関係は間接化・断片化し、互酬実践は、見知り合った者の間の長期にわたる好意の循環がもつ、自然な可視性と期待可能性を失うことにより、実際上不可能になる。可動性の高い大規模社会においては、個人が「匿名性の内へ逃走」し、既知の人間関係から離脱することが容易になり、他者による評価への心理的依存性が薄れるから、他者の非難、嘲笑、侮蔑などの抑止効果は当然弱まる。互酬実践の崩壊・不安定化は、互酬撤回の統制手段としての重要性を失わせる。

集団の成員間の経済的不平等が拡大すると、富者と貧者との間の亀裂が深まらざるをえない。彼らの価値観は分裂し、相互の関係は疎遠化・敵対化し、互酬実践を支える相互依存の感覚は弱化し、搾取や寄生の観念がもたらす憎悪にとって代わられる。このような状況においては、共同体的統制は実効性を失い、階級搾取の手段としての国家か、階級対立の調停者としての国家か、所得再分配を行う福祉国家かは別として、何らかの形態における国家の統制による秩序維持が、必要になってくる。

共同体アナキストも、このような限界条件を自覚するが、かかる条件の再生産を可能にする方法を、共同体の歴史的経験に求める。共同体の規模制限については、人口増加の場合や内部対立の激化の場合の、一部成員による集団的離脱と新しい土地での新共同体設立、即ち、「分裂（fissioning）」という方法が注目されている。(45) 共同体の人的構成の安定性については、特に自覚的な方法が提唱されているわけではない。しかし、成員間の密接な関係に基礎を置く共同体は、性質上、完全な対外開放性をもたず、新規参入が多かれ少なかれ、規制されざるをえない。離脱については、離脱の自由が保障されている場合でも、関係の密接性ゆえに離脱の心理的・経済的コストが大きいことや、既存の別の共同体への新規参入が一般に必ずしも容易ではないこと、さらに分裂により、内部対立のガス抜きが時折行われることなどにより、個別的・自発的離脱の頻繁化は抑制されうると考えられているのかもしれない。

経済的平等の維持については、これを実現するために集産主義的な経済体制を採用する共同体——例えば、イスラエルのキブツや様々なユートピア社会主義の共同体など——も多く存在するが、この解決策の実効性には問題がないわけではない。貢献の程度に関わりなく生産物の平等な享受を保障する集産体制は、不可避的にフリー・ライダー問題を発生させるため、不効率性は別としても、不公平意識を成員間に広め、共同体的結束をかえって弱める傾向がある[46]。しかし、集産体制が唯一可能な解決策であるわけではなく、これとは別に、共同体に特徴的な、富の蓄積抑制や再分配の方法が存在することが指摘されている。すなわち、各所帯を自給自足的生産単位とする家内的生産様式のような、生産の最大化よりも、必要の充足を目的とする生産様式をもつ共同体においては、生産強度が生産能力に反比例する——富を蓄積する能力の高い生産単位ほど稼働性が低く、剰余を生産しない——という「チャヤノフの法則（Chayanov's rule）」が妥当し、経済的平準化が行われる[47]。社会的剰余を生み出しうるような生産様式をもつ共同体においても、持てる者が、互酬実践において、より多く与え、共同儀式や共同事業のための負担についても、より多く引き受けることが期待されるために、不平等の拡大が抑制される。他の成員から寄進を受ける特権をもつ指導者が存在する場合でも、指導者は他の成員に気前よく与え、共同体の儀式・事業の負担を引き受ける責務を負うため、再分配による平準化が図られることになる。持てる者や指導者が、共同体のために、期待されている程度に与えることを拒むならば、彼らを辱める様々な非難・嘲笑など、秩序維持のために使用されるのと同様な共同体的サンクションが、発動されることになる[48]。

しかし、共同体的関係の安定化のための、このような方法の有効性は、現在では、ますます疑わしくなってきている。人口爆発による混雑し、限られた資源を人々が争奪し、環境保護と開発の対立が先鋭化している現代世界において、共同体が適正規模を維持しながら、「分裂」により増殖してゆくために必要な「別天地」は、もう殆ど残されていない。かつての「新大陸」のような、植民地主義者の傲慢な夢は、見尽くされて久しい。相互に異質で独立的であるが、内部的には強い同質性と相互依存性をもつ、多様な対面社会的共同体が、「ハリネズミの針」の届かぬ距離を保ちながら、しかも将来の分裂移住用地を確保しながら、棲み分けるというシステムは、現在の人類にとって、既に贅沢過ぎよう。

また、現在では、既存の共同体の各成員にとって、自己の共同体の外部での新しい多様な生活の可能性、特に、特定の共同体に自己を全面的に没入させる必要のない生活の可能性が、著しく拡充されている。さらに、かかる代替的生活形式についての情報の遮断は、高度情報化が進行する現在、もはや国家の強権的な情報統制をもってしても、技術的に困難であり、まして共同体の非国家的統制手段によっては不可能である。このような状況においては、共同体からの離脱の誘因が高まらざるをえない。離脱による縮小解体を避けるためには、共同体は対外開放性を高め、新規参入者を魅き付ける努力をせざるをえず、共同体間の「リクルート獲得競争」が不可避となるが、これは、個々の共同体からの離脱の機会と誘因をさらに高める。勿論、共同体を必要とする人々は、現在でも多いであろうが、このような人々にとっても、個々の共同体は、全生涯にわたって自己のアイデンティティを全面的に吸収するものから、自己の生涯のある時期において、自己のアイデンティティのある部分を構成するものへと、性格を変えてゆく傾向がある。従って、共同体は適正規模を上限と下限において維持しえたとしても、人的構成の流動化を避けえず、それに応じて、共同体的関係が不安定化することになる。

経済的平等を維持する共同体的方法は、経済的平等の維持には成功するとしても、本来の目的である共同体的関係の安定化には、現在ではもはや役立たないであろう。

集産体制がフリー・ライダー問題を発生させ、不公平意識を強めることにより、共同体的結束を弱めることは、既に触れた。億万長者か、産業奴隷か、乞食かという、粗暴な三者択一に代えて、安全ネット的社会保障と、自己の能力と勤勉の程度に応じた収入を得る機会とを、成熟した資本主義が共同体の外部で与えていることが、知られている現在、たとえ、成熟した資本主義の「恩恵」に浴する人々が、実際には限られているとしても、この知識とそれがもたらす期待とが、この不公平意識を強化し続けるだろう。

他方、チャヤノフの法則が妥当するような、家内的自給自足経済を営む共同体は、平準化と引き換えに、社会的剰余を、従ってまた、それに依存した学問・芸術など精神文化一般の自力生産力を放棄している。「晴耕雨読」の生活は、余暇があるだけでは不可能であり、雨の日に読むべき多くの書物を供給し、それらを理解し、享受し、創作できる教養を陶冶する文化生産システムと、それを支える社会的剰余とを前提していることを忘れてはならない。このような共同体が、社会的剰余のもたらす、物質的安楽以上の価値を既に知る人々に、そこに留まって生きる意味を、安定的に供給し続けるのは難しい。もちろん、明けても暮れても聖書だけを読み続けるとか、文化供給を全面的に外部に依存することも可能であるが、かかる文化的停滞や文化的寄生は、共同体からの離脱誘因をかえって高めるだろう。

共同体的サンクションによって裏打ちされた、資力比例的互酬実践や指導者再分配は、福祉国家的再分配の共同体版である。福祉国家的再分配においては、国家の媒介のゆえに、私人間の相互依存の網の目や受益と負担の関係が抽象化・不透明化するため、相対的に豊かな福祉負担者は一方的な被搾取感を強め、相対的に貧しい福祉受益者においては寄生志向や社会的烙印付けが助長され易い。共同体的再分配もかかる効果をもし伴うならば、それは経済的格差を縮減できたとしても、共同体的関係の安定化には資さない。共同体的再分配がかかる効果を避けられるのは、成員間の相互依存が、見知り合った者の生涯にわたる持続的な互酬実践により、日常的に可視化され、長期的に担保されているからである。しかし、共同体の規模拡大や成員の流動化など、上記の現代的条件の下では、互酬的相互依存が可視性と長期的均衡保証を失い、不確実化・形骸化するため、共同体的再分配は寄生誘因を高めるとともに、不公平感を鬱積させ、共同体的結束を弱める傾向をもつことになる。

共同体的関係の安定化を妨げる現代の諸条件に関する以上の議論に対して、共同体アナキストは、次のように反論するかもしれない。即ち、この議論は、国家によって組織された大規模社会が生み出した産業文明や技術文明と、人間生活に対するその諸帰結を前提しているが、共同体アナキズムは、まさにこのような文明そのものを変革しようとしているのだ[49]、と。

しかし、共同体アナキズムが、単なる過去へのノスタルジアではなく、未来のための実際的提言であろうとするならば、それは現状を踏まえたものでなければならない。人類史における国家の現出と、それがもたらした人間生活の諸条件の変化は、嘆かわしいからといって、なかったことにはすることのできない事実である。無政府共同体は、長期的には、国家によって生み出された現在の文明の形態を、根本的に変革するものであるとしても、これができるためには、それまで現在の文明の諸条件の下で、生き残ることができなければならない。国家の現出と現代文明の成立を、一挙に「なかったことにする」ような革命が、仮に可能であるとしても、それは、既存のどの国家よりもはるかに強大で専制的な権力機構を必要とし、共同体アナキズムにとって自己論駁的な企てになるだろう。ポル・ポト支配下のカンボジアが見せた、農本主義的社会主義建設の試みの凄惨な帰結は、産業文明を一挙に止揚する世界同時革命の予想されうる帰結に比べれば、まだ温和なものであろう。

共同体的関係の安定化が、現代的諸条件の下では困難であるということは、それに依存する無政府共同体的社会統制の実効性に限界があること、共同体は国家を完全には無用化できないことを意味する。侵害を抑止し、紛争を解決する自律的秩序形成能力を共同体が失う分だけ、国家による介入が必要になってくる。以上が、共同体の限界と国家の必要性に関しておさえらるべき基本的論点であるが、さらに二つの補足的な、しかしやはり重要な論点に触れておきたい。

第一に、仮に、共同体が内部秩序の維持能力を保持し続けるとしても、共同体からはみ出てしまった個人、他者との共同体的関係に違和感、窒息感を抱かざるをえない個人も、現代では多く存在する以上、彼らのために保護が提供されなければならない。市場アナキズムが提唱する防衛サーヴィスの市場的供給では、保護を十分かつ公平に得られないとすれば、必要な保護の供給は、国家に求めるしかない。

このような「はみ出し者」は、保護する必要がないだけでなく、そうすべきでもない、なぜなら、共同体的関係を攪乱する者は保護に値しないし、共同体的関係の拒否が保護剝奪を意味するとなると離脱誘因が低下し、共同体的関係の安定化に資するから、という主張を、共同体アナキストはもちろんなしうる。しかし、このとき、共同体アナキズムは、国家暴力から個人を解放する思想としてよりも、むしろ、共同体の同調圧力に対して個人を無防備化するために、「共同体からの自由」の保障者としての国家を否定する思想として、自己を呈示することになる。国家という逃げ場を閉ざした無政府共同体が、中間共同体という保護膜を個人から剝ぎ取る集権的平準化体制の国家——ナチの第三帝国が例として極端に過ぎるとすれば、例えば、フランスの第一共和制——よりも、個人にとって非抑圧的と言えるかとなると、断定が困難である。

第二に、異なった共同体間の関係の問題がある。現在のこの込み合った地球上に、無政府共同体が群生した場合、互いの「ハリネズミの針」が触れ合わずに済むと想定するのは、既に触れたように、楽観的過ぎる。共同体間の確執・闘争の可能性は、前国家時代よりもはるかに高いであろう。では、共同体間の侵略の抑止や対立・紛争の調停を、一体いかにして行うのか。メタ共同体、即ち、諸共同体の共同体的連合は、現実的解決策ではない。各共同体は、その内的一体性・同質性のゆえに、信念・価値や生活形式を異にする他の共同体に対して、偏見や反感を育み易く、また内的相互依存性の高さゆえに、他の共同体に対しては独立性・疎遠性が強い。すなわち、諸共同体の関係は、各共同体が共同体であるというまさにその理由で、共同体的ではありえない。[50] 従って、各共同体の内部秩序を維持するのに有効な共同体的社会統制は、共同体間では実効性をもたない。

一つの現実的な解決策は、相互の間の紛争頻度が相対的に高い隣接した共同体群ごとに、国家的連合を形成することである。この国家的連合においては、加盟共同体の内部秩序の維持は、他の加盟共同体の固有利害と抵触しない限り、それぞれの共同体に任されるが、加盟共同体間の紛争については、自力救済が一般的に禁止され、連合体政府が裁定権と執行権を独占する。従って、それは一つの国家である。この解決策に対しては、共同体アナキストは、次のように反論するだろう。すなわち、共同体間の紛争は、共同体の弱小さゆえに、現在の主権国家間の紛争ほどには平和に対する脅威を与えない[51]から、国家的連合は不要であり、それどころか、もし隣接共同体群がそれぞれ国家的連合を形成したりしたら、かかる国家的連合相互の間に、現在の主権国家間の紛争と同じくらい危険な対立・紛争が生ぜざるをえない、と。

しかし、強力な嘴をもつ鳥は相互に攻撃を抑制できるが、取るに足らぬ嘴をもつ鳩は、攻撃制御の必要が通常はないため、喧嘩相手が死んでもなおつつき続ける。動物行動学のこの知見[52]が示すように、攻撃抑制能力は攻撃能力にむしろ比例すると推定すべき理由がある。共同体の弱小さは、それだけでは、攻撃抑制能力の相対的な高さを含意しない。この点はどうあれ、国家的連合を排し、共同体間の紛争を自力救済に委ねるならば、各共同体は自衛力強化の必要に迫られ、物理的実力を蓄積するとともに、その発動を効果的に統御するための指揮命令機構を確立するだろう。この物理的実力の集中管理機構は一旦成立すると、外敵に対する防衛機構として機能するだけでなく、共同体の他の統制手段に優越する統制力をもつために、内部秩序維持機構としても機能する。即ち、国家化の成立である。共同体アナキストも、無政府共同体は国家との対抗関係に置かれると、自ら国家化する傾向があることを認める[53]が、これは、国家との対抗に限られない。共同体間の対抗関係にも同じ国家化の論理が妥当する。

以上の議論は次のように要約できる。現代的諸条件の下では、共同体の限界による国家化の必要性は、共同体の内にも、外にも、間にも存在する。

**理　念**　「理念は結構ですが、現実性がどうも」という冷笑的な門前払いを、アナキズムほど受けてきたものはない。これまでの議論で確認したように、この門前払いは、少なくとも醒めたアナキズムには不当である。このアナキズムは、国家機構の担い手の公共性を素朴に信頼する国家理性の信者よりも、人間の弱さについて一層現実的な認識をもち、それに立脚した代替的社会統制機構の構成を提示している。その実効性が結局否定されるのは、それが「素朴な性善説」や「ユートピア的空想」に基づくからではなく、市場や共同体など、一定の実効性をもつ秩序原理の可能性の射程を、過大評価しているからである。法律家的ジャーゴンを使って言えば、醒めたアナキズムの代替的秩序構想は却下さるべきではなく、棄却さるべきである。無視さるべきではなく、論駁さるべきである。門前払いの代償としての、「理念は結構」というリップ・サーヴィスも、アナキズムにとって有り難いものではない。これはアナキズムに対する友誼礼譲というよりは、複雑で内的緊張を孕むアナキズムの思想伝統の、失礼な単純化である。「アナキズムの理念」として一義的明白に指示できるものが本当にあるのか。この思想伝統は、国家の否定という消極的テーゼを超えた何らかの積極的理念によって、果たして統合されているのか。そもそも、アナキズムに統一的理念が必要なのか。これらは「理念は結構」という一片のお世辞によって、消去することが許されない問題である。

アナキズムは国家の否定という結論を共有するが、この結論を正当化し、代替的社会像を規定する理念的根拠については、内部に対立を抱えている。これに関して、個の自由を基底に据える個人主義的アナキズムと、平等者の共同体的連帯の理念を重視する集団主義的アナキズムとが、通常区別されるが、より正確には、二つの極をもつ連続体があると言うべきである。近代アナキズムの諸潮流を、この連続体の中に位置付けるならば、個人主義的極にはマックス・シュティルナーの唯一者の哲学が、集団主義的極にはクロポトキンの無政府共産主義があり、この両極の間に、前者から後者へ向けて、ジョサイア・ウォーレンに始まりベンジャミン・タッカーに代表的後継者を見出すボストン派アナキズム、プルードンの相互主義、バクーニンの集産主義、アナルコ・サンディカリズムなどが、この順序で並ぶだろう(54)。本稿で検討した醒めたアナキズムを、理念的側面から見るならば、明らかに、市場アナキズムはこの連続体の個人主義的極の近辺に、共同体アナキズムは集団主義的極の近辺に位置することになる。

このように、個体性と共同性との間の、また、自由と平等との間の、哲学的・理念的緊張がアナキズムの思想伝統に内在し、その解決の仕方をめぐって様々な立場が分岐することになるが、この多元性にも拘わらず、というよりむしろこの多元性のゆえに、アナキズムの一元化的理解の志向も強く存在する。すなわち、一方には、個人主義への還元志向があり、他方には、集団主義への還元志向がある。

個人主義的還元の一典型によれば、アナキズムはマルクシズムないし社会主義一般とともに、自由・平等・友愛の理念を掲げたフランス革命に思想的起源をもち、この革命の理念のブルジョアジーによる裏切りに対する批判として生まれたが、マルクシズムや社会主義が、フランス革命の民主主義的伝統の徹底をめざし、その「基本的パトスが平等であり、その出発点が社会である」のに対し、アナキズムはこの革命の自由主義的伝統の徹底を求め、その「パトスは自由であり、その出発点は個人にあった」ということになる。(55)

しかし、典型的な集団主義的還元の観点からすると、個人主義は社会契約説的な国家の正当化を許し、アナキズムと必然的に結合しないだけでなく、何らかの形態の私的所有の承認と不可分であるため、私的所有秩序の法的確定と保護のために国家権力を必要とし、アナキズムとは両立不可能である。アナキズムは国家権力のような、支配者と被支配者の階層的差別を含意する「親権的権威（parental authority）」を排して、集合体としての成員全体によって受容された、共通規範の「同等者的権威（peer authority）」に基づく社会秩序を理想とするが、かかる無政府社会の秩序は、共同体的な全員一致のコンセンサス原理――これは契約のように個人に拒否権を与えるのではなく、むしろ、仲間への同調を要求する――と、強い同調願望を再生産する浸透的な社会規範とによって結合された、対面社会的小集団においてのみ可能である。(56)

アナキズム理解において、このような正反対の方向への一元化志向が競合するということ自体が、この思想伝統の多元性を示す。どちらの方向であれ、還元主義は思想史的事実として成立しないだけでなく、論理的にも無理がある。

第一に、個人的自由は、それだけでは国家権力の否定に導かない。国家権力は、特定個人の自由を最大化するために他の諸個人を隷従させる手段としても、また、すべての諸個人の自由の総和を最大化するために、すべての、または特定の個人の自由を一定程度制約する手段としても使用される可能性がある。国家権力を否定する個人主義的モティーフとしての「権威への反逆」は、単に、個人が享受する利益あるいは価値としての自由だけではなく、支配と従属、命令と服従というような非対称的・階層的関係の排除、即ち、諸個人の関係の平等性をも意味するものとして、理解されなければならない(57)。

他方、第二に、平等な無政府共同体は、成員たる個人に対して、共同体の干渉から免れた自由な自己決定領域を全く否定するならば、隷従の平等性を実現できたとしても、支配と隷従の廃棄という、anarchy の語義を裏切ることになり、国家に対するその優越性の根拠を失うだろう。独裁国家においてさえ、少なくとも一人は隷従を免れている。無政府共同体が一つのアナキーである限り、それは個人の自由の否定の場ではなく、その相互承認の場でなければならない。

個の自由と、平等者の共同体という理念は、アナキズムの思想的連続体のどの断面にもその緊張関係の刻印を残す、相互に還元不可能な要請であり、この連続体の両極も、この理念対の一方の純粋化というよりは、この理念対の一方の規定力の最小化と見るべきであろう。アナキズムとは、個と共同体、自由と平等という緊張を孕んだ理念対の総合の企てである。この企ての一つの典型的な表現が、バクーニンに見られる。

孤立した人間は、自分の自由を自覚することはできない。人間にとって自由であるということは、他の人々、彼をとりまくすべての人によって、自由な人間として尊重され、認められ、またそう取り扱われることを意味する。したがって、自由とはけっして孤立ではなく相互作用を、排除ではなくして結合を意味するのだ。さらに、各人の自由は、あらゆる自由な人間たち、兄弟たち、平等者たちの意識のなかで、自己の人間性や人間としての権利が反映されることを意味するものにほかならないのである(58)。

自由の社会性に関するバクーニンのこの主張は、個人の自由と社会性との単純な予定調和を説いているのではなく、「社会的圧制」として現れる両者の緊張関係を自覚した上でなされている。「人間を習慣や風俗、多数の情緒、偏見、物質生活および知性や感情生活の習慣、さらにはいわゆる世論によって支配する」この社会の自然的影響力は、国家権力よりもものの柔らかであるが、それだけいっそう強力であり、人間の個人的存在の基礎に浸透し、各人を、知らぬ間に「社会の一種の共犯者」に仕立て上げる。従って、超え難い限界はあるが、「自分の上に及ぼされる、社会のこうした自然的影響力に反逆するために、人間は、少なくとも部分的には、自分自身に対して反逆しなければならない」。社会の力は「科学、物質的繁栄、自由、平等、人間の友愛的連帯などの発展を助長する」有益な側面だけでなく、それと逆の圧制的傾向ももつため、人間は自己の自由の社会的基礎を自覚するとともに、自己の内部に浸透した社会の力に対する批判的姿勢も失ってはならないのである。(59)

個と共同体、自由と平等との、ここに例示されるような、緊張を自覚した総合の企ては、リベラリズムもまた自己の課題として引き受けているものである。アナキズムにおけるこの総合の企てが、多様な思想と実践を分裂増殖させたように、リベラリズムもまた、古典的リベラリズムからニュー・ディール的リベラリズムを経て、現在に至る発展・揺り返し・再編の過程で、通時的かつ共時的に、この企てを対立競合する仕方で遂行する多様な諸潮流を生み出した。(60)リベラリズムにおいて、個の自律と尊厳は重要な意味をもつが、それは自律的諸個人の間の平等性や共同性を排除するものとしてではなく、それらを前提ないし含意するものとして、あるいは、何らかの仕方でそれらと調整さるべきものとして解釈されてきた。リベラリズムとアナキズムは、哲学的双生児であると言えるが、それは同じ単一の理念を異なった徹底度をもって追求しているからではなく、競合する同じ理念対（個的自由と平等者の共同性）の総合という、同じ課題——マルクシズムや社会主義国家が解決せずに解消した課題——を引き受け、その遂行の試みにおいて、マルクシズムや社会主義国家が陥った思想の体制化・ドグマ化を排し、同じように内部的多様性を開花させているからである。

この意味での哲学的双生児性のゆえに、リベラリズムとアナキズムはともに国家を悪とみなす。しかし、この悪の必要性について両者は鋭く対立する。この対立を生み出しているのは、理念における対立よりもむしろ、国家に対する代替的秩序構想の実効性についての見解の相違である。これについて、醒めたアナキズムの秩序構想でさえ、実効性に限界があり、国家を無用化できないことを既に見た。国家が必要悪であることは、残念ながら、人類が現在置かれている諸条件の下では承認せざるをえない。「残念ながら」という副詞は、リベラリズムが自らに向けたものである。リベラリズムにとって、国家の必要性は決して喜ばしいことではない。国家は必要であっても、なお悪である以上、危険な副作用をもつ劇薬と同様、その用途・用法を慎重に限定しなければならない。

リベラリズムは国家の必要性を承認するが、アナキズムの不必要性を主張するわけではない。国家という劇薬を使わずに済む問題の同定と、かかる問題の非国家的解決方法——市場、共同体、あるいは別の新たな社会編成原理——の模索は、リベラリズムにとって必要な探求であり、アナキズムの思想と実践が、かかる探求への刺激と手がかりを豊富に提供していることをそれは承認する。リベラリズムにとって、アナキズムの結論は否定さるべきものであっても、そのモティーフは生かさるべきものなのである。

## 五　国家の内在的超越

まとめよう。言葉に対するハヴェルの懐疑を手がかりにして、権力批判の政治哲学としてのリベラリズムの性格を解明した。そしてリベラリズムの権力批判の「不徹底性」を糾弾する、階級的国家論とアナキズムの問題性と限界を剔出することにより、リベラリズムの深みと、したたかさを示すことを試みた。この考察を通じてまた、国家の存在理由と限界、および国家に対するオールターナティヴとしての市場と共同体の可能性と限界について、若干の解明の光を投じたつもりである。

リベラリズムを擁護する以上の議論は、国家を権力批判の中心対象としている。これに対する二つの、ありうべき批判に簡単に応答することで、締め括りに代えたい。

第一に、リベラリズムは国家を権力批判の中心対象とすることにより、非国家的権力の専制を放置しているという「常套的」な批判がある。この非国家的権力の古典的形態として、大企業の経済的権力や、国家の外で社会的差別を再生産する根強い偏見、エクセントリックな少数者に対する社会的専制などがある。最近ではさらに、公権力の埒外にある純粋に私的な領域とされる家庭の中に、フェミニズムが見出している女性の抑圧システムや、ミッシェル・フーコーの言う「訓練権力（le pouvoir disciplinaire）」、すなわち、法的形式をまとった国家の主権的権力という中心から外れて、監獄、病院、学校、工場などの末端的諸制度の中で現実に機能するメカニズム、抑圧したり禁止するのではなく、身体の生産力を高め組織化するための、監視と規格化を貫徹する技術と手続などが挙げられている。

この批判に対しては、まず、トクヴィルやミルに見られるように、社会的専制の問題はリベラリズムの古典的主題であったし、ニュー・ディール以降は経済的権力の規制が、さらに、公民権運動や女性解放運動を通じて社会的差別の撤廃が、リベラリズムの主要関心事項になったという歴史的事実を指摘すべきであろう。しかし、基本的に重要なのは次の点である。リベラリズムが国家を権力批判の主対象とするのは、非国家的権力を放置するためではなく、非国家的権力の規制も多かれ少なかれ国家に依存するからである。非国家的権力を、どのように、どこまで規制すべきかは、国家権力の行使の正当な範囲の確定という国家の限界問題と不可分に結合しているのである。さらに、非国家的権力は、フーコーも指摘するように[63]、権力客体が同時に権力主体でもあるという「循環性」を多くの場合もつから、権力の主体問題や参加問題に権力の限界問題を解消することを斥けるリベラリズムは、非国家的権力を隠蔽するどころか、むしろ非国家的権力批判のモデルになる。

法的に規制された国家権力は非国家的権力に対して無力である、あるいはその隠蔽者・共犯者でしかないと反論されるかもしれないが、このような断定は不毛なドグマである。例えば、校門圧死事件のような残酷な悲喜劇を生み出す学校や、人体臓器の効率的利用をめざす病院、過労死へとサラリーマンを焼尽させる職場などで吹き荒れる訓練権力に対して、子供、患者、勤労者の人権・自己決定権の法的保護を、裁判や立法などを通じて拡充することが、全く無効であるとするのは根拠がないし、シニカルな現状黙認を助長するだけであろう[64]。勿論、非国家的権力の規制において、国家権力は万能ではないし、望ましからざる副次効果ももちうる。例えば、家庭生活の中での性差別問題については、これを解決しようとする人々の様々な生活実験や運動を支援する役割を超えて、国家権力が直接家庭生活に介入し監視するのは、無理であろうし、望ましくもないだろう。しかし、これはまさにリベラリズムが強調する点である。国家権力の限界問題をリベラリズムが重視するのは、我々の生活の過剰な国家化を排して、自律的な問題解決様式を人々が探求するのを促進するためである。

第二に、経済のボーダーレス化や、酸性雨、オゾン層破壊のような環境破壊のボーダーレス化など、人間生活のグローバル化が様々な局面で進行している現在、主権国家秩序は既に時代遅れになっており、主権国家中心の発想に囚われたリベラリズムも現実的問題解決能力を失っているという批判がありうる。

しかし、主権国家が消滅しても、それに代わるグローバルな権力機構が形成されるならば、リベラリズムは存在意義をもち続けるだろう。事実としては、東西冷戦構造の崩壊によって、国民国家秩序は消滅どころか再確立されつつある。長期的には国家国民が衰微してゆくとしても、主権国家一般の死をそれが意味するとは限らない。例えば、EU統合の徹底の論理的帰結は、国家の廃絶ではなく、ヨーロッパ合衆国という連邦制国家の成立であろう。グローバル化が実際に意味するのは、ヒト・モノ・情報・文化の交流の深化による、各国内部の多様化の進行であり、これは異質な自律的人格の共生を可能にする、リベラルな政治社会秩序の確立強化を、むしろ要請する要因である。国家単位では解決できないグローバルな問題は、確かにますます増えている。これが生み出すフラストレーションと危機感は、国家間の粘り強い対話と交渉や、民間レヴェルの地道な自発的公共活動に代えて、強力な権力による一刀両断の解決を求める気運を醸成する。リベラリズムの精神は、まさにかかる状況においてこそ要請されるのである。

現代国家が統治技術を高度に洗練した結果、その権力性は柔和な外貌に隠され、不可視化されている。この状況は、国家権力が既に無用化・周辺化されてしまったかのような幻想と願望思考を広め、「国家の終焉」や「国家の超克」の言説を繁茂させる。しかし、国家権力はもはや問題ではないと言われるときほど、国家権力の肥大化と放縦化にとって都合のいいときはない。いま必要なのは、国家の権力性を直視して、その存在理由を冷静に査定するとともに、実効的な制約によってこの権力を限界付け、その守備範囲を超えた問題の非国家的解決様式を模索することである。国家という現実に対するこの「内在的超越」こそ、リベラリズムの構えである。

## 【ディヴェルティメント——読書案内】

本章の長く、複雑で、「重たい」議論は読者を消耗させたかもしれない。実は著者自身が消耗している。次章に移る前に多少「気晴らし」が必要だろう。モーツァルトのディヴェルティメントをお聴かせするわけにもいかないので、「読書案内」でもさせていただく。タフな読者はここをとばして先に進まれたい。

実を言うと、他人が薦めてくれた本を読んで深く感動したという経験が私にはあまりない。どうやら、読書というのはすぐれて個人的な、普遍化不可能な体験らしい。読書は案内されてするものではないのだろう。人生が案内されて生きるものではないように。とりわけ、哲学的思索の冒険に参加しようとする人々が案内などに頼るのは自己矛盾である。従って、以下の記述を「読んでためになる本」や「読んで面白い本」の推薦文などとは、間違っても考えないでいただきたい。挙げられた書物はむしろ、読者を困惑させ、苛立たせ、辟易させ、疲労させ、さらには、読者に明瞭な意味を開示するどころか、費やした時間の意味を疑わせるだけで終わるものかもしれない。これは案内というよりは、知的な賭けへの勧めである。賭けの嫌いな人は冒険などしないほうがいい。冒険に値する宝がそこに本当に包蔵されているのか、などと聞かないで欲しい。それは書物の実体的属性というより、読まれる書物と読む人間との関係の問題である。私がこれらの書物をここに挙げる理由は、ひとえに、それらを読んだ後と前とで、世界の見え方が私にとっては変わったこと、それらを読まなければ、本章も書かなかったろうし、書けなかったろうということである。

何を読んでいいか分からないときは古典を読め、と言う人がいる。新刊書一〇冊読む暇があったら古典を一冊じっくり読め、と言う人もいる。私はこういう意見に必ずしも全面的に賛成するわけではない。虎の威を借りるように古典の権威で箔を付ける知的事大主義、探求のリスクを回避する効率本位の「知的生産の方法」論など、冒険とは縁の無い精神がそこにはしばしば見られるからである。私も古典の価値を信じるが、それは引照さるべき権威的テクストを古典に見出すからではなく、探求へ私自身を誘惑し挑発する不可思議な力との出逢いを、古典において経験できるからである。国家の正当性と限界という問題、アナキーと国家との間の根源的な選択の問題に目を開かせ、誘い込み、こだわらせる古典は豊かに存在するが、とりあえず次のものを挙げておく。

■　**トマス・ホッブズ『リヴァイアサン』**世界の名著23（永井道雄・宗片邦義訳、中央公論社）

アナキーとしての自然状態における人間的葛藤の問題について、近代社会契約説の中で恐らく最も透徹した洞察を含んでいる。人間性論の次元では、自己保存欲求よりも、自己保存を犠牲にしてでも追求される虚栄心（vain glory）のほうが、より深刻な葛藤要因であることを見抜いているし、さらに、人間性論を超えた社会的な状況の論理の次元についても、囚人のディレンマなどゲーム理論的な言葉で再定式化しうるような、社会的葛藤の問題に対する先駆的洞察を示している。

■　**『プルードン、バクーニン、クロポトキン』**世界の名著53（猪木正道・勝田吉太郎編、中央公論社）

古典的アナキズムの三大論客の著作を収録。素朴なユートピア思想という偏見に反して、アナキズムが人間の政治的・経済的・社会的現実に対していかに鋭い洞察を有しているかを示している。編者による序論も、編者たち自身の「自由主義」的な思想のバック・ボーンに裏打ちされた、骨太なアナキズム論になっている。

■　**ジョン・スチュアート・ミル「自由論」**世界の名著49（早坂忠訳、関嘉彦編『ベンサム、J・S・ミル』中央公論社）

国家権力を正当化すると同時に限界付ける原理の模索というリベラリズムの企ての、古典的な遂行の試み。これが提示している危害原理（the harm principle）は、国家のパターナリズムが社会の隅々に浸透しつつある現代において、個の自律の再生の可能性を模索するとき、思考の重要な出発点を提供してくれる。トクヴィルやフンボルトなど他の古典的自由主義者の影響も随所に見られる。ミルの最愛の女性ハリエット・テイラーが、ミルが献辞で認めている以上の意味でこの書物の真の作者だという説もあるようだが。

■ **レーニン『国家と革命』**（宇高基輔訳、岩波書店）

レーニン自身が後に、この著作を「サンディカリストのたわごと」として斥けたそうだが、逆に言えば、現実の共産主義国家権力をも脅かすラディカルな参加民主主義への情熱をそれだけ強くみなぎらせている書物である。社会主義圏の自壊という時局に乗じてマルクス＝レーニン主義に単純に死亡宣告する前に、真剣な検討を試みらるべき文献の一つである。生産過程にまでおよぶその参加の理念を徹底するならば、現在、西側の一部の社会主義者によって再評価・再構築されつつある労働者自主管理型の市場社会主義とも、接点をもちうるだろう。

以上は文字通り、古典であるが、本稿の問題に関わる現代の重要な著作も、少し挙げておこう。

■ **ロバート・ノージック『アナキー・国家・ユートピア』**（嶋津格訳、木鐸社）

個人の自然権を真面目に捉えるならば、アナキズムの結論を果たして否定できるのか。本書はこの問題を政治哲学の存在理由に関わる根本問題として真剣に受けとめ、最小限国家を擁護する一方、拡大国家の正当化不可能性を主張する。また、この最小限国家が、相互に疎外され敵対する諸個人の欲望の戦場ではなく、多様なユートピア的理想を追求する多様な実験的共同体を共存させ、開花させるメタユートピアを実現するものであることを論じる。結論において論争挑発的であるとともに、そのブリリアントな議論のスタイルにおいても現代の実践哲学に大きなインパクトを与えた書。その後のノージックは本書の立場（リバテアリアニズム）を放棄し、政治哲学からも離れて、「純粋哲学」的問題や人生論の哲学などに向かっているが、この面での彼の仕事は本書ほどのインパクトがない。哲学者は下手に「成熟」などしない方がいいようだ。

■ **ジョン・ロールズ『正義論』**（矢島鈞監訳、紀伊國屋書店）

社会契約説の伝統の現代的再生を試み、功利主義に代わる正義論を構築した、既に現代の古典の地位を占めている書物。ノージックやドゥオーキンなど、現代の法哲学・政治哲学における活動的な論客の仕事は、批判的にせよ、共感的にせよ、いずれもこの書物に対する知的応答として位置付けられる。多元性の事実の下でなお社会的統一を可能にするリベラルな正義原理を、多様な思想資源を動員して探求する。議論のスタイルは鋭利というよりは重厚。読む側にも一定の覚悟と忍耐力が要求される。ハーヴァード大学でのロールズの同僚、T・スキャンロンによれば、本書には「頸静脈」がない。スキだらけなのに急所が見えない。ロールズ自身が私に語ったところによれば、一つ一つは脆弱な「毛細血管」が無数にからみあうことで、したたかな生命力を保つというのが本書の知的戦略。

■ **マイケル・オークショット『政治における合理主義』**（嶋津格・森村進他訳、勁草書房）

リベラリズムの脱啓蒙的性格の一端を示すものとして、本稿ではハイエクに触れたが、ハイエクの啓蒙的合理主義批判が、経済学的議論様式を超えた政治哲学的深みをもつに至ったのは、オークショットの影響による。できれば後者の、*On Human Conduct*, Oxford U.P., 1975 を読んでいただきたいが、全訳はまだ出ていない。その抄訳および要約として、『市民状態とは何か』（野田裕久訳、木鐸社、一九九三年）がある。しかし、ここに挙げた論文集にも彼の基本思想は既に示されている。傲慢な言葉と結合した権力の倨傲を抑制する上で、政治における実践知がもつ重要性を洞察している。該博な教養に裏打ちされたその文体を、気障と思うか深遠と思うか、それは読者の趣味に依存する。

■ **DAVID MILLER**, *Market, State and Community: Theoretical Foundations of Market Socialism*, Oxford U.P., 1989.

社会主義は死んだのか。この問いを真面目に問うつもりなら、読むべき書物の一つ。残念ながら翻訳はまだない。サッチャー政権下で大敗した英国左翼の知的な巻き返しの試みである。市場経済システムの自由および効率と、社会主義の平等および参加の理念との統合可能性を示すべく、労働者自主管理型の市場社会主義の再構築を試みる。従来型の社会主義を批判して市場システムを擁護する一方、ノージックやハイエクらのリバテアリアニズムも批判して市場の限界を論じ、社会民主主義的な国家体制の下での経済の民主化を唱える。

国家論は哲学や社会科学の専売特許ではない。文学の重要な主題でもある。ただ日本では、プロレタリア文学や戦後の新左翼文学など、政治化した文学は国家の問題を好んで扱ったが、私小説の伝統の影響もあり、純粋に文学的な主題としては、国家の問題は敬遠されがちであった。この点で従来とは一味も二味も違う文学的国家論を、大胆かつ斬新な手法で呈示した作品を最後に二つ挙げておく。

■ **井上ひさし『吉里吉里人』**(新潮社)
■ **丸谷才一『裏声で歌へ君が代』**(新潮社)

前者は東北の小さな村が日本からの独立を試みるという設定で、後者はある画商の私生活と台湾独立運動の奇妙な交錯を軸に、それぞれ「国家とは何か」という原理的な問いに読者を引き込んでゆく。この二書についてだけは、少なくとも「読んで面白い本」であることを請け合ってもいい。井上ひさしの有名な調べ魔ぶりは『吉里吉里人』でもいかんなく発揮されているが、丸谷才一も、社会科学や哲学の国家論をかなり勉強して作品の下敷きにしている。ハンス・ケルゼンのような法理論家の名前が出てくる小説を、この丸谷作品以外に私は知らない。因に、そこに出てくる林という人物と、シュティルナーの『唯一者とその所有』との出逢い方は、読書は案内されてするものではないことの、おかしくも巧みな例証になっている。

# 第三章　公共性の哲学としてのリベラリズム

リベラリズムは公共性の哲学である。本章はこの「堅苦しい」命題の意味を解きほぐし、擁護することを課題とする。第一節では政治社会の公共性問題の意義と困難さを明らかにし、第二節ではリベラリズムの真価と課題が、正義の基底性の観念の的確な解明に基づいて、この問題を政治的にではなく、哲学的に解決することにあることを示す。

## 一　価値対立と公共性

**アポリア**　政治社会（公共の権力を組織的に行使する領域社会）の正統性の問題を「科学的」に解決したいと望む人々を誘惑する一つの戦略がある。政治社会が解決すべき問題を私的利害の対立の調停・解消として規定し、公共の権力の存在とその規制原理とを、この問題に対する最適解として導出する戦略がそれである。勿論、この問題設定そのものが既に多様な解釈を許す。「ブルジョア・イデオローグ」のレッテルを貼られる人々は私的所有の保護と調整としてこの問題を定式化する。経済学者の衣装を纏った功利主義者は「すべての人々のすべての欲求を満たすには足りない社会の資源を、いかに分配すれば人々の欲求充足度が最大化されるか」という問いでこの問題を置き換えるだろう。もう少し「理論的に洗練された」人々は、すべての個人が合理的に自己の利益を追求することにより、かえってパレート最適でない社会状態が帰結するという「囚人のディレンマ」の解消としてこの問題を性格付け、実践的な問題と知的パズルとのエレガントな融合を図る。マルクシストはこのような問題設定全体を嘲笑するかもしれないが、もし彼らが、共産主義社会においては生産力と生産関係との矛盾の解消により生産力が爆発的に向上し、その結果「各人の欲求に応じた」分配が可能になり、私的利害の対立の調停を要請するような問題状況そのものが止揚されると本当に信じているのならば、彼らもやはりこの問題設定の枠組に囚われているのである。私的利害の分裂・対立を対症療法的に調停するのではなく、かかる症状をもたらしている病因を根絶するような体制を構想することも、同じ「私利の病い」を治療する試みである。(根治の試みがしばしば患者を殺してしまうことがここで想起されるが、これはもちろん、別の問題である。)

私的利害の対立の調停・解消は、確かに、政治社会が解決すべき一つの重要な問題であり、私利への固執に対する貴族的侮蔑から、上記の戦略を一蹴するのは愚かな態度である。しかし、それにも拘わらず、この戦略は、政治社会の正統性問題の核にあるアポリアを看過あるいは隠蔽している。私的利害の対立の調整が常に容易であると言っているわけではない。土地の境界をめぐって隣接する二家族が数世代に亘って紛争を続けることも珍しくないし、ピアノ騒音といった瑣事でさえ殺人事件にまで発展する可能性を秘めている。理論的にも、例えば、囚人のディレンマやそれに関連するフリー・ライダー問題をどう解決するかは、決して簡単な問題ではない。重要なのはむしろ次の点である。即ち、政治社会の問題が私的利害の対立の調整として捉えられる限り、具体的な調整基準やその実効性を担保する方法をめぐって見解が対立するとしても、対立競合する私的諸利害を普遍主義的公平性を以て調整する公共性の担い手として[1]、政治権力とその規制原理が要請されるという観念は、比較的容易に理解され、共有されうる。私的利害の公平な調整原理としての公共性を政治社会に帰するこの観念は、具体的にいかなる体制が公共性の要請を最も良く充足するかという問題に即答を与えないとしても、およそ政治社会が公共性を担うというのはどういうことかという問題に一つの理解可能な解答を与えており、私的利害の対立に視野を制限する人々の間での、政治社会の正統性の基礎に関する共通了解を構成する。

しかし、我々の生の葛藤は私的利害の対立という次元にとどまりえない。自他の私的利害を超えそれを制約する間主観的妥当性をもつ価値をめぐる対立こそが、人間的葛藤の根幹にある。価値観の対立においては、対立競合する各々の価値観が、私的利害に優越する公共性は自らにこそ承認さるべきことを要求する。政治社会における公権力の行使とその規制原理とは当然のことながら、すべての対立する価値観を等しく満足させることはできない。不満をもつ価値観からの異議に対して、政治社会は公共性の名において自らを擁護できるだろうか。挫折させられた私的利害からの異議に対しては、その私的利害の挫折が他の私的利害との公平な調整の結果であるという応答が可能である。当の調整が果たして真に公平かという点で対立は残るとしても、各私的利害は他の私的利害との公平な調整に基づく制約に服するという観念そのものは一般的に理解され受容されうる。各人が私的利害をもつことと、この観念を共有することとの間には何ら矛盾はない。しかし、既に公共性要求をもつ各々の価値観が、等しく公共性要求をもつものの、その価値観からすれば誤っている他の価値観との、公平な調整に基づく制約に服するという観念に、果たして理解可能な意味を与えることができるだろうか。ある価値観$v$の正当性を信じる者が$v$の観点からは誤っている価値観$v'$との公平な調整に$v$が服することを承認するのは、$v$が$v'$と同様に誤っていることを承認するか、あるいは、すべての価値観は等しく恣意的であるという相対主義にコミットすることであり、自己矛盾を犯すことなしには不可能ではないのか。(2) 政治社会が公共性を自己のものとして要求しうるのは私的利害に対してのみであり、それ自体公共性要求をもつ様々な価値観の対立を公平に調整する一層高次の公共性なるものを標榜することは、原理上不可能ではないのか。かかる高次の公共性が不可能であるとすれば、価値対立が不可避である我々の生の条件の下では、政治社会は特定の価値観の公共性要求を排他的に承認せざるを得ず、政治社会の正統性の広く共有された基礎なるものは、もはや成立しえないのではないか。

ここに掲示した問題は、利益の対立は妥協と互譲による解決が可能であるが、価値の対立は人を狂信的・独善的にするため調停不可能であるという、しばしば主張される対比とは次元を異にする。既に示唆したように、私的利害の対立の調停を常に可能にする確実な保証はない。仮に妥協が常に可能であるとしても、永続しないその時々の戦略的諸条件に依存していることが妥協の本質であるから、利害対立の単なる解決ではなく安定解を得ることは、妥協のみによっては不可能であり、何らかの共通の価値ないし準則の受容を前提している。かかる前提が成立しない状況においては、利益の対立は、それが利益の対立であるという理由だけで、価値観の対立よりも調停が容易であると断定することはできない。ある種のイデオロギー批判者は、価値対立が私利の対立のイデオロギー的仮象に過ぎないことを人々が「悟る」ことにより、合理的な私利追求者の間の妥協として平和が可能になると主張する。かかる発想の基礎には妥協の論理に関する誤解だけでなく、対立競合する私的利害が相互に対して抱く「敵意」は、対立する価値観の間のそれよりも制御し易いという前提があるが、この前提そのものがイデオロギー批判の対象となりうるものであり、私利に恬淡としていられる程に恵まれた特権的知識人——大学教授をその典型例として挙げることは勿論もはや不可能である——が抱く「うぶな」幻想に過ぎない。例えば、流された血の量を指標にする限り、同じくイスラム・シーア派が多数を占めるイランとイラクとの領土をめぐる利害対立の方が、米国とイランとのイデオロギー対立よりもはるかに熾烈である。イ・イ戦争においては利害対立（この場合は集合的私利の対立）

が国家主権や正義をめぐる価値対立と絡ませられている、というのは反論にならない。この例が示しているのは、派生的な問題をめぐる比較的にマイナーな価値対立が、利害対立がそれに絡むとき、原理的問題をめぐる一層ラディカルな価値対立よりもはるかに貪婪に人身御供を要求するということである。

ここで問題にしているのは、「合理的」な、あるいは「醒めた」妥協に基づく調停可能性の有無による利害対立と価値対立との対比――私見によれば、誤った対比――ではなく、政治社会の正統性の共有された基礎となるべき、公共性の観念の理解可能性という見地からの両者の対比である。即ち、利害対立と価値対立との「実際的」困難さにおける対比ではなく、哲学的困難さにおける対比が問題なのである。利害対立において共有されるのと同一の公共性理解が価値対立においては適用できないとすれば、不可避的な価値対立を前にして、政治社会の公共性はいかにして（あるいは、そもそも）可能なのか。

**民主制**

民主制がこの問題を解決すると通常信じられている。しかし、民主制そのものは単なる制度的装置に過ぎず、民主制がこの政治哲学的問題を解決しうるか否かは、民主制の基礎をなすものが何であるかに依存する。別の言い方をすれば、政治社会の公共性が民主制に依存しているのではなく、逆に、民主制の正統性が公共性問題の解決可能性に依存しているのである。少数派はなぜ、自己の立場と矛盾する多数派の立場を、単に「多数者の私的見解」としてではなく、社会の公的決定として承認しなければならないのか。多数意思が単なる数の力によってではなく、公共性の名において、少数意思に服従を要求する権利根拠は何か。

民主制が単に利害対立の調整としてのみ導入されるのであれば、この問題には比較的理解し易い解答が存在する。私利の調整という問題設定の下では、すべての私的利害を平等に算入した上で、利益実現全般の最大化を図る功利主義的公益計算が公共性の規定根拠として承認され、この計算の解に最も近似的な結果へ導く実際的な政治的決定システムとして、民主制が正当化されうるだろう。(特殊集団の集合的私利が一般的利益の犠牲において実現されることの珍しくない現代の間接民主制の現実態が、私利の調整に適用される民主制の功利主義的範型にさえ合致するものでないことは言うまでもない。)勿論、個人権を尊重する立場からは、功利主義的公益計算に基づく個人への犠牲要求に対する一定の制約としての個人権の存在が主張されるが、かかる個人権は民主的手続に基づく決定をも一定の場合には「多数の専制」として拒否することを正当化するものであり、また、他の私的利害とのトレード・オフに服する私的利害の一つとしては扱えず、私的利害を超えた公共の価値としての地位の承認を要求する。(因に、私的所有をこの意味での個人権として捉える人々は、私的所有の保護・調整の問題を私的利害の調整問題の一環として扱う本節冒頭の例示の仕方に反対するであろう。)従って、かかる個人権が存在するとしても、それは、私的利害の対立の調整という問題設定の下では功利主義が民主制の公共性要求の基礎となりうることを否定するものではなく、むしろ、この主張を間接的に補強する。しかし、価値対立の調整が問われるとき、功利主義はもはや民主制の公共性要求の基礎としての説得力をもちえない。間主観的妥当要求をもつ価値観は、功利主義的計算に算入される単に充足要求しかもたない主観的選好と同視されることを拒否する。充足要求しかもたない選好については、要求強度の比較のみが問題であり、この比較がある選好を他に優先させることを正当化する。しかし、妥当要求をもつ価値観については、要求強度の比較はイレレヴァントであり、ある価値観を他に優先させることを正当化するのは、要求を正当化する理由の比較である。選好の充足度に関わる功利主義的計算は正当化理由の比較査定を与えるものではない。勿論、功利主義的計算それ自体が正当化理由になりうるが、これは他の理由と競合する理由の一つに過ぎず、自己と他の理由との比較査定を与えることはできない。

功利主義的調整が価値対立においては意味をもたないとすれば、価値対立の下で民主制の公共性要求の基礎をなすものは何か。多数は常に正しいという妄断を問題にする必要はない。多数は概して正しいという主張も恐らく偽であるだろうし、仮に真であるとしても、この主張は多数派の見解の正当性の推定を可能にするだけで、少数派が強力な反証の存在を主張している場合——深刻な論争においては常にそうである——に、民主的決定によって決着をつけることを正当化する理由にはならない。すべての価値観は等しく恣意的であるから、国政を指導する地位を決定するのは価値観の内容ではなく、支持者の数であるという相対主義的民主制論が、民主制の公共性要求を基礎付けえないことについては多言を要しない。民主制を否定する価値観に対して民主制を擁護する上で相対主義は無力であるというお馴染みの論点や、政治的支配権を決定する上で価値観の内容は重要でないということから、価値観の支持者の数が重要であるという結論は導出されないという初等論理的論点は別としても、妥当要求をもつすべての価値観——己れの価値観の恣意性を知りながら、それに帰依することを文明人の美徳とみなす人々が抱く倒錯した「価値観」を除くすべての価値観——にとって、相対主義は自己矛盾を犯すことなしには承認できない以上、相対主義が価値対立の状況において民主制の公共性要求の基礎として広く受容されることはありえない。

民主制の基礎の古典的表象である合意についてはどうか。民主制は支配を被支配者の合意に基づかしめるが故に、公共性を体現しうるという主張は、依然強い直観的アピールをもつ。しかし、このアピールはこの主張の曖昧さに依存しており、批判的分析に耐えるものではない。この主張は次の二つの異なった解釈を許す。(1)個々の民主的決定が被支配者の合意を表現する。(2)民主制の設立あるいは維持が被支配者の合意に基づく。先ず(2)から検討したい。個々の民主的決定に反対する少数派も、民主制そのものの設立・維持に合意しているのであれば、このことは個々の民主的決定が少数派に対しても、社会の公的決定としての地位の承認を要求しうることの根拠になるだろう。しかし、民主制の設立・維持が普遍的合意に基づくという主張は事実問題として偽である。高々主張しうることは、民主制の設立・維持は多数の合意に基づくということである。多数の合意が民主制を正当化するという主張は、たとえその多数が圧倒的多数であるとしても、民主制を基礎付けるものではなく、逆に、民主制を前提しているのである。(1)については、民主的決定が表現すると言う被支配者の合意が、現実的合意を意味するのか擬制的合意を意味するのかにより、さらに二つの解釈が可能である。これが事実上の合意を意味するのであれば、(1)は語の悪しき意味におけるイデオロギーの好例である。民主制もある意思が他の意思を制して貫徹される支配の一形式に過ぎず、その実相は多数意思による少数意思の支配である。被支配者の合意は事実として存在しない。(1)に言う被支配者の合意が、多数の意思が全体の意思とみなされるという法的・規範的意味をもつのであれば、(1)は民主的決定が公的決定としての地位の承認をその決定に反対した少数派にも要求できることを基礎付けているのではなく、逆に前提しているのである。

以上の議論は民主制の信用失墜を図るものではないし、民主制の原理的支持不可能性を証明するものでもない。その狙いは、民主制の公共性要求の基礎付けの困難さを示すことにより、政治社会の公共性問題の困難さを例証することにある。この問題の困難さを強調するのは、これを原理的に解決不能な仮象問題として切捨てるためではないし、哲学者の慰みとしてこれを棚上げにする「実際家」の知恵を賞賛するためでもない。むしろ、真の問題がどこにあるかについて、理解を深めるためである。真の問題は次のディレンマの解決にある。価値対立の下で、政治社会が特定の価値観の妥当要求を排他的に承認するならば、政治社会は公共性の担い手としての地位をもはや広く承認されえないのではないか。しかし他方、政治社会が対立競合する多様な価値観よりも高次の公共性を標榜するならば、政治社会はこれらの価値観を妥当要求を欠く私的利害や主観的選好として取扱わざるをえず、妥当要求をもつすべての価値観からその公共性要求を否認されるのではないか。一言で言えば、政治社会が多様な価値観を抱く人々がその下で対立しながらも共存しうるような公平な枠組であることは、価値観を「真面目に捉える」こと、即ち、人々を単なる私利追求者や欲望の奴隷としてではなく、価値志向的存在として尊重することと、いかにして両立しうるのか。

　功利主義、独断的多数崇拝（「頭数的事大主義」）や相対主義、さらには合意の神話はこの問題を解決できない。民主制もこれらの立場に自らを基づかしめるならば、価値対立下において公共性を標榜することはできない。それではこの問題の解決の鍵はどこにあるのか。私はそれをリベラリズムに求めたい。別の言い方をすれば、リベラリズムをこの問題により良き光を投げかける立場として性格付けたい。私は功利主義もその企図に関する限り、リベラリズムの思想伝統に属すると考えるから[3]、ここで言うリベラリズムとは、厳密には、リベラリズムの思想伝統全体ではなく、私がリベラリズムのより良き形態と考えるものである。民主制が公共性を要求しうるために満たすべき条件と、「多数の専制」に堕さないために服すべき制約とを構想する基礎になるのも、私見によればここに言うリベラリズムである。（因に、リベラリズムと民主制との関係を「自由主義対民主主義」という図式で表現するのは、リベラリズムを「自由主義」と訳すことの適否は別としても、不適切である。民主制は単なる制度的装置に過ぎず、リベラリズムと同一の論理的平面で競合する独立の政治哲学的理論ではない。もちろん、民主制を基礎付ける理論を「民主主義」と呼ぶ定義を採用するのは自由であるが、この意味での「民主主義」が何であるかは、本節でも示したように、即答不可能な困難な問題であり、制度装置としての「民主制」がもつような多かれ少なかれ定着した、比較的に同定し易い慣行的外延を、この意味での「民主主義」はもたない。従って、この意味での「民主主義」がリベラリズムと対立すると即断することはできないし、リベラリズムこそこの意味での「民主主義」の最良の候補である可能性をア・プリオリに排除することもできない。）しかし、リベラリズムの立場から民主制の基礎と制約がいかにして解明されうるかを理解するには、もっと基本的な問題、即ち、本節で示した政治社会の公共性問題のディレンマを、リベラリズムがいかにして解決しうるかを先ず考察することが必要である。次節の課題はこの基本問題の解明である。

## 二　公共的価値としての正義

**正義の基底性**　私は別著でリベラリズムの思想伝統を正義の基底性の観念で性格付けた(4)。この観念は次の三つの命題から成る。

(1)　正義は政治社会の構成原理であり、政治社会における公私の力の行使を規制するとともに、公権力によって強行されうるものである。（正義の公共性）

(2)　正義の原理は「善き生」の特殊構想に依存することなく正当化可能でなければならない。（正義の独立性）

(3)　「善き生」の特殊構想が正義の要求と抵触する場合、後者が優先する。（正義の制約性）

この観念においては、政治社会の構成原理たる正義の公共性が正義の独立性と制約性を要請し、政治社会の構成原理が正義の独立性と制約性の要請を充足していることが、その公共性要求も基礎付ける。従って、この観念は政治社会の公共性問題に直接関わっている。勿論、この観念は複数の解釈を許す。リベラリズムの思想伝統はこの観念の共有によって性格付けられるが、このことはこの伝統に属する異なった理論の間でこの観念の基礎と含蓄に関する解釈の相違が存在することを否定するものではない。価値対立下における政治社会の公共性問題の解明の鍵は、この観念をいかに解釈し、解明するかにある。

先に、功利主義もその企図においてリベラリズムの伝統に属すると言ったが、これは、功利主義も正義の基底性の観念に一つの整合的な解釈を与えており、功利主義がこの観念自体を否定しているとみなすことはできないということを意味する。[5] しかし、功利主義がこの観念に与えている解釈は整合的ではあっても、実質的適合性を欠く。功利主義は人々の善き生の諸構想を妥当要求をもつ価値観としてではなく、充足要求しかもたない主観的選好の一種として扱い、それらを全般的選好充足度の最大化を図る社会的幸福計算に、その充足要求の強度に比例して算入し、この計算を正義原理の正当化手続とするという仕方で、正義の基底性の要請に応えている。確かに、これは特定の善き生の構想の正当性にコミットすることなく、多様な善き生の構想をある意味で「公平」に調整する一つの方法である。しかし、このような仕方での正義の基底性の解釈は、善き生の構想を単なる趣味や好悪の感情と同様、充足要求しかもたない主観的選好として扱っているというまさにその点で不適格である。善き生の構想はまさに善き生の構想であり、妥当要求をもつ一つの価値観である。自己の善き生の構想を変更した者は単に「気が変わった」のではなく、自己の価値判断――我々の生を意味あらしめ、より善きものにするために追求さるべき価値についての判断――を修正したのである。異なった善き生の構想の間の対立は価値観の対立である。価値対立の下では功利主義的調整は意味をもたないことを前節で示したが、同じ理由で、正義の基底性の功利主義的解釈は、対立競合するどの善き生の構想の観点からも受容不可能である。功利主義の固有の誤謬は自らが唯一の正当な価値観であることを主張していることにあるのではない。これは真摯な価値観にとって避け難いことである。功利主義の致命的に過てる倨傲は、自らが唯一の価値観であると主張しているところにある。

善き生の構想が妥当要求をもつ価値観であることを承認することは、勿論、異なった善き生の構想を追求する人々が、自己の構想を追求する自由を相互に承認するのは不可能であるということを含意しない。的確に解釈された正義の基底性の観念はこの可能性の信頼に根差す。しかし、この可能性は単に主張して済むものではなく、解明を要する。善き生の諸構想の対立が妥当要求をもつ価値観の対立であるならば、異なった善き生の構想を追求する人々の間での、それぞれの構想を追求する自由の相互承認は、自己の構想に誠実であることといかにして両立しうるのか。相互承認の成立とは、対立競合する多様な善き生の諸構想を追求する人々がその下で共存でき、且つどの構想の観点からも受容可能な（不公平として拒絶できない）共通の政治社会の枠組の成立であるから、この問題は、善き生の諸構想の対立という形で表現された価値対立の下での、政治社会の公共性問題として再定式化できる。すなわち、政治社会が多様な善き生の諸構想を追求する人々の共存を可能にする公平な枠組であることと、かかる構想を追求する人々の価値志向性を尊重することとは、いかにして両立しうるのか。功利主義は善き生の構想を妥当要求も欠く主観的選好に還元することにより、この問題を解決するかに見せながら実は隠蔽する。相対主義者はすべての価値観が原理上恣意的であることを人々が「悟る」ならば、自他の善き生の構想も等しく恣意的であることが認められ、そこに相互承認の可能性が開かれると主張するだろう。しかし、この相対主義的応答がこの問題に対する解決になっていないことは、功利主義におけるよりも明らかである。この応答はこの問題を、自己の価値観の妥当要求を放棄することは自己の価値観に誠実であることといかにして両立しうるのかという、恐らく一層困難な問題で置き換えたに過ぎないし、仮に、妥当要求を放棄しながら自己の価値観に誠実であることが可能であるとしても、このような正当化不可能であるだけでなく批判も不可能な「実存的」帰依が、相互承認ではなく、対立者を殲滅するまで終わらない死闘か、相互破滅の影に脅えながら繰返される移ろい易い戦略的妥協と闘争との絶えざる交代劇に導くことを妨げる要因は、相対主義の内にはない。（相対主義は相互承認と必然的に結び付かないだけで

なく、私見によれば相互承認を可能にする寛容精神の基礎を破壊する。(6)

**価値世界の構造化**　リベラリズムのより良き形態が与える正義の基底性の観念の的確な解釈は、善き生の諸構想を「主観化」（選好への還元）したり「相対化」（原理的恣意性の宣告）することによってではなく、価値の世界を言わば「構造化」することにより、この相互承認の可能性を、従ってまた善き生の諸構想の対立という形をとった価値対立の下での政治社会の公共性を基礎付けようとする。それは公共的価値と非公共的価値とを区別する。この区別の論理的基礎をなすのは価値観の妥当性――真理性または正当性と言い換えてもよい――と公共性との区別である。リベラルでない価値観は自己の妥当性が自己の公共性を含意する、あるいは自己の公共性の充分理由であると考える。すなわち、単にそれが正しいということが、公権力によって支持・強行され公権力の行使を規制・指導する地位をそれが他を排して享受することを正当化するとみなされる。リベラリズムはまさにこの前提を否定する。（以下、単にリベラリズムと言うときは、私がリベラリズムのより良き形態と考えるものを意味する。）

この前提の否定は一見パラドクシカルに見える。もしある価値観が正しいのならば、それは単にその支持者にとって正しいのではなく、端的に、すなわち、すべての者にとって正しいのであり、従って、その正当性は反対者を含むすべての者がそれに従って行動すべき理由になるはずであり、このことは公権力の行使を規制し且つそれによって強行される権威をすべての者がその価値観に承認すべき理由が存在することを、即ち、その価値観が公共性をもつことを意味するのではないか。相対主義を真に否定するならば、この結論を回避することは不可能ではないか。しかし、この議論は二重の誤謬に基づく。第一に、ある価値観が端的に（誰にとっても）正しいということと、それを受容することを誰も不公平として拒絶できない理由によりそれが正当化されているということとが同視されているが、両者は異なった論理的平面に属する。後者は前者を主張する理由になっても、その逆は真ではない。これは、命題がそれを信じることを誰も不合理として拒絶できない理由によって正当化されていることはその命題の真理性の主張を支持するとしても、その逆は成立しない、すなわち、単なる命題の真理性を以てかかる正当化理由の存在証明に代えることはできないことと同様である。（信ずべき理由がなくとも命題は真でありうる。）もちろん、ある価値観の正当性を主張する者は何らかの正当化理由の存在に論理的にコミットしているが、彼の主張が真剣なものであると認められるために彼が提示できなければならない理由は、誰も不公平だとして拒絶できない仕方での正当化という公共性の条件を満たしている必要はない。[7] 第二に、ある価値観が正しいことと、それが公権力によって強行されるのが正しいこととが混同されているが、両者は区別されなければならない。「事態 $x$ は善い」は「$x$ が強制的に実現される事態 $y$ が善い」を含意しないし、「$x$ は $D$ すべきである」は「$x$ は $D$ するよう強制さるべきである」を含意しない。後者のタイプの主張を正当化するには、前者のタイプの主張を正当化する理由以上の理由が必要である。

価値の妥当性がその公共性を含意しないとしたら、いかなる価値が公共性を承認されうるのか。リベラリズムのこの問いに対する解答が正義の基底性である。リベラリズムにおいて公共性をもつ価値は、善き生の構想と区別された正義である。公共的価値としての正義は先ず制約性の要請を満たさなければならない。それは他の善き生の構想と同一平面で対立競合する善き生の構想の一つではなく、多様な善き生の構想に対する共通の制約として妥当する価値でなければならない。功利主義的解釈においては、この制約性は妥当する価値（正義）の主観的選好（善き生の構想）に対する拘束性として説明されるが、既に見たようにこの解釈は不適格である。また、この制約性を正しい善き生の構想が誤った善き生の構想に対してもつ優越性と解することも誤りである。正義とは正しい善き生の構想のことではなく、善き生の構想の対象となる価値とはタイプを異にする価値である。むしろ、この制約性はともに妥当する価値の間の衝突（道徳的葛藤）において、他の価値の要求を「覆す」価値の、覆された価値に対する関係として捉えられなければならない。制約性の要請を満たす正義とは、単に主観的選好や誤った価値観に優越するだけでなく、ある種の正しい価値観（正しい善き生の構想）の要求をも制約する価値である。(8)

正義がこのような制約性をもつためには、それはさらに独立性の要請を満たさなければならない。すなわち、それは特定の善き生の構想に依存することなく正当化できなければならない。もしある正義原理が特定の善き生の構想に訴えることによってしか正当化できないとすれば、そのような原理は高々、正しい善き生の構想が誤った構想に対してもつ優越性を自己のものとして要求できるだけである。それは善き生の構想の対象をなす価値そのものを、従って正しい善き生の構想をも制約する力はもたない。また、このような原理はその正当化において訴えられた善き生の構想を除くすべての構想の観点から不公平として拒絶されえ、多様な善き生の構想に対する共通の制約としての地位を享受できない。対立競合するどの善き生の構想の観点からも不公平として拒絶できない正当化を与える理由は、特定の善き生の構想から独立した理由である。独立性の要請は善き生の構想一般に対する正義の制約性の条件であると同時に、多様な善き生の構想に対する正義の共通の制約性の条件でもある。

かかる公共的価値としての正義が政治社会の構成原理をなすことが、価値対立における政治社会の公共性を基礎付ける——これがリベラリズムの信念である。公共性問題の核にある二つの要請の緊張の問題、即ち、価値対立において人々の共存を可能にする公平な枠組の設定への要請と、人々の価値志向の真正性を尊重することへの要請とはいかにして調和させうるのかという問題は、リベラリズムの観点からは次のように解明される。

第一に、公共的価値としての正義が公平な共存枠組の設定と人々の価値志向性の尊重とを両立させ得るのは、それが対立競合するすべての善き生の諸構想を等しく助成・促進したり、等しく許容するからではない。かかる八方美人的中立性は不可能であるし、望むべきことでもない。リベラリズムにおいて正義が公共性をもつのは、それがすべての善き生の構想を等しく制約する——いかなる善き生の構想を追求するかに関わりなく遵守すべき準則として妥当する——からであり、且つ、この制約性がその独立性に、すなわち、何らかの特定の善き生の構想の正当性に訴えるのとは異なった仕方で正義の原理が正当化可能であるということに基づかしめられているからである。リベラリズムを政治社会に八方美人的中立性あるいは価値中立性を要求する立場として曲解することは、リベラリズム批判者の常套手段であるが、これはリベラリズムに対する誤解である以上に、罠である。リベラリズムの核心を正義の基底性に求める者が、自らが支持する政治体制の下ですべての善き生の構想が同じ程度に自己を実現でき、同じ程度に繁栄するわけではないという動かし難い(また、動かす必要もない)現実をもし愚かにも否認しようものなら、「自己欺瞞」、「現実のイデオロギー的歪曲」等々の痛罵を浴び、もしそれを率直に認めるならば、「自己矛盾」、「内的不整合」等の烙印を押される。リベラリズムを支持しながらその基礎が相対主義にあると誤信する人々は容易にこの罠に掛かるかもしれないが、リベラリズムにおける公共的価値としての正義と善き生の諸構想との関係を的確に理解するならば、この罠の覆いを剥ぐのは難しいことではない。

なお、およそ価値とは善く生きることに関わっている以上、善き生の諸構想からの正義の独立性の要請は、結局、正義原理の価値中立的正当化という不可能事を要求するものであって、リベラリズムの言う公共的価値としての正義なるものは、価値中立的価値あるいは価値超越的価値なるものが可能だと信ずる人々の自己欺瞞的幻想にすぎない、という批判がここでなされるかもしれない。この批判は誤謬であるが、問題の解明に資する重要な誤謬である。確かに、すべての価値は善く生きることに関わるという主張はある意味で正しい。しかし、このことは何らかの特定の善き生の構想から独立した価値は存在しないということを意味しない。普遍的に共有された善き生の構想があるということが言いたいのではない。かかる構想が仮に存在するとしても、それは支持者の範囲が例外的に広いというだけで、善き生の特定の構想であることに変わりはない。重要なのは善き生の諸構想の受容範囲の大小ではなく、むしろ、善き生の諸構想一般とは異なった仕方で善く生きることに関わる価値が存在するということである。即ち、すべての価値が「善く生きるとはどういうことか」という問いに対する解答に関わるわけではなく、このような問いを発し、自己の生をその探求に捧げることのできる道徳的人格としての人間存在の可能条件に関わる価値が存在する。生命・安全・自己決定への自由・教育を受ける権利・人格の尊厳・平等な尊敬と配慮への権利等々、政治道徳上の議論においてしばしば訴えられる一群の抽象度を異にする諸価値はこの次元に属するものとして解釈さるべきである。それらは善き生の諸構想の対象をなす価値ではなく、善き生の構想を自ら発展させ、それに従って自己の生を形成できる諸個人の能力の養成と保護、およびそれに必要な資源・環境の公平な配分と整備に関わる諸価値である。独立性の要請を満たす正義原理の正当化は、この次元に属する諸価値が何であり、それらが相互にいかに関係付けられ調整されるかについての理論の構築と解釈を通じて与えられる。

第二に、公共的価値としての正義が、価値志向的存在としての諸個人の尊重と公平な共存枠組の設定とを両立させうる真の根拠は、リベラリズムにおける価値の世界の構造化にある。公共性を正義に帰することにおいて、リベラリズムは人々の善き生の諸構想の公共性要求を斥けるが、これはその妥当要求を斥けることではないし、ましてそれらを妥当要求自体を欠く主観的選好として扱うことではない。善き生の諸構想の公共性を否認するということは、それらが権力的に強行されうる政治社会の集合的決定の正当化理由になりうることを否定するということであって、それらがすべて誤っているとか、単なる趣味の問題であると断ずることではない。価値観の妥当性はその公共性を含意しないというまさにその同じ理由で、善き生の諸構想の公共性の否認はその妥当性の否認を含意せず、従って、一層強い理由で、それらが妥当要求を欠く主観的選好にすぎないという主張を含意しない。確かに、正義は善き生の諸構想一般を制約しうるが、これは善き生の諸構想が妥当性をもちえないからではない。逆である。善き生の構想の内容は価値として妥当しうるからこそ、そこから帰結する諸要求の一部は正義の要求との間に道徳的葛藤を生ぜしめうるのである。前者は後者によって覆されるが、このことは前者の諸要求が無効化されることとは別である。正義の要求と相剋する善き生の要求は政治的決定の正当化理由としては覆されるとしても、政治権力に依存しない実践の理由としてはなお妥当しうる。公共的価値としての正義によって規制された政治的決定が、その決定に服する者に伝えるメッセージは「守らるべき価値はこれだけです。あとは趣味の問題ですからお好きなように」ではなく、「守らるべき様々な価値のうち、公共の力によって強行しうるのはこれだけです。あとはあなた自身の生き方と他者への説得や他者との自由な協力を通じて実現に努めて下さい」である。

第三に、公共的価値としての正義は、価値志向的存在としての諸個人の尊重と、公平な共存枠組の設定とを単に両立させるだけでなく、統合する。リベラリズムにおける価値の世界の構造化の論理的基礎は、公共性と妥当性との概念的区別であるが、その価値論的基礎は我々の善き生に価値が関わる二つの態様の既述の区別、すなわち、「善く生きるとはどういうことか」という問いの解答に関わる価値と、かかる問いを発し追求しうる道徳的人格の可能条件に関わる価値との区別である。前者を「人格完成価値」と呼ぶとすれば、後者は「人格構成価値」と呼べるだろう。両者ともに人格形成に関わるが、人格完成価値が人格形成を指導する「父性的」な価値であるのに対し、人格構成価値は人格形成主体そのものの存立基盤となる「母性的」な価値である。善き生の諸構想はまさに人格完成価値の構想であるが、正義の諸原理は人格構成価値の体系的構想に基づいて正当化される。人格構成価値の保証は人々が人格完成価値を追求しうるための不可欠の条件である以上、リベラリズムが要請するような仕方で正義が公平な共存枠組として善き生の諸構想を制約する政治社会は、善き生の問いに無関心であるどころか、むしろ善き生の問題への人々の関心の切実さを尊重するが故に、善き生の探求を可能にする条件を人々に公平に保証するのである。すなわち、リベラリズムにおける公共的価値としての正義は、公平な共存枠組の設定と価値志向的存在としての諸個人の尊重とを単に両立させるだけでなく、後者を前者の基礎にするという形で、両者を統合する。

**批判・応答・展開**　価値対立下における政治社会の公共性問題についてリベラリズムが与える以上のような解明に対しては、様々な批判や疑問の提起が予想されるが、ここでは議論の発展に資する二つの問題を取上げたい。

第一に、次の批判が考えられる。以上の議論は正義の公共性の意味・根拠・含蓄を説明しているが、善き生の構想が公共性をもたないことについては、単にこれを前提しているだけでその理由を説明していない。善き生の構想が人格完成価値に関わることや、その妥当性が公共性を含意しないことは、それだけでは善き生の構想が公共性をもちえないことを証明しない。善き生をめぐって対立する人々の見解が相互の対話を通じて最終的に一つの善き生の構想へと収斂され、その結果それが公権力によって支持されるとともに公権力の行使を指導する地位を獲得することが不可能であるとなぜ断定できるのか。この批判に対する応答は三つの階梯を踏む。

(1)　多様な善き生の諸構想の根深い対立の事実の下では、ある特定の善き生の構想を追求する人々がそれと対立する他のすべての諸構想を追求する人々を説得してその誤謬を悟らせたり、すべての人々がそれぞれの構想を部分的に修正して共通の構想に到達することは望みえない。例えば、道徳的多数派の指導者ジェリー・ファルウェルとペントハウス編集長兼社長ボブ・グッチオーネとが、憲法上の権利に関してではなく、「善き生とは何か」について論争した場合、彼らは互いに相手の善き生の構想を侮蔑に値する程誤ったものとして非難し続けるであろう。もちろん彼らはそれぞれ自己の構想を是とする理由——例えば、「神の声」や「人間性の全面的開花のための官能の重要性」など——を提示することができるが、このような理由は両者の構想の収斂を可能にするどころか、むしろその対立をより尖鋭に浮かび上らせるだけであろう。確かに、彼らは何らかの公平感覚を共有しうるであろうが、「善き生とは何か」は人格完成価値に、従って人生の意味や目的に関わる問題であり、公平という価値に訴えて答えうる性質の問題ではない。(もっとも善き生の構想の正当性自体をめぐる対立ではなく、ポルノ排除の政治的・経済的圧力の是非をめぐる政治的対立がこのような公平性に関わる理由に基づいて調停される可能性はここでは否定されていない。)

(2) 善き生の諸構想の多様性の事実を、リベラリズムは永遠不変の条件としてではなく、将来における変化は分裂以前の過去の統一への単純回帰ではありえないという意味で不可逆的な歴史的与件として前提するが、それだけではなく多様性を維持さるべき望ましき条件として是認することができる。(多様性の是認は競合する善き生の諸構想の間に選ぶところがないとする相対性の主張とは無関係である。誤謬や堕落の存在理由の承認は可能であるし、異なった諸構想は常に対立競合するわけでもない。)リベラルな政治社会において多様性が維持されるならば、特定の善き生の構想が公共性を要求しえないような人間的生の条件に対する対応としてのリベラルな政治社会は、まさにその存在によってかかる条件を再生産することになる。しかし、このことは、リベラリズムが多様性自体を善き生の本質的構成要素として目的化し、正義をその手段として導出している、即ち、正義の基底性を結局放棄しているということを意味するのではないか。答は否である。第一に、多様性は善き生の完成態でないだけでなく、およそ自己目的化されうるような特定の理想的事態ではない。それはより善きものが創造され続けるための条件、すなわち、善き生を求める人々の営みが停滞することなく不断に更新され発展するための条件である。しかもそれは唯一の条件ではないし、他の条件から孤立して機能しうる条件でもない。第二に、リベラリズムが多様性を是認するということは多様性を正義原理の正当化根拠にすることと同じではない。正義原理は人格構成価値の的確な構想に基づいて正当化され、多様性はかかる正義原理を構成原理とする政治社会が、適切な条件の下で具備しうる性格である。多様性はリベラルな政治社会の「体制」あるいは‘structure’ではなく、適切な条件の下で維持されるこの社会の「質」あるいは‘texture’である。(先に、リベラルな政治社会はすべての善き生の構想を許容したり、等しく支持・助成するわけではないと言ったが、このことは、この社会で「生き残る」善き生の諸構想はなお多様であるということと何ら矛盾しない。)なお、善き生の追求においてもグレシャムの法則が妥当するという観点から、リベラルな社会が多様性を享受するという想定は社会学的にきわめてナイーヴであり、むしろかかる社会は安逸な生き方と「ブルジョア的頽廃」とで一色に塗り潰される宿命にあるという批判がなされるかもしれない。しかし、この批判が「悪しき生は善き生を駆逐する」という法則の無条件的妥当を主張する宿命論であるならば、それはその批判対象以上に社会学的にナイーヴである。他方それがリベラルな政治社会においては多様性が無条件的・必然的に保証されているわけではないということを想起させるだけであるならば、これは批判というよりも、リベラルな政治社会の structure と texture との既述の区別の再確認である。リベラルな政治社会が孤独な群集の他者志向性や、大衆的凡庸性で染め上げられる定めにあるというような主張についても同様の反論が可能である。リベラルな政治社会には多様化の契機だけでなく画一化の契機も存在することをリベラリズムは承認する用意があるが、多様性の窒息を防止する保証を政治構造だけにではなく、他者との異なりを恐れず己れの内なる原則に従うことのできる自律的個人が陶冶されるような社会の伝統に求めるのである。リベラルな政治構造とこの伝統とは相互依存関係にある。ところで、ここでは多様性はリベラルな政治社会の望ましい「質」として理解されているが、最小限の多様性はさらにこれを超えて、道徳的人格としての自律的選択能力や自己省察能力および現実を批判しうる想像力を陶冶し、善き生の模索を可能にするための環境的条件の一部として、即ち、人格構成価値の一部としてみなさるべきことが示されるかもしれない。もしそうならば、この限度の多様性の確保はリベラルな政治社会の texture であるにとどまらずに、その structure に、即ち政治的決定の正当化構造の中に組込まれるが、これは正義の基底性と矛盾しない。例えば、自然保護や学芸振興のための積極的施策を公権力が遂行することに対してリベラリズムが提供し得る正当化の一つは、かかる人格構成価値としての最小限の多様性が開花する自然的・文化的環境世界の保護であろう。[9] 要するに、リベラルな政治社会は多様性の維持を通じて、何らかの特定の善き生の構想が公共性要求を承認されることのない状況を再生産するが、これは善き生の問題への無関心とは無縁であり、むしろこの問題を探求する価値志向的存在としての諸個人の尊重に根差している。

(3) リベラリズムが善き生の構想に公共性を否定する理由は、善き生をめぐる人々の見解の収斂が事実上望みえないだけでなく、かかる収斂を少なくとも原理上可能にする公平性に関わる理由による正当化が善き生の構想には不可能であるということに尽くされない。最深奥の理由はむしろ、善き生の構想はそもそもかかる正当化を必要とするような強制を伴う集合的決定の対象とさるべきではない性格をもつということにある。リベラリズムにおける価値の世界の構造化の論理的基礎と価値論的基礎には既に触れたが、ここでその人間学的基礎に触れなければならない。[10] 別著で示し、本書第五章で詳論するように、リベラリズムは功利主義における匿名の効用受容器や、マイケル・サンデルが「負荷なき自我」と呼んだ、選択意志以外に自同性の基盤をもたない空虚な孤立した主体としてではなく、むしろ「自己解釈的存在」として自我を捉えるべきである。自己解釈的存在としての自我は、一切の規定性を剝ぎ取られた裸の実存の純粋恣意の発動として己れの生き方を決断するのではなく、むしろ「私は何者であるのか」、「私にふさわしい生とは何か」を問い求める自同性解釈を通じて人格完成価値としての善き生を探求し、且つ、善き生についての自己の解釈を己れの自同性の基盤とするのである。自己解釈的存在としての自我は、同じく自己解釈的存在としての他我と、互いに相手の自同性についての洞察を交換できるだけでなく、自同性の基盤となる善き生の構想自体をも共有できるが、自己の自同性解釈の、従ってまた自己が同一化し得る善き生の解釈の最終的責任主体である。それは他者との交わりにおいて自同性解釈を深め、ときにはこの解釈を他者と共有できる——、全面的に共有できるわけでもなければ、すべての他者と共有できるわけでもない——としても、自同性解釈を他者に代行させることは原理上——すなわち、自己解釈的存在であることをやめることなしには——不可能である。まさに同じ理由で、それは善き生の解釈を他者とともに深め合い、ある範囲の人々とある程度までは共有できるとしても、これを他者に代行させることはできない。善き生の解釈を他者に代行させることができないならば、一層強い理由を以て、それを強制可能な公的決定に委ねることはできない。自己解釈的存在としての自我にとって、善く生きるということは単に与えられた規範に自己の外的行動を適合させることではなく、人格完成価値への志向を自同性の基盤として内面化すること、即ち、善く生きることがそのまま自分自身に誠実であることでもあるような生き方をすることである。言い換えれば、自我を自己解釈的存在として捉えるならば、徳（卓越性）と自由は不可分に結合する。但し、この自由は負荷なき自我の気ままな選びの自由ではなく、自己の恣意から独立した価値への志向を自同性の証とする者による、この価値の解釈と実現の責任の引受けである。善き生の公定・強行への批判に対して、自由な有徳性は強制された有徳性よりも善いということから、自由な悪徳性は強制された有徳性よりも善いという結論は導かれないという反批判[11]がここでなされるかもしれないが、この反批判は徳と自由との結合を誤解している。自我を自己解釈的存在として理解するならば、強制された有徳性は自由な有徳性に劣るのではなく、そもそも不可能なのである。リベラリズムが善き生の構想の公共性を否認するのは、善く生きることを趣味の問題とみなすからではなく、善き生をかかる自己解釈的存在としての自我により探求さるべき人格完成価値として捉えるからであり、価値志向的存在としての個人の尊厳がこの自己解釈性に存すると信ずるからである。

善き生の構想が公共性を欠く理由に関する以上の見解は、自分にだけ関わる行動領域と他者に影響を与える（加害性をもち得る）行動領域とを区別して、前者を個人の主権的自由の領域とし後者を公的規制・干渉の可能な領域とするジョン・スチュアート・ミルの見解(12)とは本質的に異なることに注意する必要がある。他者に何ら影響を与えない純粋に自己関係的な行動など存在しないという事実を理由に、ミルを批判するのは安易にすぎ、彼の見解をこの種の批判に耐えうるように再定式化することは可能であろうが、それでも自由を私秘性と結合させる彼のこの側面はなお支持し難い。リベラリズムが善き生の構想に公共性を否定する理由に関する本稿の理解は、この発想とは無縁である。自己解釈的存在としての自我にとって、善き生の構想は自己の生き方に関わるが、自己だけに関わるわけではない。自己の生き方は自己の他者への関わり方を必然的に含む。（無人島への遁世を憧れる者でさえ、他者と交渉をもつことなくその夢を実現することはできない。）他者との関わりを一切拒否した生き方が仮に可能であるとしても、私見によれば、それは善き生ではありえない。いずれにせよ、善き生の構想は自他の社会的関係——例えば、愛や友情、競争・協力——に関わるものであり、さらに、他者への妥当要求をも有する。すなわち、自己の構想に反する他者の生き方を誤ったものとして批判すること、また他者からの同様な批判に自己を開くことを可能にする。それが公共性を欠くのはその私秘性によるのではなく、その正当化において提示できる理由の性格と、自己解釈的存在としての自我の自同性解釈とそれとの結合による。リベラリズムにおける価値世界の構造化を

「個人倫理対社会倫理」や「私的価値対公的価値」という図式によってではなく、公共的価値と非公共的価値との区別として表現したのはそのためである。

リベラリズムによる公共性問題の解明に関して、ここで考察さるべき第二の問題は次のような批判によって提起される。リベラリズムが正義の基底性の観念によって価値対立下における公共性問題を解明しうるのは、価値対立が善き生の諸構想の間の対立に限定されている場合に限る。しかし、この問題を真にアポリアたらしめているのは、我々の価値対立がこの限定をつき破らざるをえない程根深いという事実である。正義の基底性の観念は正義原理の正当化理由を制限するが特定せず、従って正義原理の内容を確定しない。正義原理の正当化理由を人格構成価値として規定したところで、道徳的人格の可能条件が何であり、その諸条件を各人に公平に保証する配分基準が何であるかについては見解が鋭く対立する。また、そもそもこの抽象的規定さえ異論を許す。例えば、善き生の構想を主観的選好に還元してこれを無差別公平に算入する功利主義的計算こそ、正義の基底性を最も正確に充足する正当化理由であるという主張に固執する人々は依然存在するし、戦争や飢餓に依然苦しむ現代世界の現状を考えれば、道徳的人格などという高邁なものよりも生存条件の保証こそ最重要の課題であると主張する人々も存在するであろう。従って、対立競合する善き生の諸構想からの独立性が正義原理についての合意を保証するわけではなく、かかる正義原理についての対立が善き生をめぐる対立よりも調停が容易であると楽観することは許されない。善き生の構想から区別された正義原理をめぐる対立が存在する状況において、政治社会の公共性はいかにして理解されえ、基礎付けられうるのか。正義の基底性の観念に立脚するリベラリズムは、この問題に対しては全く無力である。

この種の批判に対しては先ず次のことを言っておかなければならない。すなわち、リベラリズムは中立性の哲学ではなく、コンセンサスの哲学でもない。それは公共性の哲学である。リベラリズムにおける正義の公共性がその価値中立性によるのではないことは既に述べた。リベラリズムは正義原理の正当化において、独立性の要請を満たす理由を与える価値についての特定の解釈に依存しなければならない。リベラリズムのより良き形態は功利主義的選好充足計算や単なる生存ないし自己保存にではなく、人格構成価値に、すなわち、すべての諸個人を善き生を問い求める道徳的人格として尊重し、かかる人格の可能条件をすべての個人に公平に保証することに関わる価値にこの理由を求める。さらに、かかる人格構成価値自体異なった解釈を許し、リベラリズムはそれを発展させようとする者に、そのより良き解釈と自ら信ずるものを構想することを要求する。(因に、私が別著で提示した「会話としての正義」の構想[13]はこの要求に応える一つの方向を素描するものである。それは道徳的人格を他者との社会的結合に先立って存立する自足的存在や、一切の経験的規定性を超越した純粋選択意志としてではなく、社会の中で陶冶される受肉せる自己解釈的存在として捉え、かかる道徳的人格を陶冶し保護する社会的結合形式を、会話をパラダイムとするところの異質な自律的人格の共生を可能にする社交体に求め、正義原理を社交体の構成規範として位置付けた上で、それを会話の作法の反省的析出と一般化を手掛かりに構想する。)リベラリズムは正義原理を正当化する価値の次元で中立性を標榜しないだけでなく、善き生の諸構想に対する中立性も標榜しない。正義の制約性がすべての善き生の諸構想の無差別な許容・助成とは異なることは既に触れたが、正義の独立性もリベラリズムが特定の善き生の構想の正当性を承認することを妨げるものではなく、ただそれを政治社会の構成原理の正当化理由とすることを禁止するだけである。リベラリズムにおける正義の公共性の基礎は中立性ではないというまさにその理由で、その基礎は正義の非論争性、すなわち、正義についての普遍的コンセンサスの存在ではない。リベラリズムが正義の独立性を要請するのは、この要請を満たす正義はコンセンサスの対象となる見込があるからではなく、この要請が公共的価値と非公共的価値との区別の正しい理解に基づくと信ずるからである。善き生の構想に公共性を否認するこの要請は、善き生の構想を異にする人々に等しく受容されるどころか、受容者よりも反対者の方が多い事実をリベラリズムは承認する用意がある。反対者は誤っているが黙殺されるべきではなく論争さるべきであるとリベラリズムは信ずるが、これは政治社会の公共性を正しく理解しうる人々の実践理性を信頼するからである。先の批判は、リベラリズムが正義の公共性の基礎を中立性によるコンセンサス調達に求めているという前提に立ち、正義が中立的コンセンサス調達力をもつのは善き生の諸構想の対立に限られるから、それを超えた価値対立において正義の公共性は不可能であると主張しているが、この前提が誤っている以上、この批判は的を逸している。

価値対立下において政治社会の公共性はいかにして可能かという問いに対して、リベラリズムは一切の価値対立を超越した中立的な高みを提供することによって答えているのではない。このような高みは存在しない。リベラリズムはこの問題を価値世界の構造化によって、即ち、公共的価値と非公共的価値との区別によって解明するが、この区別は党派的・論争的価値と中立的・非論争的価値との区別ではない。それはむしろ、価値対立の異なった次元の区別である。リベラリズムは非公共的価値をめぐる対立の次元で政治社会が公共的価値に基づく制約を超えて特定の公定解釈を強要することはその公共性を失わしめると考えるが、公共的価値をめぐる対立の次元では、正解を模索し、それぞれの時点で現実に提示されている競合する諸解釈のうち最も的確なものを採択しそれに依拠することを政治社会に要求する。リベラリズムは公共的価値を人格完成価値から区別された人格構成価値の次元に求めるが、この次元に属する諸価値の内容・構造・具体的諸帰結に関するすべての問題に対する究極的解答を既に所有しているという愚かな標榜をする必要はない。生ける思想伝統としてのリベラリズムはこれらの問題に対する歴史の試練を経てきた理論的・制度的諸解答を尊重するが、それらを明示化・修正・発展・再構成・整合化等々の必要なものとして批判的に継承するのであり、これらの諸問題を終わることのない探求の対象にする。しかも、これらの問題が公共的価値に、すなわち、いかなる善き生の構想を追求するかに関わりなくおよそ善き生を求めるすべての人々が関心をもたざるを得ない道徳的人格の可能条件とその公平な保証に関わるが故に、リベラリズムはこれを共同の探究の対象とする。即ち、単に政治社会の集合的決定の対象にするだけではなく、すべての人が参加への権利を公平に保証されているような公共の論議過程を経た上での集合的決定の対象とする。公共的価値が終わりなき探求の対象である以上、この公共の論議も不断の過程であり、その暫定的結論としての集合的決定は新たな挑戦と公共の論議を経た上での修正とに開かれていなければならない。このような公共の論議はリベラリズムの永遠に未完の企ての続行の場であるというだけではない。かかる公共の論議に参加して、「公共の事柄」への関心と配慮を他者と分かち合い、この事柄をめぐる対立を対話と論争を通じて解決してゆく責任を他者と共有することが、解答を異にする他者との対立を恐れず、問題の共有によって他者との動的連帯を持続しうる、自律的な責任ある道徳的人格が陶冶されるための一つの条件であるという観点をリベラリズムは提供できる。この観点からは、公共的価値の共同探求の場としての公共の論議過程そのものが、公共的価値たる人格構成価値の一部をなす。

リベラリズムは、民主制の公共性の基礎をかかる公共の論議過程を経た社会的決定の場の保証に求める。この基礎は同時にその制約を明らかにする。参政権だけでなく、思想・言論・集会・結社の自由等も公共の論議過程を保証するのに不可欠の条件である以上、これらを民主的決定の名において廃棄することができないことは言うまでもないが、より重要なことは、民主的決定の主題は公共的価値の具体化・明示化に関わる問題に限定されるということである。それは公共的価値と無関係な集団的私利相互の間で公共の資源を争奪し合う「利益政治」的戦略ゲームの道具にされたり、多数者の善き生の構想をそれに同一化しない少数者に強要するための手段にされるならば、その公共性を、従ってまた正統性を喪失する。公共的価値からの民主的決定の逸脱を抑制する条件が何であるかは、もちろん難しい問題である。「個人の自覚に俟つ」という態度はナイーヴであるし、立憲的制約と司法審査という制度的条件だけで充分という見方も楽観的にすぎよう。最後の保証はかかる「個人の自覚」を陶冶し、かかる制度的装置の機能を実質的に支える、社会の公共的論議の伝統に求めるしかない。

価値対立下における政治社会の公共性問題をリベラリズムがいかに解明し得るかを以上において考察した。以上の議論はリベラリズムが、価値の妥当性一般や、また価値の相対性や価値中立性、さらにはコンセンサスといったものからも区別された、固有の意味での公共性の哲学であると同時に、公共性の哲学でもあることを示している。リベラリズムが公共性問題に対する解明をそこに求める価値世界の構造化は、対立競合する価値観のための政治的妥協案ではなく、それ自体真理要求をもつ哲学的理論である。本稿では価値世界の構造化の論理的・価値論的・人間学的諸基礎に論及したが、これらは真理と正当化の関係や、対自的正当化と対他的正当化の関係の問題、価値の存在論的基礎の問題、自我の主体性と同一性の関係の問題等、哲学の根本的諸問題に関わるきわめてコントロヴァーシャルな主張である。リベラリズムにおける価値世界の構造化がかかるコントロヴァーシャルな哲学的諸前提に立脚する以上、リベラリズムは自己の立場を中立性・西側先進産業社会の一般的コンセンサス・世界観対立における政治的妥協点等々の名において擁護することはできず、哲学的に、即ち、人間とその世界の理解をめぐる根源的・原理的論争に参与して、批判に耐えうる積極的な立場を構想し発展させることにより、擁護しなければならない。

このようなリベラリズム理解は、ジョン・ロールズが彼の正義理論の基本的プロジェクトの再定式化として最近提示している「政治的リベラリズム（political liberalism）」の構想[(14)]と対照をなす。私見を明確化するのに資する限りで彼の見解にコメントを加え、本章を締め括りたい。ロールズはリベラリズムの課題を多様な価値観・世界観が深刻に対立する「多元性の事実（the fact of pluralism）」と両立する社会的統一の形式の模索に求め、この課題を遂行し得るためには、リベラリズムは哲学における「一般的で包括的な諸理説（general and comprehensive doctrines）」に依存しない「正義の政治的構想（a political conception）」に社会の基本構造を規定する原理を求めなければならないとする。理説の一般性とは社会の基本構造以外の広範な哲学的諸問題への適用可能性であり、その包括性とは人間の思想と行動全般の指針となる価値の構想を含むということである。正義の政治的構想を提示するリベラリズムは正義と善き生の諸構想とを区別するにとどまらず、政治哲学に哲学の他の諸部門からの、特に、長きに亘って論争の的となり続けている哲学的諸問題からの独立性と自立性を与えようとするものであり、その意味で「哲学的」ではなく「政治的」である。自律の理念を啓蒙的諸価値と結び付けて展開するカントのリベラリズムや、個性の理想を近代性の諸価値と結合させるミルのリベラリズムは包括的で一般的な哲学的リベラリズムの例とされ、政治的リベラリズムから区別される。かかる政治的リベラリズムはその「正義の政治的構想」の基礎を真理要求をもつ一つの哲学的理論のうちにではなく、名宛人たる西欧民主国家、特に合衆国の政治文化の中に明示的・黙示的に包含されているとされる基本的な諸直観に求め、かかる文化の中で生き延び得る範囲内での対立競合する一般的・包括的な宗教的・倫理的・哲学的諸理説――包括的・哲学的リベラリズムもその中に含まれる――が、それぞれ理由を異にしながらも等しくこの構想を受容するという「重合的合意（an overlapping consensus）」の成立を以てこの構想の成功とする。

ロールズによる彼のプロジェクトのこのような再定式化は、リチャード・ローティのごとき、「自文化中心主義（ethnocentrism）」の旗を臆面もなくふりかざす脱哲学的プラグマティストの共感を呼んだが、(15) 私見によれば、後退である。政治哲学としてのリベラリズムは、コンセンサスや伝統の名に隠れて自己の哲学的基礎の探求の責任を回避すべきではない。政治哲学は自らが置かれている時代と社会の問題に答えなければならないが、このことは特定の時代の特定の社会の支配的コンセンサスのうちに自己満足的に自閉することとは別である。伝統の重要性を理解することにおいてリベラリズムは他に遅れをとらないが、リベラリズムにとって伝統の尊重とはこれを探求と議論を打切る自己正当化根拠として神聖化することではない。それは伝統を解答が隠された典拠としてではなく、問題の豊かな土壌となる探求と論争の歴史として理解し、それが生み出してきた問題を深め、増殖させてゆく責任を引受けることである。リベラリズムはコンセンサスや伝統を自己の哲学的基礎の探求を放棄する口実にすべきでないだけでなく、そうすることができない。今や、リベラリズムの伝統自体が左右の批判にさらされているだけでなく、内的にも同一性危機を迎え、リベラリズムの基本的価値、基本的直観をめぐるコンセンサス自体が激しく動揺しているからである。(16)ロールズの理論だけでなくすべての政治哲学的理論が対応すべき「多元性の事実」とは、リベラルな政治的諸価値を不問に付したまま他の諸価値の構想だけが分裂しているような「飼い慣らされた多元性」ではない。それはリベラルな政治的諸価値そのものを批判の矢面に立たせるとともに、かかる諸価値についての人々の理解を引き裂くような対立の事実である。人生の意味・目的をも規定し人間の生を全面的に指導するような「包括的」な価値構想は政治社会の構成原理となるべきではないというロールズの主張――私も共有する主張――自体が今やコントロヴァーシャルであり、存在しないコンセンサスの名によってではなく、彼が回避しようとする「一般的」な理説によって、即ち、真理論・価値論・自我論等における基本的な哲学的諸問題に関して何らかの論争的な立場をとることによってしか擁護できないのである。

さらに、ロールズのプロジェクトが依然有している「哲学的野心」はリベラリズムの脱哲学化の試みと両立不可能である。彼は「安定性（stability）」を正義の構想が満たすべき不可欠の条件とする自己の立場を固守し、これが論争的な哲学的諸問題を回避しようとする彼の試みの動機の一つとなっているが、この条件はその「穏健」な外観に反して、きわめて野心的で強い条件であり、正義の構想が現世代だけでなく、不特定将来の諸世代をも拘束し続け、且つこれらの諸世代によって受容され続けうるものであることを要求する。彼がその主著で展開した正義理論の基本的な整序理念は単に自由且つ平等な人格の間の公平な協力枠組ではなく、異なった諸世代に亘って持続的に承継されうる自由且つ平等な人格の間の公平な協力枠組であるが[17]、この狙いは重合的合意を核とする最近の政治的リベラリズムの構想にも承継されている。即ち、重合的合意は対抗諸利益の間の一時的な戦略的妥協としての「暫定協定（modus vivendi）」から区別され、社会の基本構造が道徳的に正当化された公平な協力枠組として世代から世代へと受容され続けてゆくことを可能にする安定した合意とみなされている[18]。ロールズは政治的リベラリズムは単なる政治の術ではなく、なお政治哲学の名に値すると考えるが、その理由はそれがこのような永続的な政治社会の構成原理の構想に関わるからである。彼が自ら語るように、「よく言われることだが、政治屋（the politician）は次の選挙のことを考え、政治家（the statesman）は次の世代を配慮し、哲学は限り無い未来に目を向ける。哲学は政治的世界を時を経て進行して行く実際上永続的な協力システムとして見る。（中略）政治哲学は単なる政術ではない。公共の文化に向けて語るときそれは最も長期的な展望をもち、社会の恒常的な歴史的・社会的諸条件に目を向け、社会の最も深刻な葛藤の調停を試みる[19]」。このような哲学的野心を抱く理論、即ち、遠い未来の諸世代にも語りかけ、かかる諸世代をも説得しようとする理論が、人間とその世界の理解をめぐる原理的・哲学的諸問題に立入ることなく、現在の合衆国の政治文化のどこまで共有されているか分からない基本的直観なるものの合理的再構成だけを拠所にして、そのプロジェクトを遂行できると考えるのは不可能である。政治社会の構成原理としての正義が人間的生を隅々まで統制しようとする「包括的」な善き生の構想から区別さるべきであるという主張は、政治哲学が哲学におけるコントロヴァーシャルな基本的諸問題に関するいかなる「一般的」理説にも依存すべきでないという主張を含意しないどころか、これと両立しない。善き生の諸構想から独立した正義が政治社会の公共性の基盤となるのはいかにしてかを、多様な対立競合する善き生の諸構想を追求し、かかる構想の政治的レレヴァンスについてリベラリズムと見解を異にする人々にとって理解可能なものにするために、リベラリズムは本章で示したような価値世界の構造化の基礎に関わる論争的な哲学的諸問題について、批判に耐えうる一つの積極的な「一般的」理説を構築し発展させざるをえないのである。

# 第二部　共同体論との対話

# 第四章　共同体論の諸相と射程

現代正義論は、功利主義対個人権理論、さらに、自由基底的個人権理論対平等基底的個人権理論の論争を通じて展開されてきた。これらの論争は、共同体の内に包みきれない〈個〉の多元的対立の観点から、国家の正統性原理を求めるという問題枠組の中で営まれていると言ってよい。(1) しかし、これに対して、論争枠組を一層原理的な次元にまで、拡大・深化させようとする動向が現われてきた。いわゆる「共同体論（communitarianism）」(2) がそれである。この立場は、従来の論争をリベラリズムの「内輪揉め」とみなし、リベラリズム全体の共通の前提と考えられた、個人主義的な人間像・社会像そのものを批判し、「共同体の要求」の、法哲学・政治哲学における復権をめざす。それは、共同体の限界を超えたところに問題を見据えるという従来の視角を、個人主義の限界を超えたところに問題を見据えるという視角に、一八〇度転換させようとする試みである。

本章の目的は、多様な相貌をもつ共同体論を、可能な限り全体的に捉え、その意義と限界について若干の検討を加えること、そして、この作業を通じて、個人・共同体・国家の三項関係に関する我々の理解の深化に、僅かなりとも貢献することである。

## 一　社会的背景

いま、なぜ、共同体論か。共同体論を理解するには、この問いがやはり最初に問わるべきであろう。共同体論は米国やカナダを中心に勃興しているが、その背景には、リベラリズムが米国をはじめとする先進資本主義産業社会にもたらしたと考えられた「ひずみ」への反動がある。この「ひずみ」のイメージは、二つの要素から成る。第一は、リベラリズムが家族や地域社会など、共同体的人間関係の場を崩壊させたという認識であり、第二は、共同体の崩壊が、現代人を蝕む社会病理の真因であるという判断である。

現代リベラリズムにおいては、個人の自律・自己決定・自己責任・選択の自由などを重視する自由志向的側面と、差別是正や福祉国家を志向する平等志向的側面とが、複雑に絡み合っているが、共同体の崩壊に関しては、この両側面に責任が帰せられる。

自由志向的側面については、個人の自律の名における共同体的諸制約の破壊、特に、自由市場経済による共同体の存立基盤の侵食という問題が、前面に出されよう。すなわち、社会的可動性の増大、経済変動や企業人事政策による移転強制、地域的人間関係と結び付いた小規模営業の大企業による蚕食、市場的サーヴィスによる共同体的相互扶助の代替、交換原理による人間関係の手段化・商品化、競争原理による人間関係の希薄化・敵対化など、自由市場経済の不可避的な帰結とみなされた諸要因が、共同体的諸関係の維持を困難化・無用化する社会的諸条件を生み出していることが、夙に指摘されている。

平等志向的側面については、福祉国家における中央集権化・官僚化の進行により、地域的自助と自治の伝統によって支えられていた、中間的共同体の衰退がもたらされたことが挙げられよう。また、差別廃止や平等の名における画一化により、歴史的・文化的特殊性に根ざした地域的共同体が侵食されるという問題もある。例えば、人種統合のための強制的学童配置（busing）に対して、それが地域共同体から、子供たちの教育を通じて、その地域特有の伝統的文化を維持発展させてゆく権利を奪うことにより、地域共同体の伝統と紐帯の破壊をもたらしているという批判がなされるのは、この問題と関連している(3)。

家族の崩壊も、この両側面に帰責される。個我の自己実現追求の帰結としての離婚自由化、社会福祉への依存による家族への責任感の弱化、女性解放・女性の社会進出の進展に伴う夫婦親子関係の見直しと不安定化などが、背景的要因に数えられている。

共同体論の背景にあるのは、このような共同体的諸関係の衰退を、それ自体として惜しみ嘆くノスタルジアではなく、あるいは、それ以上に、かかる諸関係の衰退がその真因をなすと考えられた、深刻な社会病理に対する危機感である。これについても、二つの側面、倫理的側面と政治的側面とが、一応区別できる。

この社会病理の倫理的側面は、一言で言えばアノミー化である。家族や地域社会の解体は、子供の倫理的社会化の場を消失させ、市場経済による共同体的紐帯の侵食は、公共心の衰退と、私利追求・欲望充足の放縦化をもたらし、共同体の保護と支援さえもはや期待できない競争の構造的敗者（特に、被差別少数人種の底辺層）には、疎外感の深化によりアウトロー化が進行する、といった問題群がこれに関わっている。アノミー化の結果としての現象的事例を現代米国社会に求めれば、犯罪の日常化、子供にまでおよぶ麻薬の蔓延、家庭内暴力や子供の性的虐待の増加、利己的な立身出世主義や金儲け主義の跋扈（ヤッピー文化の裏面）、弁護士などの専門職や経営者・実業家における職業倫理的自己規律の弛緩（インサイダー取引等々）、マス・メディアを駆使して倫理の教師を演じる大衆扇動的宗教家たち（televangelists）の、金銭や女性をめぐるスキャンダルの続出など、枚挙に暇がない。重要なのは、アノミー化が、社会の周辺部分に限定されず、ミドル・クラスにおいても、他者への義務感・責任感・思いやり・コミットメント・忠誠・愛着の全般的希薄化という形で進行しているという問題意識が、広がってきていることである。(4)

問題の社会病理の政治的側面は、アパシー化として要約できる。市民の活発な公共生活の場としての地域共同体の衰弱により、市民と国家の距離が拡大し、政治的無力感から、政治に対するシニシズムとアパシーが広がる。その結果、政治は一種の観賞用スポーツと化し、民主主義の大衆社会的形骸化が進行する、という問題状況である。クリストファー・ラッシュは、共同体論の背景にあるこの問題意識を、次のようにまとめている。「問題は、分配的民主主義（distributive democracy）〔福祉国家的リベラリズム〕が、参加民主主義（participatory democracy）の犠牲において達成されたことだ。……〔地域的共同体の衰退によって〕失われたのは、何か曖昧な安心感といったものではなく、公共的討議に参加し、熟慮することと結合した徳性を行使する機会である……リベラリズムに対する共同体論の批判は、ときに感傷的でナイーブなこともあるが、殆どのリベラルが無視したがる問題に焦点を合わせるのに役立っている。即ち、公民的資質（citizenship）が、地域的諸制度の活発性に依存しているという問題である。(5)」

〔角括弧内は井上〕

かかる社会病理がどれほど深刻なのか、共同体の衰微がそれとどう関係しているのか、そしてリベラリズムがこの点についてどこまで責任があるのかは、異論の余地のある問題である。しかし、上述の関連がますます広範に感じられてきているという事実が、共同体論の近時の浮上の背景をなすと言ってよい。(6)

## 二　多面性と統一性

リベラリズムは個人の自律を強調しながら、アノミー化とアパシー化を進行させ、結局、個人の倫理的・政治的主体性を貧困化してしまった、これが共同体論の背景にある問題意識である。それでは、問題解決の道を示す哲学としての共同体論とは、一体いかなるものか。共同体論の内容の同定は、背景の同定よりも困難である。なぜなら、一口に共同体論と言っても、この陣営に属するとみなされた論者の見解は一様ではなく、一片のテーゼでこの立場を性格付けることはできないからである。ここでは一応、次の一群の諸テーゼのすべて、または一部を受容する立場として、緩やかに性格を規定したい。

(1)　自省的主体性論　人間的主体性は、単なる選択の自由や選択能力としてではなく、選択の指針となるべき確たる自同性（identity）を備えた主体の、自己省察の能力として理解さるべきである。自同性を構成するのは、その変更が自己の同一性危機をもたらしうるような、最も深い次元のコミットメントであり、自己の倫理的性格を形作る根本的な価値である。「私は一体何を欲しているか」よりも、「私のこの欲求は、私という人間に、私を私たらしめている価値に、ふさわしいものか、私とはそもそも何者なのか」という問いを自らに発し、解答を模索しうる能力にこそ、人間的主体的が存する。

(2)　帰属主義的主体性論　かかる人間的主体性は、個人のア・プリオリな能力ではなく、一定の人間的善を求める伝統を共有する共同体の内部でのみ、陶冶される。かかる共同体を結合させる共通の善き生の構想によって、自同性を形作られた個人においてのみ、豊かな自己知識に根差す豊かな自省的主体性が可能になる。個人の選択の自由が、かかる共同体を崩壊させるような仕方で行使されるならば、それはもはや、人間的主体性の名において正当化することはできない。

(3) 歴史主義　人間的善および人間的価値一般は、個人の主観的選好から独立した間主観的妥当性をもつが、その内容を超歴史的・超伝統的な原理に訴えて確定することはできない。共通価値回復の鍵は歴史の内にある。

(4) 卓越主義（perfectionism）　政治体の目的は、多様な善き生の特殊構想に対し独立公平に正当化された正義原理の実現や、かかる諸構想を自由に追求する個人の権利の保障ではなく、正しい特定の善の構想に照らして、構成員を有徳な存在へと完成させることである。リベラリズムの正義の基底性の観念は廃棄さるべきである。(7)

(5) 特殊主義　分配的正義の問題は、分配さるべき財＝善についての、一定の共通了解で結ばれた特定の共同体の成員の間でのみ、解決されうる。人権などの普遍人類的原理に解答を求めるのは、範疇錯誤である。

(6) 公民的共和主義（civic republicanism）　公共の事柄を他者と共同して論議・決定・実行する過程に、能動的に参加しうる政治主体的資質としての公民的徳性（civic virtues）こそ、自由な人格としての人間の高貴なる本質であり、実現さるべき卓越性である。単なる私的利害調整ではなく、この公民的徳性の陶冶こそが、政治体の目的である。

(7) 自治的民主主義　各地域共同体の自治は最大限尊重さるべきである。集団的決定に対する拒否権留保による個人の消極的自由の保障よりも、集団的自己統治への直接民主制的参加保障による個人の積極的自由の実現の方が、重要である。

これらの一群のテーゼのうち、どれを誰が支持しているかについては、微妙な解釈問題があり、断定的な分類は困難な面もある。しかし、あえて言えば、チャールズ・テイラーとマイケル・サンデルは、全部のテーゼを支持し、

勁草書房
〒112-0005 東京都文京区水道2-1-1
営業部 03-3814-6861 FAX 03-3814-
ホームページでも情報発信中。ぜひご覧くださ
http://www.keisoshobo.co.jp

BOOK review MARCH 2021

# 3月の新刊

## 食農倫理学の長い旅
〈食べる〉のどこに倫理はあるのか
ポール・B・トンプソン 著
太田和彦 訳

皆が食べ続けることができる食べ方とはどのようなものか。生産の効率性に重きを置く市場原理主義的なフードシステムのあり方を問う。
四六判上製 416 頁 定価 3520 円
ISBN978-4-326-15468-5

## 陶磁考古学入門
やきもののグローバル・ヒストリー
野上建紀

陶磁器のライフヒストリーは海を越える。生産、流通、消費の痕跡を考古学的に調査し、やきものが紡いだ東西文化交流を浮び上らせる。
A5 判並製 288 頁 定価 3520 円
ISBN978-4-326-20061-0

## …制の政策評価
…選択と競争の魅惑
山下 絢

## 議会制民主主義の揺らぎ
岩崎正洋 編著

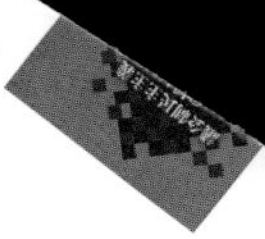

---

A5 判並製 216 頁 定価…
ISBN978-4-326-10273-0 1…

…価 3520 円
…8-4 1 版 2 刷

## 言語哲学大全Ⅳ
真理と意味
飯田 隆

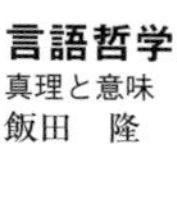

全四巻完結！ この巻ではデイヴィドソンの意味の一般理論をテーマにする。言語哲学の“大河入門書”、遂に完成。
四六判上製 472 頁 定価 4730 円
ISBN978-4-326-15365-7 1 版 6 刷

## 仮説…
米盛裕…

知の巨…の思想の…こにある！…的発見や創造的…考を生み出す推論とはどんなものなのか、わかりやすく解説。
四六判上製 276 頁 定価 3080 円
ISBN978-4-326-15393-0 1 版 11 刷

…するべ…WHO…の作成…った経験か…
四六判上製 18… 定価 1980 円
ISBN978-4-326-15470-8 1 版 2 刷

## …アと感情の…
…ン・ウォール＝ヨルゲ…セン 著
三谷文栄・山腰修三 訳

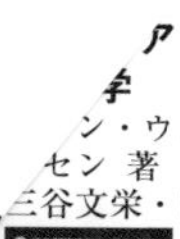

怒り、愛情、恐怖……。感情がメディアを駆けめぐる。SNS や、一見「客観的」なニュースにさえもあふれる「感情」を鋭く分析する！
四六判上製 288 頁 定価 3850 円
ISBN978-4-326-35180-0 1 版 2 刷

## 近代立憲主義と現代国家［新装版］
樋口陽一

40年前の論壇・政界で忘れられていた「立憲主義」の語をあえて標題に据えた。世紀を超え、本書の重要性が再び。1975年日本学士院賞受賞。
A5 判上製 352 頁 定価 4840 円
ISBN978-4-326-40319-6 2 版 2 刷

勁草テキスト・セレクション
## 新版 マクロ経済学
菊本義治・佐藤真人・中谷 武・佐藤良一・塩田尚樹

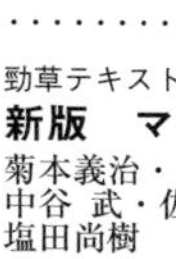

グローバル化、少子・高齢化をはじめとする現状に対応できるようにつくられたマクロ経済学のテキスト。練習問題・文献解題・コラムも充実。
A5 判並製 324 頁 定価 2860 円
ISBN978-4-326-50324-7 2 版 3 刷

## 経営学を学ぶ
遠藤ひとみ

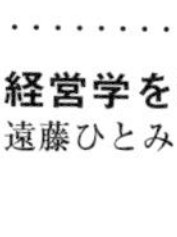

経営学を学ぶ初心者に、わかりやすく経営学の理論と概念を解説する教科書。最近話題になってきたソーシャルビジネスにも言及する。
A5 判並製 272 頁 定価 3080 円
ISBN978-4-326-50351-3 1 版 5 刷

## スタートダッシュ経済学
伊ヶ崎大理・大森達也・佐藤茂春・内藤 徹 著

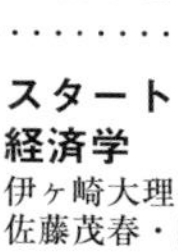

経済学部に所属していない著者たちによる、経済学の醍醐味をより多くの人に伝えたいという目的で書かれた経済学入門書。
A5 判並製 192 頁 定価 2420 円
ISBN978-4-326-50461-9 1 版 2 刷

## 学校選択

教育における選…

学…かにし、今後の学校選択…展・見直しに関して、エビデンスに基づく政策決定を問う。

A5 判上製 200 頁　定価 4180 円

ISBN978-4-326-25150-6

…要性を論じる。

A5 判上製 224 頁　定価 3850 円

ISBN978-4-326-30300-7

## EU の回復力

吉井昌彦 編著

2010 年代の危機・揺らぎに対して EU がどのような結束力を示してきたかを、法律・政治・経済の 3 つの分野から分析・検討する。

A5 判上製 272 頁　定価 5500 円

ISBN978-4-326-30301-4

## 海法会誌　復刊第 64 号

日本海法会 編

海商法をめぐる国内外の最新動向、さまざまに展開する実務、学問的問題探究の成果等を紹介し、海商法の将来を見すえる学術専門誌。

A5 判並製 196 頁　定価 5500 円

ISBN978-4-326-44957-6

## 憲法　第四版

樋口陽一

比較憲法のスタンダードな教科書として定評ある本書。第三版から 14 年を経て、"樋口憲法" の集大成ともいえる第四版、ついに刊行。

四六判上製 528 頁　定価 3300 円

ISBN978-4-326-45125-8

## 戦略・政策研究への招待

嶋口充輝・上原 聡・高橋洋一・真鍋雅史 著

嘉悦大学大学院ビジネス創造研究科開設 10 周年記念として刊行される、「戦略・政策」研究に関する案内手引き書。

A5 判上製 184 頁　定価 3300 円

ISBN978-4-326-50481-7

---

book review MARCH 2021

## 3月の重版

### 基礎から学ぶ生命倫理学

村上喜良

高度な医療やバイオテクノロジーが生活を根底から変えつつある今、必要とされる倫理リテラシーとは。私たちの「命」を考える。

A5 判並製 232 頁　定価 2970 円　1 版 10 刷

ISBN978-4-326-10181-8

### 映画で考える生命環境倫理学

吉川 孝・横地徳広・池田 喬 編著

道徳的な問題を私たちのエートスの…

### 脳神経科学リテラシー

信原幸弘・原 塑・山本愛実 編著

脳の時代を生きるために必要とされる知恵とは何か？氾濫する新しい知見のなかから事実を見きわめ、生活や社会に活かしていくために。

A5 判並製 336 頁　定価 3300 円　1 版 5 刷

ISBN978-4-326-10201-3

### 話し手の意味の心理性と公共性

コミュニケーションの哲学へ

三木那由他

誰かが何かを意味するとはどういうことなのか？…

### 入門・倫理学

赤林 朗・児玉 聡 編

『入門・医療倫理』Ⅰ〜Ⅲ巻から、倫理理論を論じた章を抜粋して再編集。倫理学の基礎知識が一冊で身に着く、待望の入門テキスト。

A5 判並製 312 頁　定価 3520 円　1 版 3 刷

ISBN978-4-326-10265-5

### 思考力改善ドリル

批判的思考から科学的思考へ

植原 亮

クイズ感覚で問題を解いてクリティカル・シンキングの力を養い、科…

### ヒュ…

復興を…

人間学への…

山岡政紀…

B o o k r e v i e w

勁草書房

MARCH
2021

http://www.keisoshobo.co.jp

## 3月の重版

現代経済学のコア
### 経済数学
藤田　渉・福澤勝彦・
秋本耕二・中村博和　編

経済学で使われる数学を初歩の基本的事項から応用分野まで解説する大学1・2年次向けテキスト。付スタディー・ガイド、練習問題。

A5判並製 368頁　定価 3520円
ISBN978-4-326-54772-2　1版15刷

現代経済学のコア
### 環境と資源の経済学
時政 勗・薮田雅弘・
今泉博国・有吉範敏 編

経済学の応用分野である環境問題ならびに資源問題を集中的に取り扱う、初級から上級までの幅広い読者を対象とした環境経済学のテキスト。

A5判並製 400頁　定価 3190円
ISBN978-4-326-54784-5　1版6刷

### ナラティヴ・アプローチ
野口裕二 編

社会学、文化人類学、医学、看護学、臨床心理学、社会福祉学、生命倫理学、法学、経営学におけるナラティヴ・アプローチの成果を集約。

四六判上製 296頁　定価 3080円
ISBN978-4-326-65340-9　1版7刷

福祉の基本体系シリーズ⑩
### 社会福祉の形成と展開
井村圭壯・今井慶宗 編著

少子高齢化、経済停滞などを要因として、制度の面でも実践の面でも改革がつづいている社会福祉。その基本を学べる入門書。

A5判並製 152頁　定価 2200円
ISBN978-4-326-70109-4　1版3刷

### 入門ミクロ経済学
**[原著第9版]**
ハル・ヴァリアン 著
佐藤隆三 監訳

ミクロ経済学の山

アラスデア・マッキンタイアは、(1)から(5)までを、マイケル・ウォルツァーは(3)と(5)を、ベンジャミン・バーバーは(6)と(7)を、それぞれ提唱している。[8] しかし、本報告では、誰がどれを、という釈義学的問題には立ち入らず、これらの諸テーゼの内容に焦点を置きたい。

諸テーゼは、相互に関連しているが、いずれも他には論理的に還元できない独立の内容を有している。特に、(1)から(5)までのテーゼ群と、(6)および(7)のテーゼ群とでは、それぞれ内部的には親和性をもつとしても、相互の間には、重要な性格の違いがあるのではないか、という疑問が提起されよう。(1)から(5)までは、これを要約すれば、特定の共同体の歴史と伝統の内に埋め込まれた共通の善き生の構想を、成員たる諸個人の自同性の基盤および自己実現の指針として、維持・発展させることを政治の目的とする立場である。これに対し、(6)と(7)は、公共の事柄への共同参加と民主的自己統治に、諸個人の間の共同性の絆を求める。前者を歴史主義的共同体論と呼ぶとすれば、後者は参加民主主義的共同体論と呼ぶことができよう。両者の間には内在的結合関係はなく、むしろ、対立緊張の関係さえあるのではないか。実際、参加民主主義的共同体論の立場を前面に出すバーバーは、共同体を結び付ける実質的価値についてのコンセンサスと、そこに帰属する諸個人の自同性を歴史的与件とする見方——彼の言う「統一的民主主義（Unitary Democracy）」——を斥け、「共同の対話、共同の決定、共同の実行」への参加によって、私的特殊利害に囚われた従属的私人が、公共善を志向する自由な公民へと「転化（transform）」され、諸個人の公共性と共同体的紐帯が、新たに創造されるという見解——彼が提唱する「強い民主主義（Strong Democracy）」の理念——を示している。[9]

確かに、共同体論のこの二類型の間には、論理的必然的結合関係はなく、解釈次第では対立緊張の可能性もある。それにも拘わらず、両者を一つの思想運動として捉えることには、理由がある。両者の結合関係を、ここでは四つの側面から見てみたい。

第一の側面は論争的結合性である。両者とも、リベラリズムが諸個人の間の共同体的紐帯を破壊することにより、アノミー化やアパシー化という社会病理を生み出したとして、これを批判し、かかる病理を共同体的なるものの復権により、克服しようとする問題意識を共有している。両者の共同体理解に相違があるにしても、個人主義の貧困を突くという視角からのリベラリズム批判における両者の共通性に比して、その相違は差し当たり二次的であり、共通の論敵であるリベラリズムに対して、両者は論争的同盟関係にある。

第二の側面は歴史的結合性である。例えば、米国という特定の政治社会の歴史について、共同体の集団的自己統治への主体的参加を、「権力からの自由」へのリベラルな関心よりも優先させる公民的共和主義と自治的民主主義の伝統が、その淵源ないし底流に内在しているという解釈——米国憲政史の「共和主義的再解釈（the Republican Reinterpretation）」と呼ばれるもの——が一勢力をなしているが、かかる歴史解釈を前提するならば、参加民主主義的共同体論が、歴史主義的共同体論の米国への適用として導出される。即ち、共同体の歴史と伝統に埋め込まれた共通の善き生の構想が、米国という政治社会においてはまさに「公民的徳性」の理念であると信じる共同体論者にとっては、歴史主義的共同体論は公民的共和主義を、従ってまた、その制度的補強者である自治的民主主義を、米国においては含意することになる。(10)

第三の側面は適切な標語化が困難であるが、一応、具体的結合性と呼んでおく。公共の事柄のための共同活動への参加だけで、「転化」により、異質な私的利害関心をもつ諸個人の間に、自由な公民同士の共同体的紐帯が無から創造されうるというバーバーの想定に対しては、共同体論がリベラリズムに帰している空虚な選択主体としての抽象的個人の観念と同様に、抽象的な人間観に立脚するものだという批判が、共同体論の内部からなされうる。この批判の観点からは、実質的価値を体現する伝統が何ら共有されていないならば、参加民主主義は、孤立した諸個人をアパシーから公共性へと覚醒させ、共同体へと連帯させる力をもちえない。参加民主主義的共同体論は、空虚化しないためには、歴史主義的共同体論によって補充・補強されなければならない、ということになる。このような結合の方向性は、テイラーが、直接バーバーに向けたわけではない一般的な批判としてではあるが、参加民主主義のみによる疎外克服の限界を、ヘーゲルに依拠して次のように指摘するとき、示唆されている。「さらに重大な問題だが、忠誠の伝統的焦点を腐食させてしまった社会における疎外の増大は、ラディカルな民主主義にとって必要不可決な基本的コンセンサスの達成を、すなわち、各人を『一般意志』へと到達させることを、ますます困難にする。伝統的諸制約が、その受容根拠とともに衰微するにつれ、社会は断片化へと向かう。部分的諸集団が『体制』と妥協する理由を段々見出せなくなるにつれ、その諸要求はますます獰猛化する。（原文改行）しかし、ラディカルな参加要求は、この断片化をくいとめることは何もできない。合意の根拠、あるいは基底的な共通目的の根拠がある場合のみ、決定への万人の参加が可能である。ラディカルな参加はこの条件を創造できない。それはその条件を前提しているのである。これはヘーゲルが繰り返し主張した論点である。絶対的自由への要求は、それだけでは空虚なのである。」[11]（強調は原著者）

最後に、政治的結合性とでも呼ぶべき側面がある。共同体の概念に関して、二つの共同体論は、共同性の基盤として、歴史や伝統の共有に注目するか、共同活動への参加に注目するかの違いはあっても、単なる私的な自発的結社ではなく、一定の領域において公権力・強制権力を行使しうる政治的共同体を念頭に置いている点で、共通している。全体社会としての国家であれ、地域社会であれ、政治体（polity）を共同体として構想するところに共同体論の特色がある。共同体的なるものの復権にとって、リベラリズムにおける単なる結社の自由の保障は不十分であり、共通の善き生の構想が政治体の公的決定によって有権的に確定され、執行されることが必要とされる。従って、多数者の善き生の構想をそれを受容しない少数者に対して公権力を以て強行することに対するリベラリズムの制約（正義の基底性）は、いずれの共同体論においても否定されることになる。民主制に対するリベラルな立憲主義的制約の否定という政治的刃先を、両者は共有する。(12)

以上の点をまとめて言えば、歴史主義的共同体論と参加民主主義的共同体論とは、論理必然的な結合関係はもたないが、一定の論争的・歴史的・思想的・政治的文脈に相関的な結合関係を有し、一つの思想運動の異なった、しかし内的に関連した構成要素をなす。両者を総合する発想を、敢えて標語的にまとめれば、「アトム的に孤立した個人の、無力化・恣意化された選択の自由から、一定の歴史と伝統に定位し、未来を共同形成してゆく共同体の中で陶冶された、個人の豊かな人間的主体性へ」ということになろう。

しかし、リベラリズムは、本当に、アトム的に孤立した個人の空虚な選択の自由としてしか、人間的主体性を捉えないのか。伝統・共同体・活発な公共生活といった諸契機は、リベラリズムにおいて何ら重要な意義をもたないのか。逆に、個人・共同体・国家の関係についての共同体論の見方は、豊かな個の主体性の確立というその狙いを、本当に達成できるのか。共同体論が真に重要な洞察を何か含むとすれば、それはリベラリズムを不適格化するのか。それとも、後者を補強し、あるいは後者によって補強されるものなのか。このような問題複合を念頭に置いて、上記の諸テーゼを以下で検討したい。

## 三　意義と限界

ナンシー・ローゼンブルームは、リベラリズムのロマン主義的再構成という問題関心から、共同体論のリベラリズム批判を、人間の感情生活にリベラリズムが正当な位置を与えていないという、ロマン主義的批判の一環として捉える。この観点からは、共同体論の批判の核心は、リベラリズムが人間の帰属欲求、あるいは「愛着への衝動(impulses to attachment)」を十分に満たしていないという点にある。この「失敗」を是正するためのリベラリズムの再構成の方法として、多元主義的共同体論、潜在的共同体、直接的関係の共同体の三つを彼女は挙げ、それぞれの長短を検討している。[13] しかし、彼女の議論の基礎にある共同体論の「ロマン主義的」理解には問題がある。彼女のロマン主義理解の当否の問題は別として、人々の帰属欲求・情緒的結合欲求に内在的価値を認めるという意味での「ロマン主義的」性格を共同体論の核心とするならば、共同体論は、失われた古き良き人間関係への単なるノスタルジアとして、軽く一蹴されることになろう。共同体論に現代的意義を見出そうとするならば、アノミー化とアパシー化が進行する大衆社会状況における、個の主体性回復のための理念と条件の探求という側面に、焦点を置かなければならない。ラッシュが指摘するように、共同体論が喪失を嘆いているのは、「何か曖昧な安心感」といったものではないのである。この観点からは、共同体論の理解にとって基本的な重要性をもつのは、テーゼ(1)・(2)が示す主体性論である。

私見によれば、共同体論の真に重要な洞察は(1)である。(1)の意義はそれが排除しているものによって明らかになる。それが排除しているのは、一切の価値の根拠を自己の意志・決断・選択に求め、かかる選択の能力以外のものに自己の同一性を負わない、内容なき純粋選択主体としての自我の観念、サンデルの言う「負荷なき自我(the unencumbered self)」の観念である。[14] 哲学的・思想的には、かかる自我観の典型は実存主義であるが、思想ファッションの世界からの実存主義の退場とともに、かかる自我観が影響力を失ったわけではない。むしろ、実存主義が

「飽きられた」のは、かかる自我観が陳腐化するほどまでに一般化したからである。共同体論によれば、負荷なき自我は、一見、絶対的な自由を享受しているかに見えるが、その自由は空虚である。かかる自我は自己の選択の指針となる内なる原理を欠くがゆえに、移ろい易い感情に他律的に従属せざるをえない。これはアノミー化したアトム的個人の哲学的形象化であると言える。これに対して、自省的主体性は、自我が自己の選択を恣意的決断や情動に委ねることも、外的権威に委ねることもせず、自己の内なる価値を自己解釈を通じて探求し、これを自己の選択の指針とするところに存する。かかる自省的主体性は、(1)によれば、単なる選択主体であるという以上の豊かな自同性を自我が有するときにのみ、可能である。

かく理解された自省的主体性論は、現代社会において進行するアノミー化とアパシー化――現代日本についてもこの傾向の無気味な実在性を私は感じる――に対抗しうる、逞しい自由の概念を構想する上で、重要な手掛りを与えている。無限定な実存的自由は、「アイデンティティの桎梏」から自我を解放したが、この「解放」がもたらしたものは、結局、自己表現や自己実現を渇望しながらも、表現さるべき自己、実現さるべき自己を喪失し、刹那的衝動や、マス・メディア、商品世界、強き指導者などからの外的影響によって掻き立てられた欲求に、他律的に従属する萎えた自我であった。自省的主体性論が指摘しているのは、単なる選択能力を超えた内面化された価値に基礎を置く厚い自同性が、切り払わるべき鉄鎖ではなく、むしろ、衝動の専制や外的な力による操縦に対して、自律的な自己統御能力を自我が回復するための、不可欠の条件をなすということである。[15]

私はテーゼ(1)を重要な洞察と認めるが、その含意については、共同体論と理解を異にする。共同体論は、(1)を(2)および(3)と結合させて(4)を正当化するが、私見によれば、(1)は(2)が示す共同体観（構成的共同体観）を掘り崩し、(3)の射程を限定することにより、(4)を否定するリベラリズムの正義の基底性の観念をむしろ擁護する。なぜなら、

(1)が示す自省的主体性は解釈的自律性を含意し、これは共同体の歴史や伝統、およびそこに埋め込まれた善き生の構想が何であるかについて、解釈の複生（proliferation）を不可避のものとするが、(2)・(3)・(4)は、共同体の歴史・伝統の公定解釈を強要する卓越主義的な共通善の政治を含意し、これは(1)の主体的概念と両立不可能だからである。従って、リベラリズムは(1)によって不適格化されず、むしろ、それによってその主体性論・自我論を豊かにし、共同体論を反駁できる。共同体論の共同体観・伝統観・政治観は、その主体性論によって不適格化される。以上の主張のための詳細な立論は次章で展開しているので、参照を乞うことにし、ここでは、自省的主体性論に立脚したリベラリズム——以下、この立場を次章で採択する論争挑発的な命名に従い「逞しきリベラリズム」と呼ぶ——と共同体論との関係について、二点だけ触れておきたい。[16]

第一は、逞しきリベラリズムにおける共同体の位置である。このリベラリズムは、政治体を、成員の自同性を構成する特定の善き生の構想によって結合された共同体、すなわち、構成的共同体として理解することを斥けるが、リベラルな国家の内部で、あるいは、それを超えて、構成的共同体の性格をもった非権力的団体やネットワーク機構が成立する可能性を否定しないし、それがコミットする結社の自由は、むしろ、かかる共同体の形成を奨励している。しかし、かかる共同体は、その成員が自省的主体として解釈的自律性を有する限り、生き生きとした内的一体性を永遠に保持することはできない。これは構成的共同体の不可能性を示すものではなく、むしろ、構成的共同体が生ける構成的紐帯を保持しようとする限り、絶えざる分裂・再統合の過程にあること、従って、かかる共同体は非権力的・自発的結社であるべきことを示す。なお、共同体概念として、構成的共同体のような、人間的卓越性の理想の集合的追求としての「充実の共同性」ではなく、人間的限界の共有に基づく配慮の相互性としての「有限性の共同性」を考えるならば、国家がこの意味での共同体的性格をもつことを、逞しきリベラリズムは正義の基底性の観念を放棄することなく承認できる。[17]

第二は、逞しきリベラリズムにおける伝統の位置である。このリベラリズムは、自省的主体性が個人のア・プリオリな能力として与えられているとは考えない。それは伝統に根を下ろすことが、自省的主体性の陶冶のための重要な条件の一つであることを認めるが、自省的主体が、伝統の内在的批判を通じて伝統の解釈的複生をもたらさざるをえないこと、伝統は問いと論争を塞ぎ止める岩盤ではなく、かかる複生をもたらす自律的解釈によってこそ活性化され、発展することを、同時に自覚する。(3)の歴史主義が、我々の価値判断は判断基準となる価値をめぐる議論の伝統を踏まえていなければ、他者に対して十分な理解可能性と説得力をもちえないということを意味する限りでは、逞しきリベラリズムはこれを承認するが、特定の伝統的価値解釈が、一切の批判を超越した岩盤として受容さるべきことをそれが意味するならば、これを斥ける。伝統への内在が、伝統のあらゆる部分が原理上批判に開かれていることとの承認と両立することは、クワイン以来の全体論的な認識論や、ロールズの反省的均衡の概念から、我々が学びうる教訓の一つである。[18] 岩盤などどこにもない大海を航行しながら、修繕され続けてゆくノイラートの船の隠喩は、伝統にこそふさわしい。

以上、歴史主義的共同体論のテーゼ群を一応検討した。分配的正義に関わる(5)については、本章では立ち入らず、[19] 別稿の参照を乞うことにしたい。以下では、参加民主主義的共同体論のテーゼ群(6)と(7)を簡単に検討したい。(7)は民主主義とリベラリズムの関係という一般的問題に関わっており、特に、共同体論固有の観点というわけではない。(7)を共同体論と接合する媒介項は(6)である。参加民主主義は(7)を(6)の観点から解釈・正当化するときはじめて、公共性や政治の卓越主義的な崇高化という、単なる参加の観念を超えた共同体論的モチーフを得る。従って、ここでは(6)、公民的共和主義に焦点を合わせたい。

公民的共和主義は、ハンナ・アレントが描いたような古代ギリシャのポリス的理念、すなわち、私的領域を物的欲求充足という自然必然性に支配された卑しい領域とみなし、同胞市民との政治的論議が営まれる公共的領域においてこそ、人間は自由な人格としての自己の崇高な本質を実現できるという観念[20]に、思想的淵源をもつ。それが特定の卓越性理想に基づく市民の倫理的（あるいは美的）完成を政治の目的とする限り、逞しきリベラリズムとは相容れない。しかし、これは後者が公共性に無関心、あるいは敵対的であるとか、アパシー化を歓迎しているということを意味しない。むしろ、善き生の構想の多元性の事実——自省的主体性論の観点からはその不可避性を認めざるをえない——の下では、人間的卓越性についての特殊な観念に訴える公民的共和主義は、政治的決定や民主制という政治体制の、真の公共的正当化理由にはなりえないという事実の自覚に、このリベラリズムは立脚している。[21]公共生活への単なる参加ではなく、公共生活への参加を促す制度の公共的正当化こそ、それが関心をもつ問題である。これについて、二点触れておきたい。

第一に、逞しきリベラリズムは、政治的決定過程への参加が公共生活を独占しているとは考えない。慈善団体その他様々な「私的」な任意団体によるヴォランティア活動や、不買運動、ナショナル・トラストなど、非権力的手段による社会的価値追求も、重要な公共生活の舞台になることを、それは強調する。これらの活動のうち、特定団体によるものや、特定目的のものだけを保護したり禁止するのではなく、多様な自発的公共活動を一般的に保護・支援することは、リベラルな国家の公共的に正当化可能な任務である。

第二に、政治参加を保障するだけでなく、一定程度要請するような制度についても、逞しきリベラリズムは、卓越主義的観点からではなく、自省的主体性の存立基盤たる自由な政治体制の擁護の観点や、かかる体制の恩恵のフリー・ライダー的享受の排除というフェアネスの観点から、また前章で示したように[22]、公共の論議への参加を人格完成価値ではなく人格構成価値として捉える視点から、それが公共的に正当化される可能性を承認する。

このように、逞しきリベラリズムは、公共生活・政治生活から私秘性への、アパシー的退却を座視するものではない。しかし、それは、私的領域を何か本質的に卑しいものとみなし、人間の生の最大限の政治的動員を図ることも拒否する。それが公共的に正当化可能な要求として、また自省的主体性の陶冶の条件として個人に課すのは、私的領域と公共的領域との間での「交互的関与転換（shifting involvements）[23]」である。

公民的共和主義は、活発な公共生活への参加が自由の陶冶に不可欠であることを洞察した点では正しいが、同時に二つの誤謬を犯している。一つは、公私の価値序列についての非公共的見解に基づく卓越主義的人格理想の強要である。いま一つは、リベラリズムが個人の私的な選択の自由にのみ関心を払い、自由の現実的条件としての公共性参加の重要性に盲目であるため、自由を弱体化させたという判断である。リベラリズムは、公共性や自由の現実的条件に盲目であるどころか、まさに自由の帰結としての多元性の事実を見据え、その下でなお公共的に正当化可能な公共性陶冶の条件、いわば二階の公共性を模索するという、一層困難な課題を自己に課しているのである。

以上、極めて簡単にではあるが、共同体論の背景、内容、意義と限界について検討した。共同体論はリベラリズムにおける個人主義の貧困を批判するが、その狙いは、共同体それ自体の価値化よりも、現代社会における個の主体性回復であり、テイラーの表現を借りれば、「自由に場を与えること（situating freedom）[24]」である。共同体は、そのための条件として捉えられている。従って、リベラリズムは共同体論の問題意識から多くを学ぶことができるが、共同体論はリベラリズムの思想的資源を不当に過小評価している。人間的主体性についての共同体論の重要な洞察は、共同体論よりも、リベラリズムによって、一層的確に発展させられるのである。

# 第五章　共同体と自己解釈的存在

本章の目的は、法の限界についての古典的な危害原理に代わるリベラルな見解を提示し、これを「共同体論(communitarianism)」からの近年の哲学的批判に対して擁護することである。第一節では、正義と善き生の特殊構想とのリベラルな区別が、法の限界の問題をいかに解明しうるかを示す。第二節は、この区別が、受容不可能なほど貧困化された自我観・共同体観にコミットしているとする共同体論の批判を展望する。第三節では、この異議申し立ては、それ自体が提示した根拠に基づいて棄却されることを示す。すなわち、共同体論の批判が立脚する自我論を、人間的主体性に関するその洞察を的確に発展させうるような仕方で再定式化するならば、この再定式化された自我論は、リベラルな区別に対する共同体論の批判の根拠をなす構成的共同体観を掘り崩し、この区別のための哲学的な基礎を提供することを明らかにする。最終節では、この再定式化された自我論に立脚し、リベラルな区別を組み込んだ、人間的結合と共同性についての代替的構想の輪郭を素描したい。

## 一　法の限界問題とリベラリズム

我々は、我々自身にとってだけではなく、他者にとっても正しい、あるいは価値があると自ら信じていることを、彼らが意見を異にすることを知っていても、彼らに強要するために、法を定立し、変更し、利用する。これが事実であることは否定できない。問題は、我々がこれを正統になしうるのは、一体どの程度までか、である。この問題を瑣末化・無意味化する方途は二つある。アナキストは「いかなる程度であれ正統化不能」として、この問題を一蹴する。他方、狂信家は「いかなる程度であれ正統化可能」として、この問題を払いのける。勿論、この問題に対する我々の応答はこの二つに尽くされない。法哲学・政治哲学におけるリベラリズムの伝統に特徴的なことは、この問題を真剣に受け止め、解答となるべき原理、即ち、真理や価値に関する我々の異論の余地のある見解を、法を使って他者に強要することを正統化する、公的に受容可能な論拠の同定を可能にし、それによってかかる法的強制の限界をも画するような原理を、模索することである。

　このような法の限界の問題への、一つの古典的解答を与えたのは、J・S・ミルである。[1] 周知のように、彼の解答は危害原理（the harm principle）である。この原理によれば、法的に授権された強制や、他の重大な社会的圧力行使の、唯一正統な根拠は、他者に危害を加える行為の抑止である。この原理の力はその否定性にある。他者関係的危害行為の抑止以外のいかなる考慮も、法的・社会的強制を正統化できない。これにより、道徳主義的およびパターナリスティックな干渉は、一切排除される。例外は子供や精神障害者、さらに、悪名高い追加事項だが、「未開」社会の住民の場合だけである。誤解を避けるために一言すれば、ミルの解答は、何が危害であるか、いつ危害が加えられたと言えるかにつき、普遍的合意に到達できるということを前提していない。異論の余地のある判断の、他者への強要を一切回避することを可能にするが故に、危害原理が提唱されているわけではない。その趣旨はむしろ、論争の的となっている判断のうち、法的・社会的に強行可能なのは、他者への危害の抑止に関するものだけであるという点にある。

ミルのこの解答は、法の限界問題の解明に重要な貢献をしたが、その貢献は、彼の解答が多くの人々の説得に成功したということにではなく、むしろ、少なからざる思想家を挑発して、この問題に対する我々の理解を深めるに資する、重要な批判を展開させたことにある。危害原理を功利主義的枠組の中に埋め込もうとするミルの試みの、内的整合性の問題を別にしても、その実質的妥当性につき、一群の重要な反論が提示されてきた。例えば、危害原理が前提する「自己関係的（self-regarding）」な行為と、「他者関係的（other-regarding）」な行為との区別は、相互作用と相互依存の網の目によって、緊密に結び付けられた現代社会においては、殆ど意味をもたないとか、個人は常に自己の利益に関する最善の審判者であるという前提の下に、パターナリズムを斥けるのは、心理学的・社会学的にナイーヴであるとか、危害の概念を心理的・物理的な危害に限定して、「倫理的危害（moral harm）」、すなわち個人の倫理的堕落や社会全体の倫理的崩壊を捨象するのは、恣意的であり浅薄であるとか、ミル自身が問題にしている、散漫で隠微であるが故に、一層効果的に自由を窒息させる「社会的専制（social tyranny）」の圧力や、資本主義的市場社会における経済的権力による支配と搾取から、個人を保護するためには、単なる危害抑止以上の積極的な法的干渉が要求されるなど、様々な観点から批判がなされてきた(2)。

近年、影響力のある若干のリベラルな思想家たちが、ミルと異なる、もっと根本的な仕方で、法の限界問題に照明を当てている。彼らは正義を善き生の特殊構想から区別し、政治権力の構成と行使の正統化において、前者に後者に対する一次性・先行性を承認する(3)。この正義と善とのリベラルな区別を、ここでは正義の基底性と呼びたい。正義の基底性の観念は次の三つの要素から成る。

(1) 正義の政治的公共性　正義原則は政治的に組織された社会に適用可能な道徳的標準である。それは、かかる社会における公私の力の行使を授権し規制する制度的枠組の正統化と批判において、訴えることのできる標準である。

(2)　正義の独立性　正義原則は善き生のいかなる特殊構想からも独立に、正当化可能でなければならない。（政治権力または実定法体制の受容可能性と、その証示を、「正統性」・「正統化」と呼んだが、「正統化」において採用される正義原則の妥当性と、その証示は、「正当性」・「正当化」と呼ぶことにする。以下同様）ある善き生の特殊構想の他に対する優越性は、ある原則を正義原則として受容する理由として援用できない。

(3)　正義の制約性　正義原則はあらゆる善き生の特殊構想を制約する。正義原則と何らかの善き生の特殊構想との間に規範衝突が生じた場合、政治的議論の文脈では、即ち、政治権力の正統性をめぐる実践的推論においては、前者が後者を覆すことが承認されなければならない。

第一の要素、正義の政治的公共性はしばしば自明の前提とされ、明示的に述べられることは少ない。しかし、それはこの要素が瑣末であるとか余計であるからではなく、あまりにも基本的であるからである。正義の基底性の観念の擁護者は正義の政治的公共性を、他の二要素が示す条件を正義原則が満たすべき理由とみなしている。正義の独立性と制約性が要請されるのは、次のことが前提されているからである。すなわち、正義が制御しようとする力の行使は重大な倫理的コストを伴い、このコストは、対立競合する善き生の特殊構想よりも強力に公共的受容を要求し得る特別な理由によって、正当化されなければならないという前提である。このことは、この前提を正当化する根本的な価値、あるいは観点が何かについて、正義の基底性の主唱者たちが見解を同じくしていることを意味しない。むしろ、彼らは異なった理由で同じ前提を共有しているのである。この前提を正当化するものは、例えば、J・ロールズにおいては、自由平等な道徳的人格の間の公平な協力枠組による、多元主義的社会の政治的統一の理念であり[(4)]、R・ノージックにおいてはロック的自然権であり[(5)]、R・ドゥオーキンにおいては平等な尊敬と配慮への権利であり、[6] C・フリードにおいてはカント的自律の理念であり、[7] B・アッカーマン[8]やC・ラルモア[9]においては対話的合理性の観点である。

正義の政治的公共性は、正義の基底性の観念の言わば「地」をなすが、「図」をなすものとして最も特徴的であり、且つ哲学的に決定的なのは独立性の要請である。正義の基底性の観念においては、ある原則が力の行使を正当化できるのは、それが制約性をもつときのみであり、それが制約性をもつのは、それが競合する善き生の特殊構想から独立に正当化可能なときのみである。

法の限界を問題にするとき、「法」という言葉で理解されているのは、政治的に組織された社会における力の行使を統制する制度的枠組と、それを解釈し発展させる実践である。[10]「法」をこのように理解するならば、正義の基底性は正義を法的な価値として性格付けていると言える。それは、正義が特定社会の実定法の要素であるという意味においてではなく、正義が法実践の規制理念であり、正義原則の規範的帰結は法的に強行可能なものであるという意味においてである。正義の基底性は、危害抑止のような特定の理由を、強制の唯一許容可能な根拠として固定することによってではなく、強制を授権し統制する法的標準の正統化において援用できる、理由の種類を同定することによって、法の限界を設定する。この観念によれば、論争の的となっている判断が法的に強行可能なのは、それが何らかの善き生の特殊構想の優越性に訴えない議論によって正当化可能なときのみである。

正義の基底性はこのように、危害原理よりも抽象的である。しかし、このことは前者が後者よりも役に立たないということを意味しない。正義の基底性は、法の限界問題に対する最善の解答ではないかもしれないが、危害原理よりも優れた解答である。それは後者よりも的確に、危害抑止の意義と射程を解明するとともに、一定の点で後者の難点・限界を克服できる。これに関して、幾つかの論点をここで提示しておきたい。

(1)　正義の基底性は、自己関係的行為と他者関係的行為との境界確定の可能性に依存しない。[11]それは他者関係的行為を規制する価値と、自己関係的行為の目的との区別ではない。善き生の諸構想は「人間の生の意味と目的は何か」とか、「人間の完成は何に存するか」とか、「我々の生を生きるに値するものにするのは何か」といった問いに対する特定の解答であり、これに対し、正義は我々すべてがかかる問いを自ら問い、自己の生を通じて解答を模索することを可能ならしめる諸条件を構成する価値である。善き生の諸構想が関わるこのような問いは、「私は私自身のために何をなすべきか」といった問いとは性格を異にする。前者の問いは我々に自己と他者との関係を吟味し、愛、友情、忠誠などの意味を問うことをも要求する。

(2)　正義の基底性は危害原理が、限られたものであるにせよ一定の魅力をもつのはなぜかを説明できる。この魅力は、無辜なる者の殺害・傷害・監禁や、大気汚染その他の公共財侵害など、少なくとも一定タイプの危害行為の抑止が、法的干渉の説得的な論拠になるという事実から生じている。正義の基底性はこの説得力を、これらの危害行為の抑止の独立正統化可能性によって説明できる。かかる抑止が法的に強行可能なのは、被害者が偶々有していた特定の善き生の構想を危害行為が挫折させたからではなく、我々が何らかの善き生の構想に従って自己の生を形成しようとする限り、保障されなければならない人間生活の一定の諸条件を、かかる行為が侵食するからである。

(3)　正義の基底性は、我々の善き生の構想の自律的追求に対する道徳主義的干渉、すなわち、我々を倫理的危害から保護・救済するという名目での干渉を法が行うことを禁止することにより、我々の思想・信仰の自由や表現の自由、プライヴァシーなどを保護する。[12]正義の基底性はこの点に関して、危害原理と少なくとも同程度に厳格に法的干渉を抑制するが、後者とは違って、倫理的危害は真の危害であるかという難問に対する異論の余地のある否定的解答を前提することなく、この抑制を貫徹できる。正義の基底性が道徳主義的干渉を抑制するのは、倫理的危害が真の危害ではないからではなく、倫理的危害は特定の善き生の構想に準拠せずには同定できず、それ故、かかる危害はたとえ真の危害であるとしても、準拠される特定の善き生の構想の他に対する優越性を正統化根拠とせずには、法的に抑止できないからである。誤解を避けるために言えば、正義の基底性がこの点で危害原理よりも優れていると言う理由は、前者が異論のある概念的区別を一切必要としないということではなく、むしろそれが論議さるべき真の問題を正しく同定しているということである。正義の基底性は、倫理的危害は真の危害ではないという概念的主張の背後に隠されている実質的考慮を明示化し、論議さるべき問題は倫理的危害の危害性よりも、ある善き生の特殊構想を、それと対立競合する諸構想を追求する人々に法的に強要することの正統性であることを示す。

(4)　危害原理は、道徳主義的干渉に対するのと少なくとも同定度の厳格性を以て、パターナリスティックな干渉を排除する。[13] 被強制主体を自己に対する危害行為から保護するための、法的干渉を是認するパターナリズムは、強制の正統化根拠を、他者に対する危害の抑止に限定する危害原理とは両立不可能である。（尤も、D・パーフィットのように人格的同一性を相対化するならば、パターナリスティックな干渉の受益主体である自己にとって、自らに危害を加える自己は、同一化不可能な他者であることになり、危害原理はパターナリズムと両立可能になる。[14] もっとも、現在の自己の方でも将来の自己を「他人」とみなし、その福利を配慮する責任を放棄しうる。従って、現在の自己の将来の自己に対する不当な加害と許容可能な無配慮との区別の一線をどこに引くか、あるいはそもそも引けるのかが問題になるが。このような理論の当否の問題にはここでは立ち入らないが、いずれにせよ、ミルや彼の共鳴者はこのような自我観を採っていない。しかも、危害原理がかかる自我論と結合されるならば、危害原理自体の「同一性」が疑わしくなるほどに、その性格が根本的に変わってしまう。）しかし、パターナリズムと一口に言っても、様々な形態があり、個人の自律を重んじる観点に立っても、すべてが同じ程度に問題性を孕むわけではない。道徳主義的干渉を斥ける人々でさえ、穏当であると認めることができるようなパターナリスティックな干渉形態がある。[15] 例えば、麻薬の規制や、最小限の強制的健康保険・失業保険、運転者・歩行者のためのある種の交通安全規制などである。もちろん、これらの例においては、パターナリスティックな配慮が唯一レレヴァントな考慮であるわけではないが、それは他の考慮と協同してこれらの措置を正統化する独立の理由たりうる。

正義の基底性はこの種のパターナリスティックな配慮の相対的に高い受容可能性を説明できる。かかる配慮が受容可能、あるいは少なくともア・プリオリに排除できないのは、それが何らかの善き生の特殊構想の優越性に訴えない議論として定式化できるからである。例えば、上述のような措置は、何らかの「公式的」な善き生の構想によって定義された被強制主体の利益に訴えることによってではなく、もし彼らが十分な情報をもち、理性的熟慮を妨害・攪乱する諸要因から免れていたならば、強制された行為を彼ら自身の善き生の構想に照らしても自己の利益に適ったものとして選択したであろうという反実仮想的考慮を含む論拠によって、正統化される可能性がある。[16]

(5) 危害原理によって排除されるが、受容可能性が相対的に高い法の役割は、今触れた若干のパターナリスティックな措置に限られない。危害行為者の無資力ないし同定不可能性の故に、救済されない被害者の損失補償や、貧困・飢饉・天災など、特定可能な危害行為の結果とは言えない苦境からの人々の救済、教育・職業訓練・文化活動等へのアクセスの保障など、社会が一定程度以上の経済的発展水準に達していれば、法が人々の生活条件改善のためになしうることは多くある。このような問題に対処する法的措置は多かれ少なかれ再分配機能をもち、主として課税という形の強制を伴う。しかし、このような措置は必ずしも善き生の公定解釈を強行するものではなく、各人が自己の善き生の構想を形成し追求するための、実質的諸条件の確保という性格をもちうる以上、正義の基底性はこれらを、法の「アジェンダ」から定言的またはア・プリオリに排除しない。

確かに、正義の基底性の観念の擁護者のなかにも、ノージックのように、再分配一般に敵意をもつリバテアリアン[17]もいるが、この敵意はこの観念の論理必然的帰結ではなく、この観念を含意するが論理的にはそれより強い、あるいは狭い、個人権理解の帰結である。ロールズ、ドゥオーキン、アッカーマンなど一定の平等主義的モティーフをもつ論客が、この観念の枠内で一定の再分配措置を擁護[18]しているのは言うまでもないが、リバテアリアン的傾向をもつ論客の間でも、ハイエクやフリードのように、この観念を受け入れながら、市場非介入的再分配措置による安全ネット的生活保障を支持する者も少なくない[19]。いずれにせよ、正義の基底性は分配的正義の問題に対する特定の解答ではなく、解答に課せられる制約であり、まさにそうであるが故に、それは法が分配的正義の問題に取り組み、それが課す制約の中で、妥当な再分配の形態を決定することを許容する。

以上、正義の基底性が、法の限界問題を危害原理よりも的確に解明できると考えられる理由を、幾つか挙げた。これらの論点が全体として、正義の基底性の決定的論拠を構成すると標榜しているわけではない。しかし、法の限界問題に対する一応信頼できる指針として、この観念を受容しても不合理ではないことは示されたように思う。もちろん、この「控え目な」主張でさえ、異論を免れているわけではない。何よりも先ず、今挙げた個々の論点に対し反論が提起されよう。しかし、ここではもっと根本的な反論を検討したい。この反論は近年、共同体論によるリベラリズム批判において、正義の基底性の観念に向けられたものである。この反論を提示する者によれば、以上の論点が仮に正しいとしても、それらが正義の基底性の観念を我々にとって魅力的なものにしうるのは、我々が既に自我と社会についての一定の個人主義的な前提を受容している場合のみである。正義の基底性の観念はこの前提に論理的にコミットしており、この前提が根本的な欠陥をもつが故に斥けられなければならないとされる。以下、この反論を概観し、一つの応答を試みたい。

## 二　共同体論のリベラリズム批判

正義の基底性に対する共同体論の批判を、近年最も明確に、且つ強力に展開したのはM・J・サンデルである。[20] ロールズに焦点を置きつつ、サンデルは正義の基底性が、不適格で貧困な形而上学的自我観、すなわち、彼の言う「負荷なき自我（the unencumbered self）」としての自我の観念に、依拠していると論難する。負荷なき自我は純粋な選択意志であり、それが選択する目的から峻別される。それは自己の目的に先行して存在し、自己が選択するいかなる目的にも、自己の同一性を依存せしめない。それは自己の同一性の基礎を、偏に自己の選択能力にもつ。この自我は自己の目標・愛着・忠誠・コミットメントなどによって定義できない。それは自らがもつかかる諸属性からいつでも自己を引き離して、それらを吟味し、評価し、変更できる。サンデルは、正義の基底性が、このような選択目的に対する負荷なき自我の先行性に基づくものとみなす。彼によれば、我々の選択の自由に対する制約条件としての正義が、選択対象としての善き生の構想に対する先行性・優先性を付与されるのは、純粋選択主体としての自我に、選択対象たる自己の目的に対する先行性が付与されるのと同様である。善き生の特殊構想からの、正義原則の独立正当化可能性が要請されるのは、正義がまさに、いかなる善き生の構想にも自己を同一化しない負荷なき自我を、社会的に結合させる条件として構想されているからである。[21]

負荷なき自我は、何が価値あるものかを、自己の自律的選択によって決定できる主権的自由を享受しているように一見思われるが、サンデルによれば、実はこの自我は極度に無力化されている。それは自己の最も深い内部にある価値観やコミットメントでさえも、その気になればいつでも放棄し変更できるものとみなしている。その結果、この自我は自己の同一性を構成する価値や目的についての省察という、本来の意味での自己省察を行うことができず、自己省察によって深められる自己知識を享受することもできない。それは性格をもたず、「精神の深み（moral depth）」を欠く。それは自己の選択の基準となる先行的自己理解を欠くが故に、いかなる選択が自分にふさわしいのかを実は知らない。従って、負荷なき自我の選択は自律的であるどころか、純粋に恣意的な意志の発動に過ぎず、気まぐれで不安定な感情に他律的に従属せざるをえないとされる[22]。

サンデルはかかる貧困な自我観が、善と共同体についての同様に貧困な観念を含意すると主張する。負荷なき自我にとって善とは、自己省察を通じて探求され発見さるべき何かではなく、正義の制約の枠内で、いかようにでも好きなように決定できる主観的選好の問題に過ぎない。共同体の善についても同様である。サンデルによれば、この自我観の下では、共同体の善に対する見方は二通りしかない。一つは、個人の私的利益を最大限実現する手段としてのみ、共同体の諸規制に価値と必要性を認める道具的共同体観である。もう一つは、共同体によって実現さるべき個人の利益が利己的欲求だけでなく、共同体をそれ自体として欲する利他的同胞愛からも成るとする点でだけ、前者と異なる情緒的共同体観である。サンデルはどちらの見方もあまりに個人主義的で、支持できないとする。両者とも、共同体の善を個人の選好によって説明し、共同体の絆がかかる選好の主体の同一性から分離可能で、ある共同体への彼らの帰属の事実から独立に、あるいはそれに先立って、彼らの個人的利害が同定できることを前提としているからである[23]。

サンデルは、自我・善・共同体についてのこのような見方は、われわれの個性が社会的産物であることの意味を的確に理解していないとして、これを斥ける。これに代えて彼が提示する自我・善・共同体の関係の説明は、「位置ある自我（the situated self）」、より正確には、「反省的に位置付けられた自我（the reflectively situated self）」[24]の観念と、構成的共同体観（the constitutive conception of community）から成る。

負荷なき自我と異なり、位置ある自我の同一性は選択能力に尽くされず、自己の目的によっても部分的に構成される。この自我の構成的目的は単なる選好の問題ではなく、自己省察を通じて発見さるべきものである。これに加えて、構成的共同体観は、位置ある自我の構成的目的が単なる個人的特性ではなく、この自我が属する共同体の共通善の一部であることを強調する。ある共同体の共通善とは、その共同体の歴史と伝統の中で形成され、且つその共同体の性格を形成してきた共通の善き生の構想である。位置ある自我が、自己の生を意味付けるために紡ぎ出す個人史的物語は、自己の共同体の、より大きな歴史の中に織り込まれている。この見方によれば、共同体は単なる我々の欲求の対象ではなく、我々が何者であるかを部分的に定義している。共通善を追求する共同投企において我々が果たす役割と、同じ企てに参加する他者との絆は、単に、自己の利己的欲求や利他的同胞愛を充足するために、我々が引き受けることを選んだ負担ではなく、それなくしては我々自身が何者であるかを、十分理解できない条件の一部である。[25]

自我・善・共同体についてのこの代替理論は、一つの特徴的な政治的プログラムを基礎付ける。これは正義の基底性と結び付けられた「権利の政治（politics of rights）」と対比して、「共通善の政治（politics of the common good）」と呼ばれる。サンデルによれば、共通善の政治が人間の主体性を、絶えざる注意と配慮を必要とする政治の失われ易い成果として捉えるのに対し、権利の政治はこれを、政治の前提をなす信仰箇条にする。権利の政治が政府による個人の権利の保護の拡大・強化に関心を集中し、リバテアリアンは市場経済システムを、平等主義者は福祉国家を擁護するのに対し、共通善の政治は大企業と官僚制国家双方における権力集中に反対し、国家と個人の間に介在する中間的共同体の衰微を憂慮する。共通善の政治によれば、真の人間的主体性を享受できる活発な公共生活への個人の参加を可能にし、公民としての徳を陶冶できるのは、かかる中間的共同体のみである。[26]

法の限界問題の文脈では、共通善の政治は各共同体に、その共通の伝統の中に埋め込まれた善き生の構想を擁護し、発展させるために法を定立し、執行する権力を与える。構成的共同体観によれば、かかる共同体において異なった個人が異なった善き生の構想を追求するのを放置しておけば、彼らを構成的に結合する、共有された同一性の基盤が侵食され、結局、共同体が負荷なき自我の寄せ集まりへと解体してしまうことになるから、共通善の政治にとって、共同体へのこのような権力付与は不可欠である。[27] かかる共通善の政治を現代国民国家において提唱するのは時代錯誤的で、偏見と不寛容、そして全体主義に導く危険があるという権利の政治の側からの予想される反論を、サンデルはもちろん自覚している。彼の応答は、不寛容や全体主義的衝動は共同体の諸価値に同一化した位置ある自我の確信からよりも、むしろ共同体から根を断たれ、アトム的に孤立した負荷なき自我の不安と挫折感から生じるというものである。[28]

以上のような共同体論からの批判は、人間的主体性・自律性について重要な洞察を含む。啓発的で、恐らく社会学的・歴史的にも支持可能と思われるのは、負荷なき自我が享受しているかに見える自由は実は空虚であり、無力化されているという見解である。これはエーリッヒ・フロムが『自由からの逃走』において、社会心理学的分析と歴史的考察を結合して展開した主題とも直結している。[29] 我々が単なる選択能力以上の厚い同一性をもたないならば、我々は自己省察と自己知識への能力を欠き、その結果、全体主義的大衆動員において統合的象徴として利用される集合実体、すなわち、匿名性・受動性の安逸と自己肥大化的同化の興奮とを二つながら約束してくれる「全体」へ自己を没入させる衝動に抵抗することが困難になるだろう。

しかし、この洞察は重要であるが、正義の基底性を斥ける共同体論の結論を正当化するものではない。理由は二つある。第一に、正義の基底性は我々に自己を負荷なき自我として見ることを要求しない。それどころか、位置ある自我の観念は、もし的確に解釈されるならば、構成的共同体観を掘り崩し、むしろ正義の基底性を支持する。第二に、位置ある自我が受容でき、道具的・情緒的な仕方では個人的選好に還元できない、重要な共同体の要求が確かに存在する。しかし、かかる要求は、特定の善き生の構想からの要求とは性格を異にし、正義の基底性の廃棄を正当化しない。

本稿の主な関心は第一の点にある。次節でこの点に立ち入った考察を加え、最後の節で第二の点に簡単に論及したい。

## 三　解釈的自律性

共同体論からの批判に対して、若干のリベラルな論客は、正義の基底性は負荷なき自我の観念にコミットしてい ない、なぜなら、それはいかなる哲学的・形而上学的自我論にもコミットしていないからだ、という応答をする。(30) これがいい応答であるとは私は思わない。正義の基底性を擁護するためには、何らかの哲学的自我論が確かに必要である。しかし、負荷なき自我の観念が、依拠できる唯一のものであるわけではない。正義の基底性にこれよりも的確な基礎を与える、より良き自我観が存在する。逆説的に聞こえるかもしれないが、私は位置ある自我の観念にそのような自我観を求めたい。

位置ある自我は二つの特徴によって定義されている。第一に、それは「厚く構成された（thickly constituted）自我」である。この自我にとって、自己の善き生の構想は恣意的選択の問題ではなく、自己の同一性を部分的に構成する。第二に、それは「自省力豊かな（reflectively empowered）」自我である。それは省察し理解すべき厚い自同性をもつが故に、自己省察の能力をもち、自己知識を享受し深めることができる。我々は自己を位置ある自我として理解すべきであるという主張は、我々が豊かな自己省察力を享受できるのは、我々の善き生の構想によって我々の自同性が厚く構成されているときのみであるという事実的、あるいは部分的に概念的な主張と、我々は豊かな自省力をもつべきであるという規範的主張との連言である。しかし、構成的共同体観はこれに新たな主張を付加する。それによれば、我々の善き生の構想が我々の自同性の基礎になりうるのは、それが共有されているような共同体に我々が帰属する場合のみである。従って、構成的共同体観は、位置ある自我の観念によって論理的に含意されるわけではない。それだけではなく、以下に論じるように、両者は両立不可能である。

上述の二特性によって定義される自我は、「位置ある自我」というよりも「自己解釈的存在（a self-interpreting being）」と呼ぶほうが適切であると思われる[31]。理由は三つある。第一に、「位置ある（situated）」という形容は、構成的共同体への帰属を暗に伝え、そのため、上述の自我の観念と構成的共同体観の間に、論理必然的結合関係があるかのような誤った印象を与える。第二に、この自我の二つの定義的特性のうち、自己省察能力の方が規範的にはより根本的である。厚い自同性がこの自我に帰せられるのは、自省作用によって強化され、豊かにされた人間的主体性を享受するために、それが必要とみなされ、かかる自省的主体性に内在的価値が認められているからである。*

＊　本章の基礎となった英文草稿に対するサンデルのコメント——註の〈後記〉参照、以下サンデル評と呼ぶ——において、彼は、厚く構成された自同性と豊かな自省能力とは、相互に独立した重要性をもち、どちらかが他より根本的であるとは言えないとする。しかし、豊かな自省能力の条件であることから独立に、なぜ、厚い自同性がそれ自体として尊重さるべき重要性をもつのかについて、彼は明確な説明を与えていない。自同性の厚みという点では、「根底まで位

置付けられた自我」(参照、註24)は、最も徹底しているが、彼はこのような自我の観念を、負荷なき自我のそれと同様に斥けている。他方、彼が負荷なき自我を批判するのは、根底まで位置付けられた自我が、自省能力の犠牲において自同性の厚みを極端化しているように、負荷なき自我が、自同性の厚みの犠牲において自省能力の豊かさを極端化しているからではなく、逆に、後者の自省能力が貧困化されているからである。根底まで位置付けられた自我は自同性の過剰により、負荷なき自我は自同性の欠乏により、ともに豊かな自省能力を欠くが故に批判されるのである。厚い自同性が独立の重要性をもつとしたら、根底まで位置付けられた自我は、自省能力の貧困というその負の側面を、自同性の豊富というその正の側面によって多かれ少なかれ補われるはずであり、厚い自同性と豊かな自省能力をともに欠く負荷なき自我と同様に、否定的に扱うことはできなくなるはずである。サンデル自身の「自己解釈」は別として、彼の自我論の洞察を整合的に定式化するならば、反省的に位置付けられた自我において、自省能力が内在的価値をもつ根本的要因であり、厚い自同性はそれを実現する条件とみなすべきであると思う。もちろん、厚い自同性は豊かな自省能力を形成すると同時に、それによって形成されるが、その生成論的相互依存は、価値論的先行関係の問題と区別さるべきである。

最後に、最も重要な理由だが、位置ある自我を自己解釈的存在として再記述することにより、なぜ、この自我観念が共通善の政治ではなく、正義の基底性を支持することになるのかを、我々は理解できる。このような再記述を以下に提示したい。

私が自分を自己解釈的存在として理解するとき、私は私の生を指導する一切の価値を、自己の意志的選択によって無から創造できる神的主権性を標榜することはなく、かかる価値を主観的選好に還元したりもしない。私は私の善き生の構想が、自分の人生を楽しいものにするために、あるいは「充実感」をもつために、私が選んだライフ・スタイル以上のものではないなどとは考えない。私の善き生の構想とはむしろ、私の選択意志から独立に私に適用可能なものとして妥当する、一群の価値についての私自身の解釈である。私はこれらの価値を、私の生がそれに捧げられた「あるもの」として受容する。私はこれらの価値を自己の生の上に開花させ、結実させる責任を課せられていると信じる。この責任は私に押し付けられた負担ではなく、むしろ、私に自分が何者であるかを理解させ、本物の自尊を習得させる一つの使命である。この責任は私のものであるが、それは私が責任を負う価値に他者は何の関係もないという意味においてではなく、この責任を他者が共有してくれることを私は強く望むけれども、他者がそうする意志をもつからといって、あるいは逆に、もたないからといって、私の責任が免除されることはない、という意味においてである。この責任の故に、私の生の指導価値を、「そのために私が生まれてきたもの」と呼んでも不適切ではない。かかる価値への志向は私の自同性の、あるいは最も深い意味における私の性格の一部である。*

＊　本章の基礎となった英文草稿に対するロールズのコメント――註の〈後記〉参照、以下ロールズ評と呼ぶ――によれば、自己同一性と「性格（character）」とは区別すべきであり、サンデルや私が、位置ある自我や自己解釈的存在に帰している厚い自同性は、むしろ、端的に性格と呼ばれるべきもので、本来の自己同一性ではない。（性格の変化は自己同一性の変化を当然には意味しないと、ロールズは考えているようである。）従ってまた、サンデルが批判し、私もその批判に共鳴している負荷なき自我の観念を、ロールズは理解不可能であるとする。性格なき自我が貧困な自我であることは理解できるが、自己の善き生の構想から独立した自己同一性をもつ自我が、なぜ、自省力を貧困化されることになるのかが理解できないというのが、その趣旨であった。

性格と自己同一性との関係は、即答できない困難な問題であるが、私は一応、両者を不可分のものと考えている。本稿で言う性格とは、短気な、あるいは向こう見ずな人が、歳をとって気長に、あるいは慎重になったと言うときのような、皮相な意味における性格、即ち、「気質（temperament）」ではない。気質の変化は確かに、自己同一性の変化を当然には意味しない。ここで言う性格とは、もっと深い次元におけるそれである。実践的決断を迫られたときに、自分がなすべき行動、あるいは自分にふさわしい選択に関する熟慮の過程で我々が問う、「私とは一体何者であるのか」という問いに対する解答、即ち、「誠実性（integrity）」の前提となる自己理解において、「私を真に私たらしめているもの」とみなされた何かが、ここで言う性格である。この意味での性格は気質のような心理的傾向性ではなく、気質や短期的目的、趣味などの変化にも拘わらず、自己の生を統一的に意味付ける基底的な価値への志向性であり、自己の心理的傾向性自体を自己批判的に修正してゆくための指針になる自己理解の基盤である。気質のような心理的性格から区別するために、この意味での性格を「倫理的性格（moral character）」と呼びたい。心理的性格の変化は自己同一性の変化を含意しないが、倫理的性格の変化は人格の「同一性危機（identity crisis）」をもたらす。「自己同一性」という言葉は曖昧かつ多義的であるが、倫理的性格と不可分なものとしてこの言葉を使うことは、その正当な用法の一つであり、十分な理解可能性をもつと思う。

いずれにせよ、負荷なき自我が厚い自己同一性を欠くと言うのは、このような倫理的性格を欠くということであり、自己批判を可能にする自己理解の基盤となる倫理的性格を欠くが故に、それは豊かな自省能力を享受できないのである。ロールズ自身、功利主義が、自己の善き生の構想をも、財の分配のような外的状況と同様の、効用最大化のために調整さるべき世界の偶然的特徴としてしか受容しない「裸の人格（bare persons）」として自我を見ることにより、一定の「性格」を表現する生を生きる個人を消去してしまうことを、功利主義批判の一論拠としている。Cf. J. Rawls, “Social Unity and Primary Good,” in A. Sen and B. Williams(eds.), *Utilitarianism and Beyond*, Cambridge U. P., 1982, pp. 180f. このとき彼が考えている「性格」とは、選好の集合ではなく、選好の評価・修正の指針となる善き生の構想と結合した性格であり、明らかに、心理的性格ではなく、倫理的性格である。これを自同性と呼ぶかどうかは別として、これを欠く「裸の人格」が、豊かな自省能力を欠くことを、彼も認めていると私は解する。

なお、この点に関するロールズのコメントを、私がサンデルに紹介したとき、彼の応答は、"character" という言葉は個人主義的色彩が強すぎるので、共同体の歴史や伝統への内属性を強調するために、"identity" という言葉の方がやはり望ましい、というものであった。私自身は、自同性を倫理的性格と不可分なものとして理解し、これを個人の心理的特殊性から区別する一方、本文で明らかにするように、構成的共同体のうちに包みきれない解釈的自律性と結合したものとして、理解したい。

私の生の指導価値は私の自同性を、解釈を許し、且つ要求するほどに豊かなものにする。かかる価値の理解を深めることは、とりもなおさず、私が何者であるかについての理解を深めることである。私の善き生の構想は、それ故、私の自己解釈である。私の生の指導価値への責任は、私自身を知ることへの責任と不可分である。かかる価値を解釈し追求する責任を、他者と共有できても、他者に転嫁できないのは、「私とは何者であるか」という問いへの解答を、他者に尋ねることはできても、委ねることはできないのと同様である。自己解釈的存在として私がもつ自律性は、自己の選択に還元できない価値の妥当性を否認する、負荷なき自我の主権的自由とは何の関係も無い。私の自律性は次のような、原理的に転嫁不可能な「双子の責任」を果たす能力に存する。すなわち、選ばない自由が自分にあるとは思えないが故に、自由に選んだとも主張できないような自己の生の指導価値を解釈・追求する責任を、自己解釈を通じて遂行する能力と、自己を知る責任をかかる価値の解釈を通じて遂行する能力である。この自律性を「解釈的自律性（interpretive autonomy）」と呼ぶことにしたい。*

＊ サンデル評によれば、私の言う解釈的自律性の内容は是認できるが、これはむしろ「解釈的主体性（interpretive agency）」と呼ぶべきである。「自律性（autonomy）」という言葉は、カントの義務論的倫理学における超越論的自我を想起させ、また、負荷なき自我の空虚な選びの自由との相違が鮮明にならない、というのが理由である。しかし、主権

的立法意志と対置された「解釈的」という形容を付すことで、この相違の鮮明化の目的は果たされていると思う。また、「主体性」という言葉は、いわゆる積極的自由を専ら前面に出す含蓄をもちうるが、本文で明らかにするように、私は解釈的自律性は、積極的自由だけでなく、消極的自由が要請する権力抑制の重要性をも含意すると考えるので、「自律性」という表現を維持したい。

このような自己解釈的存在としての自我の観念によって、正義の基底性は擁護されえ、且つ擁護さるべきであると思われる。この主張を支持するための私の基本的な議論は、二つの階梯から成る。

第一に、我々が自己および他者を自己解釈的存在として理解するとき、我々の自同性の共通の基盤として我々すべてが共有できる単一の善き生の構想があることを、我々はもはや前提にすることはできない。我々の善き生の構想の源泉として、同じ伝統を共有していると我々は信じていても、伝統が体現する価値についての我々の解釈は、遅かれ早かれ分化し、同じ価値の含蓄をめぐって意見を異にしているのか、異なった価値を追求しているのかが、もはや明らかではなくなる点にまで、やがて到達するであろうことを認めざるをえない。我々が自己の責任においてかかる価値を解釈する自己解釈的存在である限り、この帰結は不可避である。確かに、我々の解釈は、善き生を追求する様々な人間的諸伝統に多くを負うており、かかる伝統から完全に切り離されるならば、空虚なものになってしまう。しかし、自己解釈的存在にとって、これらの伝統は前解釈的与件ではない。それは先行する解釈の歴史であり、それ自体解釈を要するものである。善き生を追求する伝統が生ける伝統であるかぎり、それは自己の単純再生産ではありえず、**模倣**への意志すらもが創造的誤解の能動性を孕んでしまうような我々の解釈的自律性によって活性化された伝統解釈の分裂・分化による自己増殖、すなわち、「複生（proliferation）」の過程に絶えず置かれている。伝統をこのような形で活性化する自己解釈的存在の社会を、構成的意味における共同体として、すなわち、単一の善き生の構想が自同性の共通の基盤を与える共同体として、性格付けることはできない。

自己解釈的存在は確かに厚みのある自同性をもつが、この自同性の厚みも解釈の分化を妨げることはできない。逆に、自同性の厚みは、負荷なき自我におけるよりも深い個体的相違の次元を成立させる。性格なき自我としての負荷なき自我は、時空的位置と選択能力・効用計算能力の程度というような、量的指標によってのみ相互に区別されうるが、自己解釈的存在はまさにその厚みのある性格によって、言葉の本来の意味における「個性」をもち、質的に他者と区別されうる。解釈の複生の原因であると同時に結果でもあるこの質的相違が、自己解釈的存在を同質的な構成的共同体に包み込むことを不可能にする。

ここで議論の第二の階梯に移りたい。善き生の解釈の多様化が自己解釈的存在の社会において不可避であるならば、共有された善き生の構想であると標榜された、単一の解釈の法的強行を支持する共通善の政治は、強行される解釈に同一化できない人々の解釈的自律性を否認することなくしては、受容されえない。*

* サンデル評はこの点につき、三つの異論を提示する。第一に、法的強行（legal enforcement）は、共通の善き生の構想を促進する唯一の方法ではない。第二に、法的強行が常に、善き生の構想の複生的分化を断ち切るとは限らないのではないか。第三に、法的強行はむしろ、善き生の構想の複生的発展を積極的に促進することもあるのではないか。

第一の点は、共通善の政治に対する私の批判においても、否定されているわけではない。私は、正義の基底性に基づく法的強行の制約を排除する限りでのみ、共通善の政治を批判しているのであって、共通善の政治が非強制的な方法により、その目的を追求するのであれば、むしろ、これを支持する用意さえある。第二点と第三点については、サンデルはこれらを論理的可能性として示唆したにとどまり、具体的な説明は与えなかった。一定の善き生の構想を法的に強行することで、かえって、善き生の問題が私秘性の独房から解き放たれて、活発な公共的論議の対象になり、解釈の複生が促進されるという事態を彼は念頭に置いているようであったが、法的強行はかかる公共的論議を窒息させる効果ももちうる諸刃の剣であり、また、正義の基底性に基づく法的強行の制限は、善き生の自発的な共同探求を排除せず、むしろその奨励と結合しうるものであり、必ずしも私秘性の檻に善き生の追求を閉じ込めるものではない。善き生の私秘化は、後述する「青ざめたリベラリズム」にとっては不可避であっても、善の主観化を斥ける「逞しきリベラリズム」にとっては、むしろ回避さるべきものである。

従って、負荷なき自我の空虚な選択の自由を保障するためにではなく、自己解釈的存在の解釈的自律性を尊重し、陶冶するために、正義の基底性が要請される。共同体論が戯画化した負荷なき自我の観念に基づく「青ざめた」リベラリズムと対比するために、ここに示した見解をあえて挑発的に、「逞しきリベラリズム」と呼んでみたい。逞しきリベラリズムが正義の基底性を要請するのは、我々の善き生の構想が恣意的選択の問題に過ぎないと考えるからではなく、我々が自己解釈的存在である限り、我々の善き生の解釈が、我々の自己解釈に忠実に追求されるのでなければ意味がないほど、我々の自同性に深く根差していることを承認するからである。例えば、正義の基底性は一つの帰結として、合意した成人の間での同性愛の脱犯罪化を要求するが、青ざめたリベラリズムが、我々の性生活の形式は自由に選択できるライフ・スタイルの問題の一部であると考えるが故に、これを支持するのに対し、逞しきリベラリズムがこれを支持するのは、同性愛者の性生活の形式が彼らにとって、気ままな選びの対象ではなく、彼らの自同性の一部、彼らが彼ら自身であることの一部であることを承認するからである。後者の観点からは、同性愛の犯罪化は、自己解釈に忠実に善き生を模索する解釈的自律性を、同性愛者に否認するものであるが故に、排除される。逞しきリベラリズムはこのように、正義の基底性を正当化する根本的権利として我々の解釈的自律性を尊重するが、それはこの権利の否定が自己解釈的存在としての我々の人格性の否定を意味するからである。*

＊　本章の基礎となった英文草稿に対するスキャンロンのコメント――註の〈後記〉参照、以下スキャンロン評と呼ぶ――は、共同体論に対する私の批判を支持しつつも、私の自己解釈的存在の概念が、特にロールズの人格概念との関係で、なお明確化を要するとした。スキャンロンによれば、私の自己解釈的存在の概念には、次の三つの解釈と、それぞれに対応する反問が可能である。第一の解釈によれば、自省能力が、自己解釈的存在としての自我の唯一の定義的特性である。この場合には、善き生の構想を形成し追求する能力と、正義の制約を理解し遵守する能力という、二つの道徳的能力をもつロールズの道徳的人格の概念と、私の自我概念が果たして異なるのかが問われる。

第二の解釈によれば、自省能力と厚く構成された自同性とが、ともに自己解釈的存在の定義的特性である。この場合には、厚い自同性がいかにして重要なのかが問われる。我々は、自省能力を享受するために、我々の善き生の構想に対して自己を同一化する必要があるのか。我々は自己省察の出発点として、何らかの善き生の構想を必要とするとだけ言えば十分ではないのか。我々が、自己の善き生の構想を自由に変えられないと、自分で感じているということは、単に、我々がそれを変えるのを欲していないということを意味するだけではないのか。自同性とは、自己の善き生の構想を変えないことへの自己の欲求に対する、独立の理由ではなく、この欲求の事実を記述する別の言い方に過ぎないのではないか。

第三の可能な解釈は、上記二つの可能性に対する反問に応えるための方向である。すなわち、自己解釈的存在の定義的特性は自省能力であるが、ロールズは自省能力、あるいは彼の言う道徳的能力を、我々が享受するために必要な条件の問題を考察しなかった。自己解釈的存在についての私の見解は、厚い自同性が自己省察を可能にする条件であることを示すことにより、この問題に答えようとするものである。しかし、私の意図がこの方向にあるとすれば、自己解釈的存在の概念の一層の解明と、厚い自同性が自省能力の条件であるという主張のための、より多くの論拠の提示が必要である。

スキャンロンが示したこの三つの解釈と反問は、私の議論の論争的名宛人をサンデルからロールズに変えたとすれば、という仮定に立つが、この仮定の下では、三つの解釈のうち、私自身の意図に合致しているのは、第三の解釈である。この方向を十全に展開するためには、彼が言うような点で、私の見解が一層の明確化と議論を必要としていることを私も認める。特に、第二の可能性に対して彼が提起した反問は、第三の方向をとる場合にも応えられなければならない重要な反論である。

先のロールズ評への応答（本書一五七―一五九頁）は、この反論に対しても応答の一部を含意する。我々の自同性をなす倫理的性格は心理的性格ではなく、いわんや欲求のような心理的傾向性ではない。自己解釈的存在としての我々は、自分が現にもっている欲求のうち、善き生を追求する人間的主体としての自己の倫理的性格にふさわしいものと、そうでないものとを区別する。強迫衝動のような逃れられない執拗な欲求も、その執拗性と強さによって当然に我々の自同性に参与するわけではなく、それが自己の倫理的性格にふさわしくないと判断されるときは、自己にとって外的な障害として自同性から排除される。いわゆる「二階の欲求（second-order desires）」、すなわち、ある欲求をもちたいとか、捨てたいとかいう欲求も、その心理的な強度と執拗性によってではなく、我々の生を統一的に意味付ける我々の倫理的性格への適合性によって、我々の自同性に参与できる。真正の自己省察とは、自己の欲求の自己にとっての重要性を、その強度と執拗性によってではなく、自己の倫理的性格への適合性を反省することによって判断する人間精神の自律的な作用のことである。このような自己省察の能力を享受するためには、私は自己の善き生の構想を単なる欲求の対象として追求するのではなく、自己理解にとって外的・偶然的な欲求と、内的・本質的なそれとを区別する指針として、すなわち、我々の倫理的性格を形成する自同性の基盤として、内面的に受容していなければならない。（自己の欲求に対する価値判断と自己同一性との関係についてのこの見解は、C・テイラーの「強評価（strong evaluation）」の概念から示唆を得ている。Cf. C. Taylor, "What Is Human Agency?" in *Philosophical Papers*, Vol. I, pp. 15-44.）

いずれにせよ、本章の目的は、共同体論の批判的組替え、即ち、共同体論の内在的批判を通じて、その自我論的洞察を共通善の政治から切り離し、リベラリズムにおける正義の基底性の観念の基礎に組み入れることであり、ポレーミックの対象は共同体論である。従って、私が共鳴している共同体論の自我論的洞察を、それに懐疑的な立場に対して擁護する議論の本格的な展開は、別の機会に譲らなければならない。

以上の議論に対しては、直ちに幾つかの反論が提起されよう。以下、これらの予想される反論への応答によって、私の議論を明確化し、補強したい。

第一に、サンデル自身がある箇所で、位置ある自我を自己解釈的存在として形容し、次のように述べている。「自己解釈的存在として、私は私の歴史を反省することができ、この意味でそれから距離をとることができるが、この距離は常に不安定で暫定的なものであり、反省の地点がこの歴史そのものの外部に、終局的に確保されることはない。(32)」この観点から彼は、解釈的自律性の差異化効果についての私の見解を、自己解釈的存在の歴史的被規定性を無視した、その自省能力の誇張として斥けるかもしれない。

逞しきリベラリズムは、ここに引用された言明自体に反論する必要はない。自己解釈的存在として、私が私の個性を形成する私の歴史から、完全に身を引き離すことができないのは当然であり、殆ど同語反復的な真理であると言ってもよい。しかし、このことの承認は、構成的共同体観および共通善の政治を正当化しない。私の個人史や、それが織り込まれる私の共同体の歴史は、単に「そこにある」わけではない。かかる歴史の中の、私の性格形成の核になる部分でさえ、私によって既に解釈されたものである。例えば、自分の趣味の貧困やケチ臭い性格を、子供に笑われる昭和一ケタ世代のある男が、戦中・戦後の混乱を生き抜いた我が身の苦労話を子供に語るとき、彼は、現在の自分の性格の芳しからざる部分が過去の困苦によって因果的に決定されており、従って自分はそれに対して責任がない、などということを言おうとしているのではない。そうではなく、自分の社会の過去を巨大な困苦とのひたむきな闘いとして描き出す一つの物語の中に自分の生を位置付けることにより、現在の自分の生き方に、より良き意味を与えようとしているのである。(33) 彼の自同性と彼の善き生の解釈とを「規定」する彼の歴史は、それ自体が彼の物語的営為によって既に加工された事実であり、彼の解釈である。この歴史はその物語的性格の故に、しばしば反復を通じて純粋化され、聞き手を辟易させる自己陶酔の儀式の呪文に堕す危険も内包している。「お父さんは同じ話ばかりする」ことになる。自己解釈的存在としての我々にとって、我々の善き生の構想を規定するとされる歴史が、我々の解釈を通じてのみ我々の自同性に参与するとするならば、我々の善き生の解釈が、同じ共同体の過去の同じ歴史解釈によって裏打ちされた、同じ善き生の構想に収斂すると考えることはできない。*

＊ サンデル評は、共同体論は、善き生の構想のこれほど強い収斂を前提する必要はないとする。サンデルによれば、構成的共同体が成立するためには、善き生についての「共同熟慮（common deliberation）」の実践があれば十分であり、ただ、この共同熟慮は手続的正義による正統性付与過程ではなく、それへの参加そのものが、人間としての善き生を構成するとみなされた実践でなければならない。この点で、公共の事柄への参加と結合した「公民的徳性（civic virtue）」を人間の倫理的完成の条件とみなし、その陶冶を政治の目的とする「公民的共和主義（civic republicanism）」と、サンデルの立場は重なっている。

しかし、共同熟慮への参加を自己目的化した公民的徳性なるものが、単に、民主的政治過程や自由な批判的論議の伝統を維持し、発展させうる資質を意味するなら、これは「善く生きるとはどういうことか」という問いに対する解答としての、人格完成価値（善）ではなく、この問いを問い、解答を自律的に探求する人格の陶冶と共生のための条件をなす、人格構成価値（正義）の一部であり、かかる資質の育成を法的・政治的課題とすることは、正義の基底性の観念に反しない。（参照、本書第三章一一五―一一六頁、第四章一三九―一四〇頁。）他方、公民的徳性の観念が、政治生活への参加が他のすべてに優先する最も崇高な生き方であるという思想を含意するならば、これを共通の善き生の構想として集合的に追求する構成的共同体は、サンデルの主張に反して、本文で述べているような、善き生の解釈の高度の収斂を前提としており、この収斂が強制的に調達されるならば、この共同体は、生の全体的政治化を強要する抑圧的な同質性をもつことになる。いずれにせよ、共通の善き生の構想の内容が公民的徳性であるか否かは、共同体論の観点からは、個々の政治共同体の歴史や伝統に依存しているはずであり、公民的徳性を共通善の地位に置くことによって、構成的共同体一般が内部的異質性・多様性を包容しうると主張することはできない。公民的徳性が共通の善き生の構想をなすことを、構成的共同体一般の本質として、ア・プリオリに措定するならば、それは共同体論の歴史主義的前提と矛盾する。

このような解釈の収斂を想定することは、自己解釈的存在としての我々の性格付けを放棄することに等しい。なお、自己解釈的存在の間では解釈の分化が不可避であるというのは、かかる自我は善き生の構想を他者と共有できないという意味ではない。任意の時点をとって見れば、それぞれ何らかの善き生の構想を共有する、自己解釈的存在の様々な連合が存在しうる。しかし、これらの連合は分裂・再統合・再区分の過程に常に置かれており、その布置が、共通善の政治の適用対象となる共同体、即ち、領域的に一定の公権力を行使できる地域共同体の領域分割と、定常的に合致することはありえない。

第二の予想される反論は、友情についてのサンデルの説明に含意されている。[34] これは、私の解釈的自律性についての説明が、自己知識を共有することの可能性と意義を見落としているとする反論である。彼によれば、情緒的愛着や好感が、負荷なき自我が享受できる唯一の友情の形態であるのに対し、位置ある自我の厚い自同性は、これよりも深い友情の形態を可能にする。後者の友情においては、友人同士は自分が選んだ目的の追求において互いに助け合うだけではなく、いかなる目的の選択が自分という人間にとってふさわしいかについての、熟慮の過程において、互いに相手の自同性についての洞察を交換し、共有することによって、助け合うことができる。その結果、「私の友は私よりも私自身のことを良く知っていた」と、回顧することも可能になる。サンデルは、このような友情の可能性と重要性が、友情よりもさらに大きな自己理解の共同性としての、構成的共同体の可能性と重要性を含意すると考える。

この反論が描くような、自己理解の共有を伴う友情を自己解釈的存在が享受できること、また、このような友情が人間生活にとってかけがえのない重要性をもつことを、私は疑わない。ここで言うべきことは次の二点である。第一に、自己理解の共有と、自同性に根差す善き生の構想の共有とは別である。前者は他者を知ることの相互性であるのに対し、後者は言わば、他者になることの相互性である。私はあなたという人になることなく、あなたのような人であるということはどういうことかを、少なくとも部分的に理解できるように、あなたが自己を同一化するあなたの生の指導価値が何であるかを、自らはそれに同一化することなく、少なくとも部分的に理解することができる。私にならなければ私のことなど分かるはずがない、という断定は、友情の擁護であるどころか、人間的友情とその可能性に対する侮蔑である。従って、自己理解の共有としての友情は、善き生の構想の共有を要求する構成的共同体を前提しないし、正当化することもない(35)。

第二の反論に対して言うべきもう一つの点は、私の自己理解を深めるのを私の友人が助けてくれるような共同の熟慮も、私の自己解釈の責任を免除できないということである。私が自己解釈的存在であるということは、解釈対象が私の自同性であるということだけではなく、あるいはそれ以上に、解釈主体が私であるということを意味している。私の自同性に対する他者の解釈は、私自身によって再解釈されることによってしか、私の自己理解を深めることはできない。確かに、「私の友は私よりも、私自身のことを良く知っていた」と、私はときに言うことがある。この言明は、単なる修辞的な友情賛歌を超えた真理の告白でさえありうる。しかし、サンデルがここで見落としている、あるいは言い忘れているのは、これを言えるのは私であって、友ではない、ということである。自己解釈的存在としては、私は、自己を知ることに対して、従ってまた、自己の同一性と不可分な、自己の生の指導価値を解釈・追求することに対して、原理的に転嫁不可能な責任を負っている。

ありうべき第三の反論は、いわゆる「卓越主義（perfectionism）」の観点からなされうるものである。この反論は、自己解釈的存在が自己の生の指導価値の客観的妥当性に対して抱く確信は、正義の基底性と両立不可能であるとする。この反論は、次のような論理展開をとる。我々の善き生の構想が、恣意的選択の問題ではなく、客観的妥当性をもちうると、我々が本当に信じているのならば、我々が正しいと信じる善き生の構想を、我々が誤っていると信じる構想を抱く者に対して法的に強行することを、我々は是認しなければならない。さもなくば、我々は自己の信念を裏切ることになるか、あるいは、我々の信念はそもそも本物ではなかったということになろう。確かに、自発的な善き生あるいは有徳性が、強制されたそれよりも善いということは事実である。しかし、このことから、自発的な悪しき生ないし悪徳性が、強制された善き生ないし有徳性よりも善いということは帰結しない。強制された有徳性は次善のものであるとしても、それは自発的な悪徳性よりはましなのである。[36] さらに、法的に強行される善き生の構想が仮に誤ったものであるとしても、その結果生じるであろう強制された悪徳性は、自発的な悪徳性よりもましである、即ち、有責性・非難可能性が少ない。

以上の議論と本質的に同じ反論が正反対の観点からもなされうる。負荷なき自我の観念に依拠し、我々の生の指導価値を主観的選好に還元する青ざめたリベラリズムは、同じ議論をそのまま転用して、逞しきリベラリズムはリベラルであるというには逞しすぎる、狂信的道徳主義への突入を自制するには血の気が多すぎると主張するであろう。

正反対の二つの観点からなされうるこの反論に対してまず言うべきことは、自己解釈的存在がコミットし、解釈的自律性の観念が前提する価値の客観主義は、独断主義や狂信とは無縁であるということである。むしろ、リベラルな寛容の一つの重要なモティーフは、価値判断の妥当性・真偽は判断主体の恣意によって決定できないという客観主義を前提している。

相対主義者や道徳的懐疑論者はしばしば、我々が価値判断は真偽・正誤を問えない主観的選好にすぎないことを認めて初めて、寛容が可能になると主張する。我々の対立競合する価値判断が、いずれも等しく恣意的であることを相互に承認したとき初めて、共存のための妥協が可能になるというのが、その論拠である。私はこの論拠とされる主張が正しいとは思わないが、仮にそれが真であるとしても、単なる共存のための妥協によってリベラリルな寛容を基礎付けることはできない。なぜなら、少数派が微力で、多数派にとって彼らと妥協しなければならない戦略的理由など存在しない場合でも、あるいはむしろそういう場合だからこそ、かかる少数派を多数の専制から保護するところに、リベラルな寛容の核心があるからである。このようなリベラルな寛容を基礎付ける一つの重要な契機は、J・S・ミルが雄弁に論じたように[37]、我々自身の可謬性の感覚である。この感覚が自己批判的精神と、批判的議論を通じて反対者から学ぼうとする姿勢を陶冶する。多数派がこの感覚を保持するならば、彼らは微力な少数派とも対話を維持する精神の開放性と、後者の自由や権利を尊重する非戦略的理由をも考慮しようとする、倫理的感受性とを身につけることが可能になる。このような可謬性の感覚は客観主義を前提している[38]。我々の最も強固な信念も可謬的であることを我々が承認できるのは、我々の信念の真偽が、我々がそれを信じているという事実から、我々がそれの受容を選択したという事実から独立であることを承認する場合のみである。

ここで当然、次のような疑問が提起されよう。客観主義がリベラルな寛容と親和的であるとしても、自己の生の指導価値に対する自己解釈的存在の同一化の契機は、かかる寛容と整合するのか。第三の反論への応答を充全なものにするには、この疑問に答えなければならない。指摘すべき点は二つある。第一に、この同一化は強い確信を伴うが、客観主義によって可能にされた可謬性の感覚を麻痺させるものではない。我々を独断的・狂信的にするのは、確信の強さではなく、確信の強さ自体がその真理性の終局的な証明を与えるという信念である。この信念は道徳的懐疑論が犯しているのと同じ誤謬を犯している。即ち、我々の信念の真理性を、我々がそれを信じているという事実に還元する誤謬である。自己解釈的存在はその客観主義へのコミットメントによってこの誤謬から免れているが故に、自己の確信の「自己確証性（self-verifiability）」を標榜しない。

もう一つの、より重要な点は、問題の同一化が、自己解釈的存在の解釈的自律性を尊重すべき理由、従ってまた、善き生の特殊構想の法的強行を斥ける理由を与えるということである。自己解釈的存在としての私は、私が同一化できない善き生の構想に従って、善く生きることを強制されることによっては、そもそも善く生きることができない。強行される構想が私のそれより優れていても、それは不可能である。なぜなら、私の善き生の解釈は私の自同性解釈と不可分であるが故に、私が善く生きることは、私自身であることと不可分であるからである。私の自己解釈を無視して強制された善き生は、もはや私の生ではないが故に、私の善き生ではない。確かに、強行される善き生の構想が、私のそれよりも優れているならば、前者に従って強制された生は、私の構想に従った生よりも外形上有徳であろう。しかし、この外形上有徳な生においては、「私がこの善き生を生きた」と言える主体は、どこにも存在しない。従って、それは真の善き生ではない。自己解釈的存在においては、善く生きることと自己に誠実であることとが、即ち、有徳性と自由とが不可分に結合している。

このことは、自由な有徳性＞強制された有徳性＞強制された悪徳性＞自由な悪徳性という順序の、卓越主義者の倫理的序列表が破棄さるべきことを意味する。この序列表の根本的な誤謬は、有徳性と悪徳性との区別が自由な生においてのみ可能であることを見落としている点にある。強制された有徳性は自由な有徳性に劣る次善の事態なのではなく、そもそも不可能なのである。強制された悪徳性は自由な悪徳性よりはましな次悪の事態なのではなく、そもそも悪徳性と呼ぶことが不適切なのである。なお、付言すれば、仮にこの序列表を承認したとしても、卓越主義者の議論は破綻している。強制された善き生の構想が正しいと想定した場合の、強制と強制回避との倫理的比較評価において、卓越主義者が、強制された有徳性は自由な悪徳性にまさることを強制の正統化根拠にしているのは、強制なくしては有徳に生きられない者の倫理性だけを問題にしているからである。しかし、かかる比較評価においては、強制なくしても有徳に生きられる者の倫理性も考慮されなければならない。後者については、強制は自由な有徳性を証明する機会を奪うという負の効果をもつ。さらに、強制を無視してでも悪徳に生きる者や、「禁断」の故に悪徳に魅了される者については、強制は彼らの悪徳性を加重ないし創造することになろう。これらをすべて考慮にいれてもなお、「倫理性の天秤」が強制の方に傾くはずだと断定することはできない。また、強制された善き生の構想が誤ったものである場合、結果として生じる強制された悪徳性は、自由なそれよりましであるという点は、強制の正統性の問題にとってイレレヴァントである。強制された悪徳に対する被強制者の免責可能性は、強制者による悪徳の強制を正当化も免責もしない。

ありうべき反論として最後に検討したいのは、国制的・立憲的設計の見地からのものである。共同体論は個人と国家の間に介在する中間的共同体の重要性を強調する。しかし、構成的共同体のモデルを、かかる中間的共同体にのみ適用可能と見るか、薄められた形においてではあれ、全体社会としての国家にも適用可能と見るかで、共同体論の中でも二つの立場が分かれうる。サンデルは後者の立場をとるが、もし前者の立場をとるならば、国家の立憲構造は次のように設計されることになる。即ち、憲法によって、各地域的共同体はそれぞれの集合的な善き生の構想を決定し執行する自治的権力を付与され、中央政府が正義の基底性の制約や、逆に、国家的に統一された善き生の構想をかかる共同体に押し付けることにより、これらの共同体内部における集合的な善き生の追求に干渉することは禁じられる。正義の基底性の制約は中央政府の権力に対する制約としてのみ妥当し、自治的共同体権力に対しては廃棄される。この立場から、私の議論に対して次のような反論が可能である。かかる国制においては、地域的共同体内部における共通善の政治は、正義の基底性の制約を斥けるが、自己解釈的存在としての我々の解釈的自律性を侵害しない。なぜなら、我々の共同体が集合的に追求する善き生の構想を我々が受容できないならば、我々はそこを去り、我々が同一化できる構想を追求する共同体に移り住むことができるからである。かかる国制においては、各地域的共同体は、その成員によって真に共有された善き生の構想に基づいて共通善を追求する、真の構成的共同体になる。

この反論は次の二つの前提に依存している。

(1)　この国制下の地域的諸共同体に見出される集合的な善き生の諸構想は、十分に多様であり、各個人にとって、彼が受容できる構想に基づいて善き生を集合的に追求する共同体が、少なくとも一つは存在する。あるいは、もしかかる共同体が存在しない場合は、彼が同一化できる新たな共同体を創造することが常に可能である。

(2)　この国制下の各個人にとって、自己が同一化できない共同体から同一化可能な共同体への移動や、同一化可能な新共同体の創造への参加は、経済的コストやリスク、長期的人間関係や慣れ親しんだ環境の喪失、子供への心理的不安定化効果、新規まき直しに伴う緊張と不安等々の点において、特に重大な犠牲は伴わない。それ故、ある共同体での彼の継続的居住の事実は、その共同体で集合的に追求される善き生の構想を、彼が受容していることを示すものと理解できる。

この二つの前提を明示化するだけで、それらが現実性を欠くことは既に明らかである。[39] それらは我々の「生の事実（the facts of life)」に反している。しかも、第二の前提が描く自由な可動性をもつ個人は、人間的な「負荷」からあまりにも自由で、位置ある自我という共同体論的自我像と適合しない。

仮に、これらの前提が実現可能だとしても、この反論は正義の基底性を論駁するものではない。上記の立憲構造をもった国家は、この反論が描くその理想的機能状態においては、多様な自発的共同体の連合体である。この連合体においてはいかなる善き生の特殊構想も、それを受容できない個人に対して強行されることがない以上、かかる連合体が可能だとしても、それは正義の基底性に対する規範的な反例にはならない。実は、これと同じ政治社会のヴィジョンが、リバテアリアンの見地から正義の基底性を擁護するR・ノージックによって提示されている。[40] 彼はかかる連合体としての国家をメタ・ユートピアと呼ぶが、それはこの国家が、多様なユートピア的共同実験を実践する、多様な共同体のための共通の枠組をなすからである。そこでは「人々は、理想的共同体における善き生についての、彼ら自身のヴィジョンを追求し実現するために、自発的に結合する自由を享受するが、何人も自己のユートピア像を他者に押し付けることはできない。[41]（強調はノージック）このメタ・ユートピアは、前述のきわめて非現実的な前提の下でのみ可能であるという意味で、それ自体一つのユートピアである。従って、問題の反論は、正義の基底性に対する異議ではなく、共同体論的理想を正義の基底性に、あるいは後者を前者に併合するユートピア的な試みである。勿論、あらゆる政治理論は多かれ少なかれユートピア性をもつ以上、ユートピア的であるという理由だけで、この試みを斥けることはできない。ここで確認さるべきなのは、正義の基底性を斥ける現実的な共通善の政治を、かかる試みによって正当化することはできないという点である。

## 四　自己解釈的存在と共同性

以上において、自我とその主体性についての共同体論の洞察は、位置ある自我の観念を、自己解釈的存在の観念によって再解釈することによって、一層的確に発展させうること、さらに、このように再定式化されるならば、共同体論の自我論は構成的共同体観を掘り崩し、共通善の政治ではなく、むしろ正義の基底性のための適切な基礎を提供することを論じた。正義の基底性に対する共同体論の批判は、それ自体が内包する一つの魅力的な観点から論駁可能である。

しかし、自己解釈的存在の観念は、構成的共同体観を支持しないとしたら、いかなる共同体観を支持するのか。サンデルが負荷なき自我に帰した、道具主義的または情緒的な見方でしか、自己解釈的存在は共同体を見ることができないのか。あるいは、ノージック的メタ・ユートピアにおける、ユートピア的実験のための自発的結合体が、自己解釈的存在にとっての理想的な共同体の在り方なのか。あるいは、自己解釈的存在の社会では、契約に基づく権利義務関係よりも強い共同体的紐帯が成立する余地はないのか。これらの問題をここで十分に論じることはできない。しかし、本稿の締め括りとして、自己解釈的存在が享受できる共同性の在り方について、簡単に試行的な所見を付しておきたい。

別著で私は自己解釈的存在の社会を、M・オークショットに依拠して、「社交体（societas）」として性格付けた。(42)

社交体はある共有された伝統によって結合されている。しかし、これは構成的共同体の共通善のような、一つの実体的目標の集合的追求の伝統ではない。社交体は「統一体（universitas）」から区別される。後者は共通の利益・目標や宗教的理想、人間の倫理的完成態についての共通の理念など、何らかの実体的目標を共有することによって結合された「目的支配的（teleocratic）」な連合である。これに対し、社交体は「法則支配的（nomocratic）」な連合であり、これを結合させている伝統は、歴史的に発展してきた「公民としての品位のある振舞の規範（norms of civil conduct）」、即ち、いかなる目標を追求すべきかを規定するのではなく、目標の追求の仕方を規制するような諸規範に体現されている。言葉の節約のために、これを作法規範と呼ぶ。

作法規範の共有は、二つの点で自然言語の共有に似ている。第一に、作法規範も自然言語も、法典や文法のような明示的な規則体系のうちに完全に吸収されえず、ルールを使いこなす我々の黙示的な実践知に依存せずには存立できない。どちらの場合でも、我々の実践知は明示的規則体系の学習だけでは得られず、歴史的に発展してきたルール遵守の共同実践に、自ら参加することによって初めて陶冶される。第二に、共有された自然言語の同じ生ける文法が、きわめて多様な言明を可能にし、かつて誰も言ったことがないことを言うことをも可能にするように、共有された作法規範は多様な目標追求を可能にし、我々が我々自身の善き生の構想に従って自己の生を形成することを可能にする。

社交体は、従って、実体的人格の形式的連合、即ち、目的にコミットした自我の目的独立的な連合である。自己流に言い換えれば、それは、解釈的自律性と厚い自同性の故に、相互に質的に異ならしめられた自己解釈的存在が、互いの質的な異なりを尊重し、楽しみ合うような「共生（conviviality）」を可能にする結合形式である。社交体の作法規範と自然言語の間に一定のアナロジーが可能であることを既に見たが、我々の日常性の次元における社交体の「祖型（prototype）」は会話である。ここで言う会話とは、情報交換・合意到達・相互理解・感情的一体化などの共通目的の追求として性格付けられるコミューニケイションではなく、例えば、目的地を異にしながらも偶々道連れとなった旅人同士のような、関心や目的を異にする人々の間での会話、共通の議事日程などに制約されずに、話題が予測不可能な形で多方向的に自己増殖してゆくような、open-ended な会話である。かかる会話において人々を結合させているのは、コミューニケイションを性格付ける実質的な共通目的ではなく、かかる目的を共同して実効的に追求することの困難な異質な他者をも、語りかけられ、聞かれ、答え返さるべき人格として承認することを可能にする、一定の作法である。

人間の社会的結合形式に関するこのような見方は、一定の保守的な性格をもつ。但し、ここで言う保守性とは哲学的意味におけるそれである。即ち、この見方は、個人理性を全能視する啓蒙的合理主義に対して懐疑的な距離をとる立場が、保守的であると言われる意味で保守的である。換言すれば、誰かが発見したと標榜する完全な理想社会の合理的設計のみに基づいて、社会全体を白紙の状態から再構築する試みは、専制に導かざるをえないことを承認し、伝統の批判的継承が、人間の秩序付けられた自由にとって不可欠の重要性をもつことを承認する点で、それは保守的である。しかし、それは党派的意味において保守的であるわけではない。すなわち、レッセ・フェール経済思想、道徳的・宗教的ファンダメンタリズム、好戦的・軍拡的ナショナリズム、さらには場合によっては人種差別主義や性差別主義まで含めた、思想的に錯雑した政策の混合物が保守政治と呼ばれる意味で、保守的であるわけではない。逞しきリベラリズムは、共同体論や党派的保守主義に対して正義の基底性を擁護する自己の立場を補強するために、哲学的保守主義の洞察を取り込むことができる。誤解を避けるために付言すれば、この哲学的保守主義はリベラリズムの脱哲学化を図るものではない。社交体の伝統は支配的なコンセンサスや文化ではなく、対立競合する伝統の一つであるが故に、あえて選びとられなければならず、その選びを哲学的に擁護する責任を我々に免除しないのである。

社交体を自己解釈的存在が享受できる共同性の形態とすることに対して、次の疑問が提起されよう。この社会的結合形式は共同体と呼ぶには、あまりに形式的、あるいは、あまりに希薄ではないのか。答えはもちろん、共同体という言葉によって我々が何を意味するかに依存する。しかし、何という名で呼ぶかは重要ではない。重要なことは、社交体が、作法規範を発展させてゆく、ある特徴的な伝統の共有に依存していること、そして、自己解釈的存在の解釈的自律性の帰結である善き生の諸構想の多様性と両立するような、ある深い人間的共同性の感覚によって、社交体の絆が強められうることである。後者の点について、最後に簡単に触れておきたい。

自己解釈的存在として、我々は負荷なき自我のように、自己の選択意志の全能性を標榜したりはしない。また、我々は自己の善き生の構想を他者が共有することを強く望むが、他者にそれを強制する権力を獲得して、自己の構想に従った理想社会を白紙から建設しようとするような、個人理性の倨傲に陥ることもない。オークショットが社交体における実体的人格について言ったように(43)、我々の自己理解の半分は、我々自身の限界を知ることである。このことはオークショットが自覚した以上の含蓄をもつ。我々の善き生の諸構想の多様性に拘わらず、我々は我々自身の限界についての自己理解を共有できる。なぜなら、我々は共通の人間的限界に服し、共通の人間的悲惨にさらされ、共通の人間悲劇に巻き込まれているからである。我々はみな死すべき存在であり、愛する者に先立たれる悲しみからも誰も免れてはおらず、気ままな運命の支配に身を委ねずにすむ者はいない。子供のとき、病に倒れたとき、災禍に襲われたとき、老衰の身にあるとき、我々はみな無力であり、他者に依存せざるをえない。構成的共同体の共通善が、人間の倫理的完成態、即ち、人間存在の「充実(plénitude)」についての共通理解であるのに対し、社交体において培われる共同性は、人間存在の「有限性（finitude）」の共通理解である。我々の有限性の共通理解は、「共在感（a sense of togetherness）」とでも呼ぶべきものを育む。これは、人間的充実の共通理想への集合的帰依が生み出す「一体感（a sense of oneness）」とは異なり、かかる理想の解釈的分化を耐え生きることができるが故に、後者よりも安定的・持続的に我々を結合することができる。また、この共在感は、一時的に共有された感情という意味での「共感（sympathy）」とも異なる。それは移ろい易い単なる感情ではなく、我々の実存の共通様相についての我々の共有された知識に根差す絆である。

このような人間的有限性の共有に基づく共在感は、我々の善き生の構想を他者に押し付けることを回避する消極的義務を超えた、相互的な扶助と配慮の責務のための一つの基礎を与える。この責務について、二点だけ指摘しておきたい。第一に、かかる責務のうちのある種のもの、例えば、不慮の事故で子を亡くした人を、その悲しみを共有することにより慰める責務は、法の領域を超えており、法的執行を許さない。かかる責務はその性質上、我々の自発的な象徴的行為によってのみ充足可能だからである(44)。第二に、かかる責務のうち、法的に執行可能なもの、例えば、他人事として放置し難い苦境にある人々のための、公的救済措置の財源となるべき税金を支払う義務などは、正義の基底性の制約に反しない。いかなる善き生の構想を追求するかに関わりなく、誰の身にもふりかかりうる共通の人間的悲惨に我々が対処することを援助することが、かかる措置の正統化根拠になるからである。

人間の社会的結合形式と共同性についての以上の素描が、明確化と洗練の余地を大きく残していることは言うまでもない。しかし、我々の解釈的自律性を窒息させるのではなく、むしろ、奨励し、配慮するような「共同体の要求」の次元が、仄かにでも見えたとすれば幸いである。

# 第三部　自由の試練

# 第六章　「自由世界」のディレンマ

## 一　「自由世界」は勝ったのか？

一九八〇年代半ば以降急激に進展した社会主義圏の民主化・自由化は、中国の天安門事件やソ連における保守派の巻き返しとバルト危機など、逆行ないし停滞の症候も一部見せながらも、歴史の大きなうねりとなった。逆行現象でさえ、社会主義体制を復権させるよりはむしろ、その失敗をさらに強く印象付けた。その結果、西側「自由世界」――西側の自己理解を批判的に対象化するためにこの言葉をあえて使う――は九〇年代に入ってから一種の「勝利感」に浸ってきた。西独による東独の一方的な吸収合併という形で一挙に推し進められたドイツ統一や、ソ連邦・ワルシャワ条約機構の解体は、多くの人々によって、西側の勝利を象徴する事件として受けとめられた。

米国が主導する多国籍軍側の圧倒的勝利に終わった湾岸戦争の長期的帰結はまだよく見えない。中東における民衆レベルでの反米感情の鬱積と、イスラム原理主義やアラブ民族主義の昂揚というシナリオも書かれた。しかし、自由世界においては、この戦争で自らの陣営が、単に軍事的意味においてだけでなく、政治的・精神的意味においても勝利を収めたという印象を抱く人々が、少なくないだろう。世界有数の強力な近代的軍備をもちながら、ほとんど見るべき反撃もなく一方的に敗北したイラク軍の弱さは、作戦、指揮系統、兵器コントロール・システムなどの欠陥にだけではなく、何よりも、兵士を見捨てて逃げ出した士官たちや、我先に投降した兵士たちの驚くべき士気の低さに起因する。軍事的敗北以前のこの精神的敗北は、国民の自由な意志による支持に基づいてではなく、恐怖によって支配するフセイン独裁体制の、軍事的危険性の裏にある政治的な脆さをさらけ出した。今後、戦後秩序形成過程において、イラクは言うまでもなく、サウジアラビアやクエートなど、イラクから防衛ないし解放された首長国家に対しても、自由化・民主化への世論の圧力が西側で高まる可能性がある。

西側自由世界のこのような勝利感は、否定しがたい事実の迫力によって支えられているように見える。しかし、この世界は本当にいま「体制の勝利」に陶酔していられるほど安泰なのだろうか。計画指令経済体制や独裁的政治体制の挫折と敗退は、自由世界の汚点なき履歴と、曇りなき未来を意味するのだろうか。

挫折したこれらの体制に対する、自由世界の相対的優位を信ずべき理由は確かにある。しかし、この相対的優位の感覚さえ、社会主義の経済管理思想と分配理念を部分的に摂取することにより自由世界が危機を乗り切った、ニュー・ディールのような歴史の謙虚な想起と、中東問題の背景にもなっている自由世界の帝国主義的過去の真摯な反省とによって、均衡をとられるべきであろう。さらに重要なのは、社会主義圏の体制的挫折は、自由世界が現在いかなる深刻な危機からも免れていることを、決して意味しないということである。体制的ライヴァルとしての社会主義世界が、崩壊ないし無力化したことにより、自由世界が自己満足に陥って硬直化し、発展的ダイナミックスを失ってゆく危険があるこれからの状況においてこそ、自由世界は自己自身に対する批判精神の覚醒を絶えずはかってゆく必要がある。このような批判的自己吟味を試みるならば、自由世界は「勝利感」に酔うどころではない根深い危機に自らが置かれていることを自覚せざるをえない。

ここで問題にする危機は、世界経済の先行き不安とか、ウルグァイ・ラウンドの行き詰まりというような次元にとどまるものではない。自由世界の哲学としてのリベラリズムが、その歴史的発展の帰結として直面している原理的な危機である。(1)

## 二　ディレンマ

リベラリズムは自律的人格としての諸個人の自由対等な共生の理念を核とし、そのための条件としての個人の諸権利を国家権力から、あるいは国家権力によって他の社会的権力から擁護することに関心を注いできた。階級搾取や帝国主義的侵略の合理化のために濫用される一方、その批判の武器にもなるなど、歴史的な紆余曲折を経ながらも、リベラリズムは個人の諸権利を確立し拡充することに努め、この点で、きわめて重要な成果を収めてきた。しかし、まさにこの成果が、リベラリズムをいまや困難なディレンマに追い込んでいる。

リベラリズムは権利の享有主体の範囲を、身分・階級・人種・性などの障壁を漸次打ち破って拡大し、人権の実質を家長の権利や財産と教養ある階級の権利から、文字通り、すべての個人の権利へと近付けてきた。(人種差別や性差別、子供の人権や外国人の人権などの問題が示すように、この過程はもちろん未だ完結していない。) 権利の主体的拡大は、多様な社会層の多様な利益要求への応答を必然的に伴い、権利の内容的拡大をもたらした。一九世紀英国の社会政策などによって既に進められ、ニュー・ディール以降さらに発展させられた生存権・社会権の保障と福祉国家理念の形成は、この過程の主軸をなす。現在ではさらに、日本を含む先進産業諸国で、環境権・日照権・プライヴァシー権・知る権利・尊厳ある死への権利など様々な「新しい権利」が法的実現を求めて主張され、判例や立法によって部分的には承認されてきている。

権利のかかる主体的・内容的拡充は、性質・機能・受益集団等を異にする多様な諸権利の間の衝突を不可避的にもたらした。この衝突は、「自由の物的・社会的基盤の保障」というような、何らかの統一的理念に基づいて、これら多様な諸権利の論理的整合性・両立可能性を示しただけで解決できるものではない。問題の権利衝突は、論理的に矛盾することなく共に妥当するとみなされた複数の価値ないし要請をすべて実現することが、現実的諸条件の下では事実上不可能であるという、「実践的葛藤（practical dilemmas）」の一種である。

実践的葛藤としての権利衝突には、プライヴァシー権と知る権利の衝突や、胎児の生命権を承認する場合に生起するそれと女性の自己決定権との衝突、日照権と土地利用権との衝突、喫煙の自由と受動的喫煙からの自由との衝突などのように、権利行使の現実的手段の付随効果のゆえに不可避なものもあるが、もっとも広範な諸権利を巻き込むのは、権利実現のコストのゆえに生起する権利衝突である。古典的自由権でさえ、その保障は社会の人的・物的資源の使用というコストを伴うが、自由の実質化のために国家に対し積極的な干渉や給付を要請する生存権・社会権や一部の新しい権利においては、このコストはさらに増大する。国家が強制的に調達できる資源は有限であり、さらに強制的再分配のための国家機能の増大自体、個人の自由の侵食という価値的コストだけでなく、肥大化してゆく国家の官僚機構を発動させるための資源的コストを伴うから、権利要求が膨張すればするほど、そのすべてを充足するのは困難になってゆく。

念のために言えば、権利衝突問題の考察に権利実現のコストの視点を導入することに対して、安上りの政府を求め経済効率を優先する資本の論理に与するものだとして反発する向きがあるかもしれないが、この反発は的外れである。どれだけ資本家から吸い上げ、どれだけ大きな政府を作ろうとも、国家が強制的に調達できる資源が有限である以上、膨張する権利要求の衝突問題は避けられない。むしろ、より多くの人々のより多くの権利要求により十分に(「安上り」にではなく)応じようとすればするほど、権利衝突問題を直視せざるをえなくなる。また、権利実現コストは経済効率最大化という目的追求に対する阻害効果によって測られるものではなく、むしろ他の諸権利の実現に対する阻害効果、あるいは、その権利の実現が他の諸権利に負わせる機会費用によって測られるものである。

このような視点から言えば、権利衝突は「自由権対社会権」という図式においてだけでなく、「社会権対社会権」という角度からも捉えられる必要がある。自由世界は「豊かな社会」を実現すると同時に、高度の階層的可動性と高水準での平準化をもたらしており、そこでは、医療・教育・住宅・環境など様々な面で「健康で文化的な最低限度の生活」の社会的要求水準は著しく高度化している。「社会権対社会権」という問題は、権利要求が高度化し膨張する「豊かな社会」において、かえって深刻化する。勿論、「自由権対自由権」という対立構造も、例えばプライヴァシー権と知る権利の衝突におけるように、重要である。社会権を自由の実質化の条件として捉えるならば、「自由権対社会権」や「社会権対社会権」の問題は、「自由権対自由権」の問題に吸収されることになる。

このような権利衝突の深刻化は、リベラリズムの内在的批判者によって指摘されるように、その政治的帰結として利益集団民主主義を生み出した[(2)]。衝突する諸権利のうちいずれを優先し、いずれを犠牲にするかという問題は、かかる諸権利の妥当性が等しく承認されている場合は、「救命ボートに誰が乗るか」という倫理的問題と似た原理的な困難さをもつ。例えば、高等教育の大衆化や医療の高度化などにより教育コストや医療コストが著しく増大している状況の下で、十分な教育を受ける権利と十分な医療への権利との、いずれが優先さるべきかを判断するのはきわめて難しく、これについて広範な合意を形成するのはさらに難しい。広く共有された権利衝突調整原則が存在せず、人々が自己の利益要求を権利の名の下に絶対化し、自己の権利への資源配分を求めて競争するとき、実効的な権利実現手段として訴えられるのは、民主制の下では、組織された利益集団の政治的圧力である。この利益集団の圧力の一次的な作動場面は立法過程であるが、裁判闘争を実効化する力としても無視できない。

複数の利益集団が、組織票によるバーゲニング・パワーやキャンペイン能力を駆使して、社会の資源の争奪ゲームを展開する政治システムは、その多元主義的性格と民主的性格のゆえに、自由社会に適合するような外観を呈する。しかし、このシステムは自由社会の基盤を侵食する傾向を内包している。

第一に、組織された利益集団は自らの集合的特殊利益の追求を至上目的とし、それが社会の他の部分にいかなるインパクトを与えるかには無関心になる傾向がある。リベラリズムが社会の秩序形成の担い手として想定し、陶冶しようとする自律的人格としての個人は、自由なるがゆえに自己の行動の帰結に責任をもち、他者の人格と権利を尊敬し配慮する公共性を備えていることが期待されている。しかし、個人に代わって政治の主舞台に登場した利益集団にこのような公共性を期待するのは難しい。なぜなら、利益集団はその存続のためには、集団利益の実現にとっての政治的有効性を優先させる組織的運動の論理に従わざるをえず、また、特殊利益は集合化されると、その特殊性を隠蔽する擬似公共性を帯び、それを追求する集団をして集団外の人々への公共的配慮を忘却させる傾向をもつからである。(3) このような利益集団の跋扈と抗争は社会を断片化させ、それらの間の交渉ゲームと化した政治は、社会の長期的・普遍的利害への配慮の責任を忘却してゆく。

第二に、利益集団政治は組織された集団の外部にある一般の諸個人を政治過程から疎外してゆく。これらの諸個人は数の上では多数を占めるとしても、組織されていないがために、民主的政治過程に対して利益集団のような実効的なアクセスをもたず、利益集団による政治過程の支配に歯止めをかける力をもたない。このような事態は、政治的代表と政治参加における権利の平等という理念を形骸化してしまう。[4] それだけでなく、政治過程から疎外された一般の諸個人を無力感からアパシーへと追いやり、「公共の事柄」を配慮する責任感と、それに積極的に関与する自発性を喪失させる。[5] 換言すれば、利益集団政治は、リベラリズムが責任ある自律的人格としての個人に期待した社会的秩序形成の担い手としての公共的な主体性を、利益集団の反公共的な政治的能動性と、組織されざる諸個人の没公共的な政治的受動性とに両極分解させることにより、衰微させるのである。

以上の考察をまとめれば、次のように言えるだろう。リベラリズムは自律的人格としての個人の尊厳と共生の理念に立脚し、この理念を受肉させるために個人の諸権利の拡充に努めてきたが、この企ての成功自体が権利衝突の深刻化というディレンマを生んだ。さらに、このディレンマは、それを政治的に解決するために発展した利益集団民主主義が、個人を政治的に周辺化し無力化させることにより、個の尊厳の理念をかえって形骸化してしまうと同時に、公共性の衰退と特殊利益の分裂・抗争とによる社会の断片化を進行させ、公正な共生枠組を解体するという、より根源的なディレンマにリベラリズムを陥らせている。

## 三　二つの道

自己の思想原理のディレンマに根差すこのような危機を克服するために、自由世界は哲学的再編を迫られている。この再編の試みは既になされつつあるが、その主な方向として、いま二つの道が見えている。それぞれの道はさらに分岐しうるが、起点にあるのはこの二つの道の分岐である。一つは、リベラリズムに死亡宣告ないし不適格宣告を下し、人間とその社会についてリベラリズムに代わる哲学、しかも、従来型の社会主義や共産主義の単なる復唱ではない哲学を模索する道である。もう一つは、未だ尽くされてはいないリベラリズムの思想的ポテンシャルを引き出して、この哲学を再構築し発展させる道である。結論から先に言えば、私は第二の道の可能性になお賭けたい。

第一の道を歩む思想運動の一つとして現在台頭してきているのは、リベラリズムにおける〈個人〉、社会主義における〈階級〉という基礎概念に対して、〈共同体〉という基礎概念の復権を説く「共同体論(communitarianism)」である。[(6)] ここで言う共同体は、成員の共同生活全般の維持発展に必要な公共の事柄に、成員が共同して積極的に参加する自治の理念と伝統をもった領域支配的な政治体であり、その連帯と合意形成の実質的な基盤をなすのは、自治の伝統を通じて歴史的に形成された、成員のアイデンティティを構成する共通の善き生の構想である。それは、共同の決定を執行する強制権力を備えた政治体である点で、自発的結社としての私的団体とは異なる。またそれは、共同生活全般の在り方に関わる、地域的伝統に根差した共通価値を絆としている点で、一定の特殊利害を組織的に追求するという限定された目的で結合する利益集団とも異なる。

共同体論によれば、個人の無力化・公共性の衰退・社会の断片化という危機を克服するために必要なのは、このような共同体の再生である。共同体論の観点からは、この危機は、利益集団政治という鬼子を生み出したリベラリズムの政治的現実態にだけではなく、リベラリズムの哲学的前提そのものに帰責さるべきである。すなわち、リベラリズムが立脚する原子論的個人主義は、共同体的紐帯を腐食させることにより、個人のアノミー化・アパシー化を不可避的にもたらすのである。利益集団が諸個人を公共性へと媒介せずに、むしろ集団的エゴイズムの方へ動員してしまうのも、連帯や団結を個人の利益の実効的な実現手段としてか、あるいは個人の情緒的欲求対象としてしか理解できない原子論的個人主義が基底にあるからである。

共同体論は原子論的個人主義を斥け、共同体的紐帯を、個人の欲求や計算に依存する選択対象としてではなく、選択主体たる個人の「自己同一性（identity）」――自己確認・自己理解の基盤をなし、選択の指針を与える深層の価値的コミットメント――を構成するものとして捉える。この「構成的（constitutive）」な共同体においては、諸個人は、共有された伝統に埋め込まれた共通善と、さらに、かかる共通善を熟慮し、討議し、実現する過程に共同参加することそれ自体とを、自己の同一性を構成する善き生の構想の一部として追求している。共同体論によれば、このような共同体においてこそ、移ろい易い衝動や大衆心理操縦に他律的に従属しない倫理的自己規律の能力と、さらに、公共の事柄に自発的・積極的に関与しうる能力と性向としての「公民的徳性（civic virtue）」とが陶冶され、個人の真に主体的な自由と、公共性への配慮とを結合した社会的連帯とが、回復されるのである。[7]

このような共同体論は、現代自由世界の危機を克服するためにリベラリズムに代わる哲学を提示するという、現代的課題を担う意図をもつものであるが、決して新奇な思想ではない。公民的徳性の陶冶と参加民主主義の重視において、それは古典古代からマキャヴェリ、ルソー、さらに、一面ではモンテスキューやトクヴィルのような古典的自由主義者をも経て継承されてきた「公民的共和主義（civic republicanism）」ないし「公民的人本主義（civic humanism）」の伝統に連なる。[8]また、共有された歴史や伝統を共通善や自己同一性の基礎として重視する点で、それは啓蒙的合理主義への対抗として発展した歴史主義・ロマン主義の流れも汲んでいる。そこからも分かるように、共同体論は一枚岩の思想体系ではなく、相互に緊張を孕んだ一群のモチーフが提携する思想運動である。[9]従って、この立場を単一のテーゼで定式化しようとするのは危険であるが、その基本的発想は、あえて要約するならば、「アトム的に孤立した私的な個人の、無力化された選択の自由から、共通の伝統に定位し、未来を共同形成してゆく共同体の中で公民的資質を陶冶された個人の、豊かな主体的自由へ」である。

共同体論は以上に見たように、共同体の擁護ないし再生の必要を説くが、決して個人の自由に敵意を抱くものではない。むしろ個人の主体的自由の回復・強化をめざし、そのための条件として共同体を捉えている。それは自由社会の擁護という大義をリベラリズムと共有している。対立は自由の条件に関わる。しかし、自由の条件に関する対立は、自由の意味に関する対立とも結合している。

リベラリズムと共同体論との自由概念の違いに関しては、〈消極的自由〉対〈積極的自由〉という図式、あるいはもう少し正確に、〈国家からの自由〉プラス〈国家による自由〉対〈国家への自由〉という図式による説明がまず考えられる。しかし、これらの図式は、必ずしも十分正確に両者の自由概念の違いを伝えてはいない。福祉国家の発展を見れば、リベラリズムが消極的自由しか知らないとか、それを常に最優先させてきたとは言えない。国家への自由についても、リベラリズムは参政権に精神的自由権の一環としての基幹的地位を認めているし、地域的自治の重要性にも無感覚なわけではない。リベラリズムはこれらの対立図式の後項だけを単細胞的に追求することに対しては警戒するが、このことは後項の重要性をそれが知らないということを意味しない。

両者の自由概念の相違は、むしろ〈権利としての自由〉対〈徳としての自由〉として捉えるべきであろう。リベラリズムにおいては、自由とは、個人が国家や他者に対して尊重を要求できる自己の権利であるのに対し、共同体論においては、自由とは、個人が備えなければならない徳である。前者においては、自由な社会とは諸個人の権利が尊重される社会であり、専制的な社会とは、それが恣意的に侵害される社会である。これに対し、後者においては、自由な社会とは、討議集会参加・行政的事務・納税・兵役など公共の事柄に関わる負担と犠牲を、諸個人が自発的に引き受け、自主的に遂行する社会であり、専制的な社会とは、かかる負担や犠牲が人々に強制されなければならない社会である。(10) リベラリズムが頼みとする自由人とは、自己または他者の権利を侵害する強大な権力に対して、断固として闘うことのできる主体であるが、共同体論が期待する自由人とは、公共の事柄に関与・従事する自己の責務を自発的に遂行する公民的徳性を備えた主体である。

この〈徳としての自由〉に加えて、共同体論の自由観の基調をなしているのは、〈自省的自由〉とでも呼ぶべきものである。共同体論によれば、リベラリズムはその原子論的個人主義のゆえに、「負荷なき自我（the unencumbered self)」、すなわち、アイデンティティを喪失した根無草的個人の、内的指針を欠いた恣意的で空虚な選択の自由に行き着く。これに対し、共同体論は、自己省察により自己が同一化する内なる価値を探求し、それによって自己の欲望や衝動を自律的に統御する能力として、自由を捉える。共同体論によれば、共同体の伝統的価値を自同性の基盤とする「位置ある自我（the situated self)」においてのみ、かかる自省的自由が可能である。[11]

以上のような共同体論のリベラリズム批判は、現代社会における自由の在り方を考える上で重要な問題を提起しており、傾聴すべき点も少なくない。例えば、環境問題をとっても、単に国家や企業に保障を要求する環境権の問題としてだけではなく、文明の快適さを享受して資源を浪費し大量のゴミを出している我々一人一人が、主体的・自発的に遂行すべき公共的責務に関わる問題として、徳としての自由の観点からもこれを考えることが必要である。しかし、「リベラリズムは死んだ、共同体論万歳」と叫ぶのは早計である。共同体論は重要な洞察と危険な含意をあわせもち、前者を後者から切り離して発展させてゆけるのは、やはりリベラリズムであると思う。以下でその理由を簡単に述べたい。これらの理由は、第二の道への私の希望の理由でもある。

第一に、自省的自由は重要であるが、その条件として、一定の善き生の理想を共有する同質的な共同体の保全・復興を要求するのは非現実的であり、危険である。自省的自由の活性化は、善き生をめぐる解釈の分化・多様化を不可避的にもたらす。これを抑止するために、法的強制や社会的専制、単方向的精神教育などによる個人の生き方への道徳主義的干渉を共同体が行う[12]ならば、個人の自省的自由はかえって腐食し、共同体は自由な主体の同一性の基盤ではなく、むしろ自由な主体を疎外し、偏狭と狂信、臆病な他者同調願望を再生産する場となるだろう。

公民的徳性が共同体の共通善とされる場合も問題は同じである。公共の事柄への参加を生産活動・芸術活動・学問研究・社交など他の様々な「私的」活動よりも優位に置く「公共的人間」の善き生の理想の受容を、誰もが要求されるならば、「滅私奉公」の美徳は栄えても、自由は窒息するだろう。自省的自由を活性化させるためにこそ、共同体の「期待される人間像」からはみ出す自由、善き生についての自己の解釈に誠実に生きる自由を、個人に権利として保障するリベラルな原理の貫徹が必要である。

第二に、徳としての自由を、権利としての自由に対する道徳主義的干渉の正当化理由とすることには、リベラリズムは反対するが、リベラリズムにおける権利としての自由は、徳としての自由を排除するものではなく、むしろそれを可能にする条件である。

共同体論も主張するように、公共の事柄のための自己犠牲を自発的に引き受ける徳としての自由は、自らが貢献する社会に貢献主体が自己を同一化できること（疎外されていないこと）を条件とする。[13] しかし、共同体論が理想とする構成的共同体は、実はこのような同一化を地域的にも国民的にも確立できない。それは内部的には、善き生についての異端の解釈を追求する諸個人を疎外する。他方、それは内部的同質性を高めれば高めるほど、対外的には偏狭化して他の共同体との間の相互疎外を進行させ、諸共同体を包摂する全体政治社会（国家）への同一化を困難にする。国家を一つの構成的共同体とみなすことができたとしても、その場合は地域共同体と国民共同体との間での同一性葛藤が生じる。

徳としての自由が要請する同一化はむしろ、自己の善き生の構想を追求する自由をどの個人に対しても平等に権利として保障し、どの個人の自己理解と自尊にも平等な配慮をするリベラルな社会において、より広く、かつ、より強く確立されるだろう。リベラリズムの「権利の政治」は、確かに、一方で権利衝突問題を深刻化させ利益集団政治をもたらし、公共性の衰退や社会の断片化を助長したが、他方で、民主的政治過程によって排除され、犠牲にされ、疎外された、政治的に微力な構造的少数者や個人の権利を救済する司法審査のような立憲主義的伝統を発展させ、それによって、正義と公平への信頼と社会への同一化を人々の間に回復させてきた。また、この伝統それ自体が、正義と公平の原理について共同して討議する開かれたフォーラムを形成し、徳としての自由を陶冶するための活発な公共性参加の場を提供してきた。権利としての自由へのこだわりは、リベラリズムに利益集団民主主義という病を患わせるとともに、自己の病に対して、立憲民主主義という治療も発展させてきたのである。(14)

最後に、リベラリズムは原子論的個人主義にコミットする必要はない。それは自由を個人のア・プリオリな能力としてではなく、一定の社会的諸条件の下で陶冶されるものとして捉える観点に立脚できるし、またそうしてきた。社会権の拡充は本来はかかる条件の保障をめざすものであった。さらに、自由を支える文化の問題についてもリベラリズムは無関心ではない。

リベラリズムの観点からは、自由を陶冶する文化は、共同体論の考えるような、善き生の理想についてのコンセンサスとその実践ではない。むしろそれは、多様な善き生の追求を開花させるような諸条件から成る構造である。このような構造的条件としては、まず自己と異なった信仰や生き方に対する寛容と関心、異端であることを恐れず自己の良心に従う勇気、見解を異にする者と持続的に対話しうる忍耐と度量、決定の責任を回避しない意志力などの〈自由人の性格〉を形成する社会的環境がある。また、文学・芸術・学問・宗教など、人間とその世界について広い視野と多様な意味付けを供給する豊かな文化的伝統や、(15)さらに、特定の善き生の構想を押し付けるよりも、むしろ自分が追求すべき善き生についての有意味な「選択の文脈（a context of choice）」を与える文化共同体への帰属なども重要であり、この観点から、多文化主義とリベラリズムを統合する探求も進められている。[16] 権利としての自由の法的保障だけでなく、このような自由のための多元的文化構造が確立されてはじめて、人間的自由は活性化される。リベラリズムは自由についての規範や理念のレベルの議論だけでなく、自由の文化的構造についても、今後さらに探求を深めてゆく必要がある。とりわけ、日本社会において自由をいかに受肉させるかという問題を考える上で、このような探求は不可欠である。その際、権利としての自由は、かかる文化的構造にその実効性を依存すると同時に、かかる文化的構造を確立するための必要条件でもあることを忘れてはならない。

しかし、ここでなお一つの疑問が残るかもしれない。徳としての自由は公共的責任を内在させているが、権利としての自由は自由を放縦化させ、公共性喪失に導く危険を秘めているのではないか。事態はむしろ逆である、というのがこの疑問への応答である。集団的自己統治能力を強化する徳としての自由こそ、異質な他者を排除・抑圧しようとする放縦な権力衝動に囚われ易い。権利としての自由は、単なる既得権益を超えた普遍主義的な正義理念の一構想としての権利の本義を再生させるならば、異質な他者を受容する公共的規律によって自由の放縦化を抑止する。しかし、このとき、権利としての自由は、リベラリズムの根幹を自由の優位にではなく正義の基底性に求め、正義によって自由を鍛え直す思想として現われることになる。実はこの思想が本書のリベラリズム像を貫いている。最終章でこの点を敷衍したい。

# 第七章　自由の逆説——リベラリズムの再定位



## 一　二重の逆説

本書のリベラリズム像は、次の二重の逆説に集約される。第一に、リベラリズムは自由主義ではない。「自由主義」という定訳は、我が思想界の慣用に充全なる敬意を表しつつもあえて言えば、誤訳である。しかし第二に、「自由主義」でないにも拘わらず、否むしろそれゆえにこそ、リベラリズムは自由へのしたたかな戦略である。

なぜ、自由主義でないのか。「自由主義」という定訳は、「自由」を根源的価値とする思想というリベラリズム理解に依拠し、またそれに我々を導く。しかし、この理解は広すぎ、かつ、狭すぎる。広すぎるのは、自由を追求する思想はリベラリズムだけではないからである。アナキズムは国家権力の廃絶（ないし正統性の全否定）に、国家権力の制御というリベラリズムの関心より根源的な自由理念の貫徹を見出した。マルクシズムはリベラリズムが固執する市民的・政治的諸自由による政治的解放を虚妄とみなし、階級社会における経済的搾取と疎外からの人間的解放こそ自由の真の実現とした。現代のリベラリズム批判の先鋒たる共同体論や共和主義も、リベラリズムの「個人主義的」あるいは「私的」な自由観の貧困を説き、伝統的な共同体や自発的結社が媒介する公共的な自治実践への参加を通じて陶冶される政治的主体性を、人間的自由のより高次の形態とみなす。

これら近現代の主要な政治思想がリベラリズムを斥けるのは自由を否定するからではなく、逆に自らが人間的自由のより良き構想であること、「真の自由」を求める思想であることを標榜するからである。古代人の自由と近代人の自由を対置するバンジャマン・コンスタンや、消極的自由と積極的自由を区別するアイザイア・バーリンの自由論が、彼ら自身がコミットするリベラリズムを超えた射程をもつのはこのためである。(1)

他方また、自由を基底とするリベラリズム理解は狭すぎる。国家権力の干渉を最小化するために消極的自由に視野を限定する「自由至上主義（libertarianism）」に、リベラリズムが還元できないというだけではない。確かに、一九世紀末以来の英国の New Liberalism やニュー・ディール以降の米国の「リベラル」たちは、自由の社会経済的基盤の保障や社会的差別の廃絶のために積極主義的干渉国家を擁護した。しかし一層注目すべきは、「平等な尊重と配慮」、「公正」、「公共的正当化（public justification）」など、自由に代わる理念をリベラリズムの基底に据える志向が、ロナルド・ドゥオーキンやジョン・ロールズをはじめ現代の多くの論客の間で顕著になっていることである。(2) さらに、「自由より根源的なもの」への関心は、積極国家による社会改良を説く進歩派リベラルに限定されない。リベラリズムのもっと保守的な、あるいは脱啓蒙主義的な形態においても、大文字の自由理念への原理主義的情熱は消えている。例えば、マイケル・オークショットは抽象的な自由理念ではなく「市民状態（the civil condition）」や「社交体（societas）」という社会的結合形式に、自由社会の存立基盤を求める。(3) ここには「大きい政府か小さい政府か」といった時局的論争に還元できないリベラリズムの思想的自己理解の問題がある。

換言すれば、自由はリベラリズム以上のものであり、リベラリズムは自由以上のものである。この二つの事態は連動している。単なる自由への帰依によってはリベラリズムは他の自由の思想から自己を差異化できないからこそ、それは自由を鍛える自己の流儀に固有のかたちを与えるために、自由の可能性と限界を認証する固有の刻印を押すために、自由以上の何かを必要とする。

本書はこの「何か」を、価値の多元的対立下における公共的な正統性原理の探求という思想的企てに求め、その観点から「正義の基底性」をリベラリズムの同一性基盤として位置付けた。約言すれば、リベラリズムは善き生の希求を人間の尊厳の証しとして真摯に受けとめつつも、人々の生の形式の多様性を直視するがゆえに、各人が自己の善き生の探求のために他者になしうることへの、特に政治体の権力と資源を利用してなしうることへの公共的制約原理を、善き生の特殊構想から独立した正義に求める。

善の多様性への正義の配慮は、自己の善き生の理想に世界を適合せしめようとする我々の情熱自体を冷笑するものではなく、この情熱が自己を実現する手段として政治権力を使用する可能性に制約を課す。人間に潜在する崇高なテロスの実現にこそ政治が配慮すべき「真の自由」を見出す卓越主義者の目には、この政治の自己限定は「何でもござれ（anything goes）」の放縦に自由を堕さしめるものと映るだろう。しかし放縦は卓越主義の側にある。自己とは異質な生を自己と同様な真摯さをもって生きる他者の視点を配慮することなく、自己と他者が共有する「公共のもの（res publica）」である政治権力を自己の生の理想のために独占しようとする欲望の放縦がそれである。

共同体論におけるように、卓越主義的政治を求めるこの自己を「我々」という一人称複数形と同一化しても、この放縦が抑制されるわけではない。部分を全体とすりかえる擬似公共性のトリックは、この放縦を隠蔽・合理化し、一層御し難いものにするだけである。許容可能な徳の選択肢を複数化するJ・ラズの多元主義的卓越主義も、(4) 如何なる選択肢を排除するかについて時々の支配集団の恣意を抑制しうる原理をもたず、また時の政府が「サッカーを消滅させて代わりにアメリカン・フットボールを与えるような措置」に類する介入を人々の生の様式に強行するこ

とに、変化の段階性のような「プラグマティックな考慮」を超えた原理的な歯止めを加える必要も認めない。(5)

かかる放縦な権力欲は、実は自由そのものに潜む本能的衝動でもある。自由は自由を否定する欲動を内包する。それゆえ自由の優位は自由の廃位である。正義の基底性は自由の優位を否定し、自由のリビドーに公共的節度を課すことにより、自由を鍛え直す。ここには自由の逆説性の問題がある。リベラリズムの二重の逆説は自由の二重の逆説に根差す。以下、二重の逆説のこの二重の意味を解明したい。

## 二　自由の権力性

自由を求める主体の関心は何よりも「我なしあたふ」にある。自由はその主体が個人であれ、中間共同体であれ、民族・国民であれ、その主体の「自己力能化（self-empowerment）」の欲求に根差す。自己と自己の環境世界を自己の意志に従って形成し統御する力への欲求である。干渉の欠如としての消極的自由と自己支配としての積極的自由とのバーリンの区別は、自由一般に通底するこの原義を見失わせる危険がある。これについて二点指摘しておこう。第一に、消極的自由は自由保障手段（としての外部権力制御）の問題に関わっており、保障さるべき自由そのものの意味・根拠について独自の範疇を打ち立てうるものではない。「X（国家権力、社会的抑圧等々）からの自由」なる概念は、Xから何を守ろうとするのかという問いに対して同語反復以上の応答をなしえない。(6)消極的自由という手段によって保障さるべき目的としての自由は、やはり何らかの意味での積極的自由、何ごとか「への」自由、何ごとかを遂行する主体の力である。

第二に、この自由の積極的意義を自己支配に求めるのは誤りではないが、舌足らずであろう。自由に潜む支配への意志は自己に対してのみならず、自己を取り巻く世界にも及ばざるをえない。自己の目的を自ら設定するだけで満足する主体を自由と呼ぶのは、自由の戯画だろう。自由な主体は自ら設定した目的を自ら実現することを求める。自己目的の実現は世界を自己の目的に適合するように形成・変更する力を何ほどかであれ要求する。自由な主体にとって世界は自己の戦略を適応させるべき環境的与件であると同時に、制御と操作の客体である。自由な主体が自己支配を必要とするのは、自己を制御することなしには世界を制御できないからである。

自己力能化としての自由は、根本的に自己中心的な価値である。この自由の保障手段を「消極的自由」に求める場合でさえ、他者は自己の目的の手段か、さもなくば自己の意志の貫徹を阻む外的障害の一部、回避ないし抑止さるべきもの、自己が「それから自由である」べき何かとして捉えられる。自己支配を集団的自己統治へと発展させることにより「積極的自由」の強化を求める場合には、他者は自己を肥大化させた共同主体たる「我々」なるものの内に同化吸収される。すなわち、自由を求める主体にとって、他者は自己の力能行使の対象または障害として客体化されるか、さもなくば、より強い力能をもつより大きな自我の一部として接収さるべき存在である。自己と異質な主体としての他者の承認と尊重は、自由には内属していない。自由がこのような他者を認知できるのは、自己の限界を認知するときのみである。

自由のこの自己力能化欲求が他者を支配する権力への意志に容易に転化することは言うまでもない。さらに自由の自己中心性、「他なる主体」を同化と客体化の両極分解によって消去しようとする欲望は、この権力欲を放縦化する要因ともなる。自由の希求が放縦な権力欲に転化する皮肉を最も凄惨な形で示したのはマルクシズムだろう。人間活動の産物が人間を逆に支配するという疎外、人間の社会的諸関係が物化され人間から自立した力となって人間を支配するという疎外を克服して、人間の自由を再生させるという企図から出発したこの思想は、疎外の基底にある人間社会の発展法則を暴く「科学的認識」によって人間の社会制御能力を回復させることに自由への道を求めた。「真の科学的社会主義」あるいは史的唯物論という名のこのグノーシス的救済知(7)は、それを独占する前衛党の独裁を正当化しただけではなく、経済社会生活の隅々まで統制する全体主義的権力を、人間が自己と世界を再び統御するという自由の約束の実現として称揚した。かかる制御主体に対抗する「他者」は「ブルジョワジー」、「クラーク」、「富農」、「世界史的発展への反動」、「反革命分子」、「修正主義者」等々として、文字通り「消去」された。

正義の基底性を斥ける現代の卓越主義の諸潮流も、それぞれの仕方で、主体の自己力能化としての自由の再生を求めている。共同体論は「負荷なき自我」の選択の自由を「無力化された(disempowered)(8)」ものとみなし、共同体の伝統的な善き生の構想に同一化した「位置ある自我」の倫理的主体性に自由の再活力化の希望を託す。共和主義は個人を私生活に耽溺させて政治的に従順化するプライヴァシーや自己決定権を超えて、集団的自己統治への参加によって公民的徳性を陶冶する政治的自由に、自己の命運を自己の手で切り開く自由な主体としての人間の尊厳を見出す(9)。多元的卓越主義は価値ある生の形式の複数性を認めるが、価値なき生の選択の自由には何ら積極的意義を認めず、自律の倫理的基盤を保障するために、選ばるべき価値ある生のメニューを公定し公共財として供給する政府の権限と責任を重視する(10)。

これらの立場に共通しているのは、自由は単なる個人の権利ではなく、むしろ人間の「徳(virtus)」、すなわち人間が自己と世界を倫理的完成に向けて制御しうる力であり、その陶冶は諸個人の義務でさえあるとする視点である。先述した卓越主義の放縦な権力欲求はまさにかかる自由の野心を貫徹せんとする意志に潜む。卓越主義者にとって「堕落した」他者の生の存在は、悪を選びうる人間の自由の証明であるどころか、自己と世界を倫理的に統制する人間の自由の力の衰弱ないし破綻を示すものであり、だからこそ、自由な存在としての人間の尊厳を守るためには抑圧・排除されなければならない。マルクシズムにとって社会の全体主義的統制が疎外からの人間的自由の救済であったとすれば、卓越主義にとって「悪徳の殲滅」は人間的自由を萎えさせる病原菌の駆除である。自己力能化という自由のリビドーにリベラリズムよりも放縦に惑溺しているという意味では、マルクシズムや現代の種々の卓越主義の方こそ「自由主義」の名に値する。それらはリベラルでないにも拘わらずではなく、リベラルでないからこそ、高度に「自由主義」的なのである。

リベラリズムの主動機は自由への惑溺ではない。むしろ、自由の限界の自覚にある。国家権力の限界問題をリベラリズムは重視するが、それは自由を最大化したいがためではない。自由の最大化を求める者は自己の力能の限りない拡張を求めるがゆえに、権力に対して批判的距離を保持できず、それを自己の力能強化の手段として濫用するか、「主権国家」に自己肥大化的な同一化を行うに至る。この権力への意志と自由との結合の透徹した洞察を与えているのは、言うまでもなくニーチェである。「〈意志の自由〉といわれるものは、本質において、服従せねばならないものに対する優越の情動なのである。すなわち、『私は自由である、〈彼〉は服従しなければならぬ』こうした意識が、すべての意志のうちに潜んでいる。[11]」

「善悪の彼岸」を指向するニーチェと「道徳臭」の強い現代の卓越主義とは真正面から対立するように見えるかもしれないが、「劣弱（Schlecht）」に対する「優良（Gut）」を復権するためにこそ、「邪悪（Böse）」に対する「善（Gut）」の超克を説いたニーチェは、道徳の否定者というよりむしろ革新者であり、人間を崇高化しようとするその意志の激しさにおいて、恐らく思想史上、最大の卓越主義者の一人と言える。人間の自己力能化としての自由にこそ卓越主義の情念の源泉があること、そしてこの自由が権力への意志と直結していることを自覚する点で、彼は現代の凡俗の卓越主義者たちよりもはるかに明晰であり、かつ徹底している。[12] しかし、まさに自由という欲望は権力という欲望と通底しているからこそ、リベラリズムの権力批判は自由批判にまで貫徹されざるをえない。
この批判の貫徹の勇敢かつ悲劇的先例は、一人の女性に見出される。皮肉にも、彼女はニーチェという度し難い哲学的マッチョによって、ド・スタール夫人、ジョルジュ・サンドとともに「婦人解放と女性の自画自賛とに対する最善の反証」として不当な嘲笑を浴びせられた「三人のおかしな女」の一人である。[13] ルソーを愛読しジロンド派サロンの中心であったジャンヌ・ローランは、モンターニュ派による粛清の嵐に巻き込まれて断頭台に登るとき、こう叫んだという。「ああ自由よ、汝の名において犯される罪のいかに多きことか!」死に臨む彼女のこの言葉は、恐怖政治の断罪を超えて、フランス革命の基本理念たる自由そのものに潜む狂気を冷厳に剔抉している。[14]
ニーチェがその「南方的」な思想と文体を称賛したスタンダールは、ローラン夫人の洞察力を評価する点でニーチェより公平であり、彼の恋愛論の核心たる「結晶作用」を真に理解しうる少数の読者の一人として、彼女の若き化身を思い描いた。[15] しかし、恋の狂気と自由の狂気の間には決定的な差異がある。後者を理解するために、前者に一言するのは無駄ではあるまい。恋愛においては、相手に自己の理想の完璧な具現を見る「第一の結晶作用」の狂熱は、現実が突き返す疑惑により沈静し、やがて互いの愛の確信を深め持続させる「第二の結晶作用」が進行する。自分と相手との断絶の自覚から来る不安こそが互いを求め合わせる力となる。スタンダールはかかる第二の結晶作用を、「おそろしい深淵に臨みながら、一方の手が完全な幸福にふれている道」と形容した。[16]
他者の他者性を超えようとする結合欲求が持続するためにこそ、自分が愛する者の他者性の承認は絶えず更新され続けなければならない。愛するから「あばたもえくぼ」になるのではなく、「あばたもえくぼ」にする相手の神秘化が、恋愛の条件としての相手の他者性の保存を可能にするのである。相手を完全に征服してしまったとき、相手を自分の所有物にしてしまったとき、「えくぼ」は「あばた」に戻り、恋愛は死ぬ。あらゆる女性に「征服者の野心」を抱き続けたドン・ジュアンは恋の達人どころか、一度たりとて本当の恋を知らなかった。「ひとたび手に入れたら最後、もう文句も希望もあったものじゃない。美しい情熱は跡形もなく消え去って」しまい、新たな獲物を求めて奔走するしかない[17]。アンブローズ・ビアスは恋愛を「一時的の精神異常」と診断し、結婚をその簡単な治療法としたが[18]、結婚が他者性の消失を意味するとすれば、この悪魔的釈義はスタンダールのロマン主義にシニカルな仮面をかぶせたものと言えるかもしれない。

これに対し、「自由の結晶作用」が神聖化するのは他者という存在ではなく、世界制御主体としての自己である。それは自己の全能感を昂進させ、神秘と魅惑、抵抗と攪乱の淵源としての他者の征服に主体を駆り立てる。「おれは地上のことごとくを愛したいような気がする。おれの恋の征服をひろげるには、アレクサンダー大王と同様、もう一つ世界があって欲しいと願わずにはいられない[19]」と、ドン・ジュアンが従者スガナレルに豪語するとき、彼は恋に狂っているのではなく、己の自由への欲望に狂っているのである。いかなる女性の束縛からも逃れる彼の「消極的自由」の追求は支配の否定であるどころか、世界を二つ分征服しないとおさまらない支配欲、ホッブズの言う「絶えず安らうことなく力また力を求める、死に至るまで止むことなき欲望[20]」に根差す。

神罰を暗示する「石の騎士」をさえ晩餐に招待し、その答礼の招待にもひるむことなく応ずるドン・ジュアンの豪胆さ、神をも恐れぬその蛮勇が生まれるのは、彼が無神論者だから――その通りだが――というよりもむしろ、彼が自分自身を全能なる神と対等な存在に見立てていたからである。悔悟せよと神の声を伝える亡霊に対して「神がおれに訓戒を与えるのだったら、もっとはっきりしゃべるがいい、おれに聞かせるつもりがあるのなら」と傲然と言い放つとき[21]、彼は神と同じ壇上に登り立って神に挑戦している。神の怒りの証拠を前にして「降参」を求めるスガナレルに「いや、いや、たとえなにが起ころうと、おれが後悔することなんかあるものか」と言い切るとき[22]、彼は我が身の不滅を確信している。業火に焼かれながら地獄に堕ちるときも、彼の口から悔悟の言葉は発せられなかった。神罰は下ったが、ドン・ジュアンは敗北したわけではない。地獄から彼の哄笑が聞こえてきそうである。だからこそ、恐ろしい神罰を目撃した直後にスガナレルの口から出たのは「おれの給料！　おれの給料！」という不謹慎な発話であり、戯曲はこれによって締め括られるのである。消滅したのはドン・ジュアンではなく、スガナレルの給金だけである。ドン・ジュアンは賃金債務を踏み倒して、スガナレルの手の届かないところへまんまと逃げ去った(23)。

一六六五年にモリエールが描いたこの人物ほど、近代が解放する自由の根源的衝動をあらわな形で先取りするものはないだろう。解放された自由は神を殺害したかに見えるが、実は人間という名の新たな神を産み出したのである。新たな神は旧い神に劣らず、唯一神の絶対性を我が物とする傲慢さ、世界を一つ征服しただけでは満足しない無限の支配欲を備えている。この自由の自己神化は一七九三年一一月一〇日に、フランス革命における非キリスト教化運動、「共和国の鋳型」に市民をはめ込む徳育運動の頂点をなす「理性崇拝の祭典」において、革命権力の政治演劇として貫徹される。「自由と理性の女神」に扮した美女が王座に座る理性の神殿で、「狂信はいまや正義と真理に決定的に席を譲った。今後は司祭は存在せず、自然が人類に教えた神以外に神は存在しないであろう」と宣言された後、「降り給え、おお自由、自然の娘よ、民衆は不滅の力を回復せり。旧き欺瞞崩れ落ち、その華麗なる残骸のうえに、民衆はその手もて、汝の祭壇を再興せり」とシェニエの詩になる賛歌が響きわたり、群衆が狂喜乱舞する祝宴が続いたという(24)。

旧き神の屍を踏んで立つ「自然が人類に教えた神」とは自由であり、自由によって全能化された主体、「不滅の力」の主体としての主権者たる人民であり、さらにこの主権者の名において行動する革命政府である。一つの狂信に別の狂信がとって代わった。理性の祭典を推進したエベール派はモンターニュ派最左翼として、民衆を動員し経済統制と恐怖政治の強化を要求した。ローラン夫人が断頭台で指弾したのは、まさにこの自由の狂信である。エベール派の過激さを警戒してこれを粛清したロベスピエールも、ルソー流の「国家宗教（religion civile）」を真似て、人民の教化のために「最高存在の祭典」を翌年挙行した(25)。数十万の観衆を動員して自ら「美徳の司祭」として最高存在の偶像と立ち並んだとき、彼もまた革命が掲げる自由の旗の下でドン・ジュアン的自己神格化の衝動に身を委ねていた。謹厳家ロベスピエールと放蕩家ドン・ジュアンの表面的差異は重要ではない。後者も本当に愛したのは女性ではなく、己の自由の栄光だったのだから。

自由が孕むこのような自己絶対化衝動と飽くことなき力への意志こそ、自由を圧殺する専制の淵源である。したがって、リベラリズムの権力批判は同時に自由批判ともなる。しかし、この自由批判は「自由は自由のためにのみ制約される」とか、「他者の同様な自由と両立しうる限りでの最大限の自由」といった自由の内在的制約の確認で満足することはできない。かかる自由の内在的制約は実は空虚である。「殺す自由は殺されない自由によって制約される」と言えるのと同様に、「殺されない自由は殺す自由によって制約される」とも言えるのである。殺す能力の掣肘を受ける代わりに殺されない保証を得ることと、殺されるリスクを引き受ける代わりに「邪魔者」は殺すという手段を保持すること、そのいずれが主体の力能化により良く資するかについて、一般的・一義的な解は存在しない。自己力能化としての自由の概念だけから、かかる解を導出することはできない。「最も弱い者も最も強い者を殺すことができる」というホッブズの「自然的平等(26)」を仮定してみても事に変わりはない。脆弱性の遍在はリスク・テイキングの不合理性を証明するどころか、相手の脆弱性に乗じることへの誘惑を生み出すかもしれない。

同様な理由によって「他者の同様な自由と両立しうる限りで最大限の自由」の追求は、相互安全保障条約たる社会契約にだけでなく、「万人の万人に対する闘争」たる自然状態にも導く可能性をもつ。さらに、初期ロールズの「平等な自由」の原理とその優先性もこの意味での自由の内在制約の典型的定式化だが、不確定性を免れていない[27]。諸自由のいかなるトレード・オフが各自の自由の平等なシェアを最大化するのかを確定するには、一般的な自由概念（liberty）はあまりに不特定である。より具体的な諸自由（liberties）——言論の自由、集会結社の自由、選挙権、令状によらず逮捕されない権利、裁判を受ける権利、プライヴァシー、知る権利等々——はあまりに特定的かつ多様で、トレード・オフの対象ではあっても、その基準となる共通指標はもたない。

この問題を解決するためにロールズは、平等な自由の原理の初期の定式化、すなわち、万人の同様な自由と両立しうる基本的諸自由の「最大限広範な総体（the most extensive total system）」への平等な権利という表現を、かかる諸自由の「十分に適格な配合（a fully adequate scheme）」への平等な権利という表現に変更し、万人の自由の平等な「最大化」ではなく、平等な「最適化」を要請するに至った。さらに、彼は「あたかも『自由（liberty）』と呼ばれる何かが卓抜した価値をもち、政治的社会的正義の唯一でないにしても主要な目的であるかのように、自由それ自体に優先性が与えられているわけでは決してない」と付言している[28]。

膨張する自由の限界を画するのは別の膨張する自由ではない。飽くことなき自己力能化欲求同士がぶつかりあうとき、そこにあるのはいずれかが征服されるまで続く闘争か、「暫定協定（modus vivendi）」、すなわち、ときどきの力関係によって左右される戦略的妥協である。原理に基づく自由の限界設定は、自由を超えた観点を必要とする。自由は自由によってのみ制約されるという主張は、自己中心性は自己中心性によってのみ制約されるという主張と同様に倒錯している。自由を制約する原理は主体を脱中心化するものでなくてはならない。

主体の脱中心化とは、単に、異なった視点から世界を制御しようとする複数の主体が存在する事実の承認ではない。視点の複数性の事実の承認が自己の視点の絶対化と両立することは、例えばニコラス・レッシャーの「視点内在合理主義（perspectival rationalism）」に示される。「意見の多元主義的な多様性は集合的全体の特質であり、異なった経験が異なった観点を生むという事実に依存する。しかし、個人の観点からは、この事実は何の影響ももたない。」[29]互いに他の征服を求めて相剋するニーチェ的な「力への意志」たちの間にも、このような多元性の事実の承認は成立する。しかし、それはかかる意志の征服衝動をいささかたりとも抑制するものではない。

確かに、この「力への意志」は自己に匹敵しうるだけの力をもった他者に対しては、対等者への敬意を、「主人道徳（Herrenmoral）」の礼譲を示しうる。[30]しかし、かかる敬意は「暫定協定」のはかなさを免れない。自他の力の変動に応じて、あるいは他者の卓越性に対する自己の評価の変動に応じて、「主人」たちはいつなんどき相手を「賤民（Pöbel）」扱いし始めるか分からない。ニーチェ自身がヴァーグナーに対してそうしたように。[31]さらに、「賤民」への侮蔑が審美的・思想的次元に止まらず政治的・権力的表現をとることを阻むものは、力への意志としての自由の内にはない。実際、「主人」たちをも呑み込んでゆく人間の卑賤化・平均化の流れをくい止めるために、主人の中の主人、例外的な卓越性と力に溢れた独裁者を求める願望をニーチェは隠さなかった。彼はナポレオンに「高貴な理想そのもの自体」の受肉を、「非人と超人の総合たる存在」を見たのである。[32]ツァラトゥストラの政治的化身はナポレオンであった。それがヒトラーでもありえたか否かは括弧に入れるとしても。[33]

もっとも、ニーチェに対する公平のために、ここで一点付言する必要があろう。ウィリアム・コノリーのようなポストモダン的ニーチェ主義者は、他者支配ではなく他者性の解放としてニーチェの思想を再解釈する。すなわち、自らのアイデンティティの確保と神聖化を求める支配的な多数者集団によって隠蔽抑圧、あるいは差別排除される異質な少数者が、自らの差異あるいは対抗アイデンティティを主張しうるような政治的回路を社会の隅々に開こうとする「闘争的民主主義（agonistic democracy）」の思想的淵源を彼はニーチェに求める[34]。アイデンティティの希求は人間にとって切実なものではあるが、そこには集団内部の差異を隠蔽抑圧するとともに、自己聖化のために自らの恥部を外部の他者に転化する形で差異を捏造するという陥穽がある。自己のアイデンティティの安定化の手段としてではなく、その攪乱者としての他者を認知しうるような闘争の舞台へ民主的政治過程を再編するには、「邪悪な他者」の断罪によって自己の生の悲惨を癒そうとするルサンチマンの克服とともに、コンセンサスの虚構を突き破る敵対こそが欺瞞なき相互承認を可能にするという「闘争的敬意（agonistic respect）」の視点が必要とされ、その思想資源をニーチェが提供するとされる。

民主主義や平等を、人間を凡庸化する畜群本能のイデオロギーとして激しく軽蔑したニーチェ[35]から、多様性を開花させる場として民主主義を捉える思想を引き出せるのかはやはり異論の余地が大きい。実際、コノリー自身、「一連の仮面に隠れた真のニーチェの真の説明を提供することではなく、自分が是認し定立したいポスト・ニーチェ主義を構築することに眼目がある」と述べている[36]。いずれにせよ、重要な点は、自己力能化としての自由を求める主体たち、すなわち、力への意志たちの間には、闘争的敬意が成立しえたとしても、それは敵対する他者が自己と対等な力量を有すると自己が評価した場合にのみ払われる賞賛（「敵ながらあっぱれ」）であり、「劣弱（schlecht）」なる者もまた権利として要求しうるようなものではないことである。闘争的敬意は力への意志の闘争の磁場に置かれる限り、自己の卓越性尺度による序列化から他者を解き放すものではなく、まさにかかる序列化への他者の組み込みにほかならない。

コノリーはニーチェの「距離のパトス（Pathos der Distanz）」という言葉を闘争的敬意に結び付けて援用する[37]が、ニーチェ自身はこの言葉によってまさにかかる序列化への断固たる意志を表現していることがここで指摘されてよい。「こうした者たち〔高貴な者たち、強力な者たち〕が、あらゆる低級な者・下劣な者・野卑な者・賎民的な者に対比して、自己自身および自己の行為を〈よい〉と感じ〈よい〉と評価する、つまり第一級のものと感じ、そう評価する。この距離のパトスからしてはじめて彼らは、価値を創造し価値の名を刻印する権利を自らに獲得したのである。……まさにこのように順位を定め、順位を分明ならしめる最高の価値判断が激烈にほとばしりでるところにあっては、功利の観点はおよそまったく無縁であり、ふさわしからぬものである。……高貴と距離のパトス、すなわち、低級な種族つまり〈下層者〉にたいする高級な支配者種族の持続的・優越的な全体感情と根本感情、これこそが〈優良（Gut）〉と〈劣悪（Schlecht）〉との対立の起源なのである。[38]」

自由を求める主体が他者を序列化し支配しようとするこのような権力への妄執から自己を解放しうるのは、自己を脱中心化し、他者の異なった視点の存在を事実問題としてではなく、権利問題として承認するときである。すなわち、私とは異なる固有の視点からその生を生きる他者は、私に匹敵するだけの闘争能力の有無に拘わらず、また私の独善的な貴賎の区分からも独立して、それ自体として尊厳をもつ存在であることを私が承認するときである。このような脱中心化した視点から自他の共生の原理を模索することなしには、自由は自らに巣くう専制のリビドーから自由になることはできない。寛容論に由来する多元的価値対立下の公共的正統性基盤の模索というプロジェクト、そしてその現代的表現としての「正義の基底性」がリベラリズムにとって自由より根源的な意義をもつのは、それがこのような脱中心化の規律を自由に課すことによって、自由を鍛えるものだからである。この点にいま少し照明を当ててみよう。

## 三　他者性の政治――闘争的敬意から正義へ

正義の基底性は、政治過程に参画する主体が自己の（あるいは「我々」の）善き生の特殊構想を、それを受容しない他者（あるいは「彼ら」）をも拘束する政治的決定の正当化理由とすることを禁じる。政治権力の正当化に課されたこのリベラルな制約が政治的自由を貧困化する、あるいは政治によって自由を徳育陶冶する可能性を否定するという批判が、共同体論や共和主義によって、またリベラリズムの内部からも多元的卓越主義などによってなされていることは既に見た。しかし、上述のような自由の権力性を自覚するなら、かかる批判が的外れであること、政治権力という悪魔的な力を専有しようとする自由の欲動へのこの抑制は、自由を自己中心性から脱却させて鍛え直す公共的規律であることが明らかになる。正義の基底性は生の形式の多元的分裂の下で、自己の視点のみならず他者の視点からも受容しうべき理由による正当化、すなわち公共的正当化の要請を、自由が孕む権力への意志に対して貫徹するものだからである。

このような自己と他者の視点の異質性の自覚に根差す公共的正当化要請がリベラリズムの核心をなすという本書の立場は、近年では少なからざる論者に共有されつつある。[39] しかし、リベラリズムを「他者」の否定とみなす見解、あるいはリベラリズムの他者受容の在り方を誤解する見解も依然根強い。既述のポスト・ニーチェ主義を唱えるコノリーにも、かかる見解の典型が見られる。リベラリズムにおける他者受容の問題を的確に解明するための手掛かりとして、彼の見解をここで検討しておきたい。

コノリーは従来型のリベラリズムを三極分解させ、いずれの極においても他者性は政治の場から消されるとする。

彼によれば、「リベラルな個人主義（liberal individualism）」は、平均的・一般的人間像を抽象的個人として措定する「個体化による常軌化（normalization through individualization）」により、同性愛者など異質な少数者を病的な異常者とみなす支配的な正常―異常の二分法を自明化してしまう。他方、ジョージ・ケイテブなどに典型的に見られる「リベラルな個性（liberal individuality）」の思想は、確かに「正常な個人」の通念の覇権を突き破る個性の発現を重視するが、集合的決定の場としての政治をかかる個性に対する脅威とみなし、個人の政治参加を最小化しようとするがゆえに、現代社会において日常生活の隅々に浸透する規格化・規律化・標準化の圧力に対して無力である。換言すれば、異質な個人の他者性を脱政治化することにより、支配的アイデンティティに対するその政治的抵抗力を殺いでしまう。さらに、様々な「他者」を、「共通善」を集合的に追求する政治過程に参加させることで馴化統合しようとする「公民的リベラリズム（civic liberalism）」――これは現代の共同体論や共和主義と重なるが、コノリーはこれらもリベラリズムの亜型とみなす――は、柔和な同化による他者の「常軌化」を促進するものである。共通善のコンセンサスを保証する「存在における調和的方向性」がない場合は、それは柔和な外観を脱ぎ捨て、「恣意的、残酷、破壊的、かつ危険な仕方で自我を改造し整理統合する義務を人と制度に負わせる」に至る。[40]

抽象的個体化や柔和な同化によって他者を「常軌化」するか、「常軌化」されざる他者性を脱政治化することで無力化するかという戦略に代えてコノリーが提唱するのは、他者性あるいは差異の「政治化（politicization）」である。それは多様なアイデンティティが自己の偶発性・可塑性を自覚しつつも政治過程において自己主張を繰り広げて対抗し、共通善のコンセンサスの虚構に代えて、相互に対する闘争的敬意によって連帯するような既述の闘争的民主主義の立場であるが、これを彼は「ポスト・ニーチェアン・リベラリズム」と呼び、リベラリズム再編の構想としても提示する。[41]

他者性ないし差異の政治化というコノリーのオールターナティヴは残念ながらスローガンにとどまっており、そのための具体的な制度構想を提示するには至っていない。むしろ、「ニーチェがそう呼ぶような、『固い、不動の個人』というこの標準が、権利・正義・責任・自由・義務・正統利益の理論の基礎を提供する」とし、「政治的なものを法学的なものに還元すること、ほとんどの政治的問題を権利・正義・義務・責任という法学的範疇に凝縮すること、そして残余の問題を諸個人・諸集団が法的ルールの制限内でそれぞれの『利益』や『原理』を合理的手段によって促進する競争として道具主義的に扱うこと」を、リベラルな個人主義における「個体化による常軌化」の帰結として批判している。(42) この点から考えれば、彼の関心は抑圧された少数派の差異への権利を保障する制度論ではなく、かかる制度論を突き破って少数派が自らの差異を攪乱的に主張することを唱導する運動論にあると言えよう。

コノリーのこの議論の根本的な問題は、それが他者性や差異の政治化を説きながら、実際には自同性の政治化、すなわち諸集団・諸個人が自己のアイデンティティを戦闘的に主張しあう場への政治過程の再編の主張に帰着していることにある。支配的集団によって隠蔽抑圧された他者としての少数者のアイデンティティの解放が目指されてはいるが、それぞれの政治的アクターがそれを求めて闘争する第一次的な目的は、他者の受容ではなく自己の同一性の確保である。確かに、かかるアイデンティティのための闘争の副産物として、敵対する「他者」に対する「闘争的敬意」が生まれることが期待されているが、かかる敬意は他者がその権利として当然に要求しうるものではない。そのような発想は人間を常軌化する法学的思考様式の一部として斥けられている。他者は政治的抵抗の実践によって侮りえない闘争能力を発揮した場合にはじめて、「闘争的敬意」に値する存在として認知されるのである。ここには二つの問題が含まれている。

第一に、敵対者が敬意に値するだけの敢闘をしたか否かの認定は、各闘争主体に、したがって彼ら自身の卓越性基準に委ねられている。公平な第三者たる審判はこの闘争のメタファーの世界には登場せず、むしろ、かかる中立的・客観的な評価の視点の存在は否定されている。他者の尊厳は結局、自己の認知に依存している。私が認知した他者のみが私に尊重されるのである。第二に、アイデンティティの闘争に参与して自己を貫徹するだけの強さをもたない者が他者としての尊厳を否認されたとしても、自らのふがいなさを恨むしかない。生への意志を充溢させえない己の無力・疲弊・消耗の帰結たる悲惨の責任を他に転嫁するのは、ニーチェの徒としては、忌むべきルサンチマンにほかならない。コノリーは社会的に「悪（Böse）」ないし「異常」の烙印をおされた異端者たちに対して、彼らの対抗アイデンティティを苛烈に主張する政治的な「闘技場（agon）」を提供しようとするが、かかる闘技場で敢闘できない「劣弱（schlecht）」な人々に対する救済の道は特に用意していない。

闘争的敬意の失敗ないし不確実性の問題に対処するための思想資源としてコノリーが依拠するのは、アイデンティティの「偶発性（contingency）」である。「〔敵対的アイデンティティの間に関係性を締結することの困難に対する〕一つの応答、一定の場合に若干の問題に適合的な応答は、アイデンティティの敵対（antagonism of identity）を差異の闘争（agonism of difference）」に転換するよう努めることである。後者においては各人は他者（そして他者の推断的信念）に対抗しつつも、別の次元では、自分自身の偶発的な諸志向性もまた危うい認知的根拠に基づく者として、敵対者を尊重する。各人が当初、他者の征服ないし転向を目指していた敵対が、いまや（他の支援的諸条件が与えられれば）アイデンティティ／差異の葛藤と相互依存において自己に対して決定的に重要な者として他者を扱う闘争となる。……各人がアイデンティティ経験における偶発性と分岐の理解を培うなら、差異の闘争は征服か転向か共同体か寛容かという諸戦略に引き戻される必要はない。……人が他者への尊重を示すのは、他者自身〔のアイデンティティ〕に対する代替的解釈を他者に突き付けたり、単に他者を放っておいたり、共同性の潜在的可能性を追求したりすることによる場合もあるが、その対抗的アイデンティティが自分自身の存在様式の偶発性を規定してくれる不可欠な敵対者として他者を尊重することによってでもある。[43]」

コノリーにおいて、アイデンティティの偶発性とは、その別様可能性、内的な複合性と葛藤、さらにアイデンティティ構成にとって諸属性がもつ重要性（そしてその再編の難易性）の社会的な作為性を意味する。[44] 上記引用が示すように、自己のアイデンティティのこのような偶発性を自覚することが、対抗的アイデンティティをもつ他者の尊重を可能にするとされ、さらにまた、かかる他者の尊重は自己のアイデンティティの偶発性の自覚を培うために不可欠の条件として要請される。

しかし、このような応答は問題を棚上げするものでしかない。他者を尊重するためには自己のアイデンティティの偶発性を自覚しなければならず、自己の偶発性を自覚するためには他者を尊重しなければならないという論理の循環性を言挙げする必要はない。コノリーは他者の尊重と自己のアイデンティティの偶発性の自覚とは、因果系列の独立の二項というより、概念的に不可分一体のものであるとして循環性の批判をかわすことができる。しかし、そうだとするなら、「いかにして他者の尊重は可能か」という問いに対して、彼はもはや「自己のアイデンティティの偶発性を自覚することによって」と答えることはできない。このような答えは同語反復か、事態の構成条件の一つをその可能根拠にすり替えるという先決問題要求の虚偽として斥けられることになる。

他者の尊重と自己のアイデンティティの偶発性の自覚とが同時に遂行されざるをえない一体のものなら、一方を他方の可能根拠とするのではなく、両者の同時遂行の可能根拠が問われなければならない。このような可能根拠として考えられるのは、アイデンティティ闘争において自己が屈服させることのできない他者の抵抗力、かかる闘争において逆に自己のアイデンティティを脅かし揺るがす他者の圧力であろう。すなわち、他者に対する闘争的敬意的敬意の既述の問題性は未解決のまま残ることになる。

に我々は引き戻されることになる。このとき、無力な（あるいは無力とみなされた）他者の尊厳の否認という闘争的敬意の既述の問題性は未解決のまま残ることになる。

アイデンティティの偶発性の自覚が他者の尊重から独立し、それに先行しうるとしても、前者が後者を当然に保証すると断じることはできない。無根拠なるもにあらずして、無根拠なるがゆえに我信ずという実存的帰依を、我々は自己のアイデンティティの基盤をなす価値・生活形式・帰属意識などに対してもなしうる。この基盤の別様可能性、恣意性、作為性の承認は、それらを自己の構成要素として同化吸収する自己の意志の主権性の主張と完全に両立するのみならず、親和的ですらある。「私とは何者であるか」に「客観的解答」などない。然り、だからこそ、私とは私の意志が創造したもの、私の意志が自己のものとして同化したものの総体である。自己を形成することの私の意志を批判する外的根拠など存在しない――自我構成におけるこのような我意の絶対化は、アイデンティティの偶発性の承認の自然な帰結である。自己の主権的創造者たるこの我意は、自己のアイデンティティを攪乱あるいは変容させる不可欠の契機として他者の存在を尊重する理由をもたない。

自他の差異化と自己の同一化との相互依存性の視点もコノリーには存在する[45]が、そこから他者を尊重する契機を引き出すことはできない。光り輝く自画像を描くために必要な暗き背景として他者を差異化すること、正の価値の体現者として自己を同定するために他者を対照的な負ないし反の価値の源泉として差異化すること、己の暗部を他者に投影して自己浄化をはかること――この心理機制は、他者の差異化による自己の同一化というアイデンティティ構成の陥穽である。例えば、近代文明の担い手として欧米のアイデンティティを確立するために、異質な文化的本質をもつ世界としてアジアを差異化するオリエンタリズムにも同じ心理機制が見られる[46]。そこでは他者は自己に同化されてはいないが、しかし決して異なるものとして真に尊重されているわけではない。むしろ自己聖化の手段として、あるいは、自己浄化のために排出される自己の内部の「不純物」の廃棄場として利用されているのである。他者の他性を真に尊重するためには、自己同一化と自他差異化の相互依存性の視点を超えて、「同」と「差異」の相関秩序そのものを突き崩す存在として他者を捉え直すことが必要である。

以上の諸問題は結局、他者性の政治化を自同性の政治化によって実現しようとする企ての内的矛盾に根差す。「アイデンティティの敵対」が他者を尊重する「差異の闘争」に転換するというのは、レッセ・フェール信仰に等しい願望思考にすぎない。コノリー自身が括弧書で承認したように、何らかの「他の支援的条件」が必要である。しかし、彼が示すアイデンティティの偶発性なるものは、かかる支援的条件になるにはあまりに脆弱であることを上に見た。それだけでは、アイデンティティ闘争が生み出す差異の相互承認が、屈服させがたい力をもつと自己が認めた敵に対する畏敬か、戦略的妥協か、自己聖化の手段としての他者の差異化に帰着することを妨げられない。他者性の政治化が、この種の自己中心的な認知から独立した他者の尊厳の政治的承認を意味するなら、それは諸個人・諸集団が自己のアイデンティティ確保の手段として政治権力を争奪しあう闘争の無制約化ではなく、逆にかかる自同性の政治化の制約を、しかも、政治的闘争能力の差異に拘わらず自他を公正に扱わせる制約原理を要請する。

正義の基底性はまさにかかる制約原理をなす。それは人々のアイデンティティの差異をもたらす善き生の構想の多様性を承認するがゆえに、特定の善き生の構想からの正義の独立性を要請する。すなわち、それは自己のアイデンティティが自己にとっていかに切実なものであろうと、その名において他者にいかなる政治的要求をも課しうるわけではないこと、自己のアイデンティティの基盤をなす善き生の構想のみならず、他者の、しかも無力な他者のそれをも公正に配慮するような公共的理由によって支持された要求のみが政治の領域では許されることを政治的討議の文法として設定する。それはアイデンティティ闘争の闘志たちに公共的正当化の規律を課す。

この正義の基底性は「正義の善に対する優位」という一般的観念に対する一解釈であるが、コノリーは後者に対して次のように批判する。「アイデンティティと善の問題は公共的論議から排除しえない。それらを手続的手段で排除しようといくら努めても、それらは何らかの仕方で公共的領域に滲み出して戻ってくる。……リベラルな中立主義者が発した問題——善やアイデンティティの単一の構想についての合意の達成には、それが一旦公共的論議の活発な主題の一部となるや、障害があること——には私は共鳴する。しかし、彼らがそれを中立化しようとする仕方に警戒するのだ。もし、かかる『合意』があらゆる安定した社会の生活に既に沈殿していたら、中立性の標榜は確立した了解を公共的論議の土俵に乗せないという機能をもつ。問題は中立化されるのではなく政治化されなければならない。たとえ、かかる応答が危険を含むとしても。(47)」

ここでコノリーはリベラルな正義と善の区別を中立性やコンセンサス原理と同視している。彼が念頭に置くアッカーマンらについてはともかく、本書の正義の基底性の観念についてはこれは全くの誤解である。正義の基底性の核にあるのは、中立性やコンセンサス原理ではなく公共的正当化の要請である。論争的主題を回避してコンセンサスの得られるものだけに政治的アジェンダを限定するという立場、さらに善やアイデンティティの問題は論争的なるがゆえに政治的アジェンダから排除され、国家はそれに中立を保つべきだが、正義の問題はコンセンサスが得られるから政治的決定の対象および根拠となりうるという立場に正義の基底性はコミットしていない。正義の問題も善き生やアイデンティティの問題と同様に先鋭な論争の的であり、いずれについても安定的・普遍的コンセンサスの想定が虚構であることは、むしろ承認されている。

正義の基底性が区別の一線を引くのは、論争的なるがゆえに脱政治化される主題と、合意が調達可能なゆえに政治化される主題との間ではなく、二種の論争の間、すなわち、反対者に対して政治権力をもって強制的に執行される集合的決断に服する論争と、かかる強制的な政治的決定に服さず永続される論争との間である。正義をめぐる論争は前者に、善き生の特殊構想そのものの当否をめぐる論争は後者に位置づけられる。我々の善き生の構想が我々のアイデンティティの基盤をなすのは、それが我々の存在の神秘に、死すべき者としての我々の内奥に泡立つ生の意味への渇望に、我々の実存の根幹を揺さぶるような他者との深い人間的交感に関わるからである。このような問題が強制的執行力をもつ政治的決定に服すべきではないのは、それがきわめて論争的である――その通りだが――からではなく、それがあまりに深く我々の存在の内部に浸透しているから、権力的・強制的執行によっては、実現されるどころか破壊されてしまうような内的な価値あるいは実存的投企に関わっているからである。かかる意味での善き生の問題の脱政治化は、コノリーの言う中立化、すなわち社会の支配的な善き生の構想、支配的なアイデンティティ構成を拒否・抵抗・批判・再編・転換などの試みから免疫化することとは何の関係もない。

コノリーは善やアイデンティティの「政治化」をその論争化・問題化と殆ど同視しているようだが、これは「政治的なもの」をディスコースに還元する近年の思想傾向を反映している。彼はハーバーマースをコンセンサスを目指して実存的問題を政治理論から排除しているとして批判するが[48]、ディスコース中心的な政治概念を抱く点では後者と変わらない。この政治の言説化は政治を浄化・柔和化するようだが、政治の暗部を隠蔽美化する危険を孕む。政治は討議でもあるが、単なる討議ではない。討議である以前に、それはマックス・ヴェーバーの言う「悪魔的な力 (diabolische Macht)」[49]との契約である。すなわち、討議としての政治の下部構造には、対立者を究極的には殺すこともできる物理的強制力がある。政治的討議を討議一般と区別するのは、前者がもたらす決定がこの悪魔的な力によって執行されること、まさにそれゆえこの悪魔的な力を抑制するための特別の自己規律・自己限定が政治的討議には要求されることである。

善き生／アイデンティティの政治化はその論争化だけでなく、我々の存在の神秘と生の意味をめぐる論争が悪魔的な力を争奪する抗争にすり替えられることを意味する。この抗争の敗者が自己の生から疎外されるだけではない。勝者もまた、自己の生の意味の充足を政治権力に依存させ、自己の生を偽善化・欺瞞化してしまうのである。これは政教分離の否定が、宗教化した政治による異教異端の抑圧だけでなく、政治化した宗教（正教ないし国教）の宗教としての堕落をもたらすのと同様である。コノリーは彼の政治化戦略が「危険を含む」ことを認めるが、この危険の所在と深刻さを立ち入って吟味せず、その抑制の方途としては、既述の闘争的敬意やアイデンティティの偶発性という観念、政治が誘発する人間の権力欲――他者を自己に同化しようとする支配欲――を制御するにはあまりに脆弱な観念に訴えるだけである。結局、コノリーは政治の魔性に対して、政治の魔性が我々の生の内奥を侵犯する危険に対して、無自覚でないにしても無頓着なのである。

しかし、多数者の善き生の構想が社会の中で圧倒的な通用力をもち、少数者はそれに同化しない限り、十分な教育機会や就業機会などを享受しえないというような場合、善き生の問題の脱政治化は、結局、異質な少数者の事実上強制的な同化をもたらすのではないか。コノリーの「中立化」批判にはこのような趣旨が含まれていると解することもできる。これはいわゆる「多文化主義」の問題に通じる。ウィル・キムリッカのように、自律の文化的基盤たる「選択の文脈」の実質的に平等な保障という観点から、少数派文化の政治的な優先的保護措置を認める多文化主義がリベラリズムに統合可能であることを示す立場も可能[50]だが、ここでは正義の基底性との関係で次の点だけ確認しておきたい。

第一に、文化的・宗教的な少数者が多数者より不利なライフ・チャンスをもつという事態は、自然的・前政治的与件であるというより、国家の言語政策や教育政策、少数派の生活基盤を破壊し彼らへの差別偏見を強化した過去の収奪・同化政策などの帰結であること、すなわち善き生／アイデンティティの脱政治化ではなく、まさにその政治化の帰結であることが通例である。第二に、少数者への政治的優先措置は、それが当の少数者以外の人々に対しても正統性をもつためには、歴史的不正を是正する「匡正的正義」や、文化的な自己実現機会を実質的に対等化するための再分配を要請する一定の「分配的正義」などの観点から正当化されるのであって、当該少数者の文化ないし善き生の構想が他に比して格別の卓越性をもつがゆえに特別の保護に値するという理由によって正当化されるのではない。さらに言えば、軽蔑された少数者の文化こそ、一層強い政治的保護が正義の視点から要請される。すなわち、ここで政治化されるのは善き生の問題そのものではなく、多様な善き生の諸構想を追求する人々の公正な共生枠組を構成する正義の問題である。多文化主義的問題状況は正義の基底性の貫徹をむしろ要請するのである。

我々の善き生の構想は、我々のアイデンティティを確立することで我々の自由の基盤となる。他者から区別され、他者の意志に対抗する独自の意志を備えた主体、他者と外的世界とを己の生の範型に即して批判評価しうる主体がそこに形成されるからである。しかし、我々の善き生の希求はアイデンティティの確立を媒介にして自由と結合することにより、自由が孕む自己力能化欲求と、したがってまた他者支配への欲望とも結合する。善き生の政治化が他者の同化か排除に向かう理由がそこにある。正義の基底性は善き生の問題ではなく、正義の問題を政治化することによって、自己のアイデンティティと自由に固執する我々の目を、他者性と差異の受容へと開かせる。

しかし、政治化の焦点が善き生の問題から正義問題に移し替えられたとしても、少数者抑圧の危険性の問題は依然残るのではないか。既述のように正義の基底性はコンセンサス原理ではない。自己の視点のみならず他者の視点から受容しうべき公共的理由による正当化を各人が追求したとしても、何がかかる公共的理由となるかについてコンセンサスが保証されているわけではない。むしろ、正義問題について先鋭な対立があるからこそ政治的決断が要請される。民主制の下ではこの決断は最終的には多数者の意志によるしかない。そうだとすれば、正義の基底性は、異質な少数者という他者の抑圧を「善の言葉」ではなく「正義の言葉」で合理化することを奨励しているにすぎないのではないか。本節の議論の締め括りとして、この疑問に答えておきたい。

第一に、自他双方の視点から受容可能な公共的理由の概念は、解釈の対立の余地を残すとしても、それが正義概念に立脚している限り、無内容ではなく、数の力のみを頼りにした多数の専制を排除する規範的統制力をもつ。別著で詳論したように、対立競合する正義の諸構想に通底する共通の正義概念の核をなすのは、自己と他者という個体的同一性における差異を理由にした差別を排除する普遍主義的要請である。[51] 我々のアイデンティティの基盤をなす善き生の諸構想の優劣を理由にした差別を排除する正義の基底性は、この普遍主義的正義概念をさらに発展させたものであるが、まさにそれゆえに、この正義概念を前提している。公共的正当化要請は、この正義概念が含意する自他の立場の「反転可能性（reversibility）」の要請に根差す。それによれば、多数者が公共的理由として提示するものは、正義の関門を通過しうるためには、自己の立場が少数派に逆転したと想定した場合でもなお自ら受容できるものでなければならない。「彼ら」をその少数性・無力性ゆえに抑圧搾取して多数者が「我々」の生の繁栄を享受するような政治的決定は、いかに公共性を偽装しようとも、「我々」が「彼ら」だとしたら到底受容しえない以上、正義のテストによってふるい落とされる。[52]

第二に、多数者と少数者との間に権力交代がありえない程、少数者が構造的に「周辺化（marginalize）」されている場合は、規範的要請としての「反転可能性」は多数者によって事実上無視されうるという危険は確かにある。しかし、これは正義そのものの失敗というより、正義の要請に政治的決定システムを適合させる制度化の失敗である。しかも、かかる失敗を是正しうる正義の制度構想は存在する。少数者の基本的人権を侵害する政治的決定は民主的手続に従っていても司法府が違憲無効と裁断できる司法審査制や、一定の文化的・宗教的・社会的少数者の拒否権を民主的政治過程自体の中に埋め込む「多極共存型民主制（consociational democracy）」ないし「コンセンサス型民主制（consensus democracy）」[53]などである。

民主的正統性を尊重しつつも多数の専制の防止を図るリベラル・デモクラシーの様々な制度構想の比較査定の問題にここで立ち入ることはできないが、基本的論点だけ挙げておこう。「コンセンサス型民主制」は多様な少数者の権力共有を可能にする点で望ましいように見えるかもしれないが、少数者がその拒否権によって基本的人権の名に値しない反公共的な特殊権益をも「既得権」として享受する横暴な政治的強者と化す危険、既得権集団以外の未組織大衆の政治疎外、政治的責任の所在の曖昧化、無原則な妥協による政策体系の整合性喪失、政策形成の主体・理念の曖昧化による政治過程の学習効果の希薄化、既成集団の既得権の共存共栄という「共時的多様性」が偏重され、ダイナミックな権力交代を通じた新しい価値原理や新しい政治理念の実験、それに伴う政治主体の大胆な自己変革という「通時的多様性」を政治が喪失する傾向など、重大な欠陥がある。このような問題を考えれば、活発な権力交代を軸に政策形成の共時的整合化と通時的多様化を図る多数者支配型の民主的政治過程と、司法過程における少数者の人権保障とを結合することが基本的には望ましい。若干の別稿で、このような実践的含意をもつリベラル・デモクラシーの制度構想を、「反映的民主主義から批判的民主主義へ」という民主主義のモデル転換の問題として理論的に考察しているので、参照を乞いたい[54]。

以上の考察が示すように、正義や人権など、コノリーが人間を「常軌化」する法学的範疇と批判した普遍主義的原理こそ、実は政治をして他者性や差異を真に尊重させるために不可欠なのである。自己の同一性に固執する差別を排除する普遍主義的原理の規律がない限り、アイデンティティの衝突はその名を「差異の闘争」と呼び変えようとも、結局、他者を同化するか、同化できなければ排除することで自己の自由を貫徹させようとする力への意思たちの相剋になることを妨げられない。リベラリズムは自己のアイデンティティに固執する自由の優位ではなく、むしろ普遍主義的な正義の基底性にあえてこだわることによって、「常軌化」の圧力から人間の差異を解放する。他者を「常軌化」しようとする権力への意思は自由そのものに内在しているからである。しかし、正義の基底性は自由を他者に対峙させることで限定するだけでなく、同時に、自由を自己中心性という狭隘な殻から脱皮させて鍛え上げる。この点に照明を当てて、省察の結びとしたい。

## 四　自由の試練

自由は他者を支配対象や障害として客体化するか、より強い力能をもつ共同主体の一部として同化吸収する傾向をもつことを見た。他者を客体化―同化する力への意志はまた、同じ客体化―同化作用によって〈私〉を脅かす別個の力への意志としても他者を捉える。これに対し、正義の基底性は、他者が客体化―同化作用によって解消されえない、彼ないし彼女固有の観点をもって自らの生を彫琢する主体であることの承認、またそのような承認を〈私〉に送り返しうる存在であることの承認に立脚する。まさに他者ゆえに尊厳をもつ他者の受容は自由に己の限界と責任を教え、そのことによって、虚勢や誇大妄想を超えた本当の強さと自己超越の可能性を自由に与える。それは自由の試練である。正義―他者―自由の間のこのような内的連関を考察するための出発点を、我々はレヴィナスの次のような言葉に求めることができる。

正義とは他者のうちにわが師を認めることである。(55)

こうして私の自由は〈師〉によって審問されるのだが、私の自由を私に授与しうるのもこの〈師〉である。〈師〉とのこのような連関によって、自由の至高の遂行としての真理が可能になるのだ。(56)

レヴィナスにとって「他者のうちにわが師（maître）を認めること」とは、私の内部に埋もれた潜在的な知を引き出してくれる「産婆術」的な教育者として他者を頼みとすることではない。それはむしろ、「〈自我〉の容量を越えて〈他者〉を受容すること」(57)、すなわち、世界を自己の内部に包摂し同化しようとする私の知の体系の「全体性（totalité）」を突き破る「無限（infini）」として他者を受容することである。他者とは私の自由の自己産出作用の産婆ではなく、私の自由がその前で自己を恥じ、自己を審問し、自己を裁かざるをえなくなるような超越的な存在者である。「他者の現前は自由の前批判的な正当性を審問するのではなかろうか。自由は自己への恥辱として自分自身に現われるのではなかろうか。また、ありのままの自由は簒奪として現われるのではなかろうか。……ありのままの自由は至高性としてではなく独断として成就される。……自由が自由によって正当化されることはない。存在に根拠を与えること、それは……正義をつうじて他者と出会うことなのである。〈他者〉に接すること、それは私の自由を、生ける者としての私の自発性を、諸事物に対する私の支配を、『不羈の力』たるこの自由を、殺人をも含むすべてが許されているような奔流を審問することである。(58)」しかしまた、「絶対的に他なるもの、すなわち〈他者〉は〈自同者〉の自由を制限するのではない。そうではなく、〈他人〉は〈自同者〉をその責任へといざなうことで〈自同者〉の自由を創設し、この自由に正当な根拠を与える(59)」。

「正義（justice）」は他者性の受容を通じて自由をその独断と飽くことなき支配欲から解放し、自由に道徳的正当性を付与する。正義を通じて自己が迎接する他者は、単に自己の自由を挫折させるもう一つの自由、すなわち自己の支配力の事実的限界なのではなく、むしろ、自己の自由が振るう「不羈の力」自体を恥じ入らせる道徳的責任意識の源泉である。「〈他者〉は私の自由と同じように独断的なもう一つの自由ではない。……〈他者〉の他性は、征服することなく教えるような統御のうちに現われる。[60]」征服することなく教える他者は自己に対する超越性と脆弱性を兼ね備えている。それは象徴的には赤貧と飢えに苦しむ異邦人であるが、この「異邦人の視線は哀願し、有無を言わせぬ仕方で要求をつきつける。……異邦人の視線はすべてを奪われている。なぜなら、異邦人の視線はすべてに対して権利を有しているからである。……他者を承認すること、それは飢えを認めることである。……それは与えることである。ただし、この贈与は主人、君主への贈与である。高さの次元に存する『貴殿（vous）』に対して、われわれは贈与するのである[61]」。他者は「傷つき易さ（vulnérabilité）」をもつが、それは他者の傷つき易さに対する我々自身の傷つき易さ、他者の受苦が放射する道徳的要求への自己の被爆性の条件となる。

ここには、相互に衝突する自由／自同性の間の「闘争的敬意」を超えた正義の問題として、権利問題として他者受容を捉える視角がある。自由が正義を正当化するのではなく、正義が自由を正当化する。自由は自由を正当化しえず、正義を通じて他者を受容する責任を引き受けたとき初めて、自由は自己の道徳的根拠を得る。正義は他者という試練によって自由を鍛えるが、自由の試練としての他者は自己の自由を圧服するもう一つの自由なのではなく、逆に、自己の自由に圧服される傷つき易さによってこの自由を審問し裁く道徳的試練なのである。「自由に対する正義の先行性」とも呼ぶべきレヴィナスのこの見解は、私見と基本的に合致する。しかし、彼の倫理思想に対しては次の点で批判的留保を付しておく必要がある。

第一に、レヴィナスは正義を他者との人称的対面性の中で自己が負う道徳的責任意識に限定して理解する。他方、「普遍性の源泉としての国家を、諸制度を、諸法を希求する」ことに対しては、かかる「政治は自我と〈他人〉を普遍的諸規則によって、つまりは欠席裁判で裁く」と批判し、「この非人称的正義の残虐さを前にしりごみすることなく、普遍的な諸原理を他人の顔に対置することが果たして可能であろうか！」と懐疑を向ける。[62] そして、「国家に抗して維持される自我の取り替え不能な唯一性は繁殖性によって成就される」とし、かかる「繁殖性」に依拠する「家族」を匿名的普遍性に代わる人称的道徳性を育む場として重視する。[63]

自他の対面性と個我の「取り替え不能な唯一性」に固執するあまり、非人称的・匿名的な普遍性を敵視するレヴィナスの態度は危険である。この態度の下では、自己が道徳的責任を引き受ける他者は、自己が対面的関係性を結んだ他者、自己がその「顔」を認めた他者、自己が "vous" という二人称代名詞で呼びかけその唯一性を認証する他者に限定されることになる。自己が対面しない他者、自己がその存在を認知しない他者、自己が唯一性を認知しあう人称的関係を結ばない他者、その「顔」が見えない他者には自己の道徳的配慮は届かない。私の大切な他者たる〈あなた〉に自己犠牲を厭わぬ配慮が払われる陰で、私と没交渉に生きる無数の他者が忘却の淵に追いやられる。かけがえのない唯一者として特権化された〈あなた〉への配慮のコストが、忘却された無数の他者、すなわち公衆に転嫁されることとさえ起こりえよう。レヴィナスの主張に反して、人称的対面性への固執こそが、見えない他者を「欠席裁判で裁く」ことになるのである。

家族を国家・制度・法に優位させる彼の立場は上記の危険をさらに深める。家族秩序が自然的・形而上学的構造ではなく政治的に形成されたものであり、男性の自同性確立のために女性を他者として差異化した上で差別する家父長制権力の基盤をなすというフェミニズムの批判は別としても、唯一者の個体的結合の再生産の場としての家族は普遍的諸規則の制約から解き放たれると、内部的抑圧に対する歯止めを失うだけでなく、「あかの他人」に対する公共的責任意識の陶冶を阻害し、ネポティズムをはびこらせる要因ともなる。家族がもつ繁殖性原理が自己の死後に存在する遠い未来の子孫への配慮につながるとしても、同族を超えた他者への配慮の陶冶をそこに期待するのは困難である。既述のように、他者性の政治の基礎として正義の基底性は、個体的同一性による差別を排除する普遍主義的要請としての正義概念を前提するが、正義の女神ディケーの目隠しに象徴されるこの正義概念の非人称性・匿名性は非人格性と同じではない。むしろ、私の見知った者だけでなく私の関係圏域の外部にいる疎遠な他者、他者としての断絶がより深い他者を人格として公正に尊重するためにこそ、正義は他者の尊厳を人称的対面性から独立させるのである。

第二に、人称的対面性の優位はまた、レヴィナスが強調した他者の超越性を掘り崩すことになる。他者の尊厳を他者の二人称的現前に還元することは、発話者たる自己が他なるものと取り結ぶ人称的関係網の中での位置によって他者の価値を規定すること、すなわち、他者を自己の「縁」の世界に内部化することを意味するからである。〈あなた〉とは常に「〈私〉の〈あなた〉」であって「〈彼〉の〈あなた〉」ではない。他者が〈あなた〉であるのは発話者たる〈私〉を原点とする関係性の座標空間が規定するその他者の位置によってである。他者に対する二人称代名詞を“tu”ではなく“vous”として「高さの次元」を付加したとしても、このことに変わりはない。確かに、レヴィナスは他者の人称的現前を「顔（visage）」と呼び、それが「私の意味付与に先行し、それゆえ、私のイニシアチヴおよび権力から独立した意味の概念へとわれわれを導く」ことを強調する。[64] しかし、私の意味付与から独立した意味としての他者の現前が、私との人称的関係性に依存している限り、他者の超越性は私の認知構造に内部化されることになる。こう言ってもよい。「無限」の相貌をもつ他者は、まさに私に「顔」を向けた者に限定されている。私が背を向けた者、あるいは私に背を向けた者は無限者ではない。

他者の超越が私との対面の幸運に依存するという事情は、レヴィナスが他者に対する自己の道徳的責任の遂行を「贈与」と表現していることにも示唆されている。私に峻厳なる道徳的要求を課す無限者としての他者の地位は、私からの贈り物なのである。他者に対する自己の道徳的迎接をレヴィナスが「気前よさ（générosité）」や「歓待性（hospitalité）」という言葉で表現していることも同じ含蓄をもつ。[65]私は他者に惜しみ無く与えなければならない。与えることを拒否できないという意味で、私はこの他者に対し他律的・受動的に従属している。しかし、それは私がこの他者と対面したから、私の客人としての特権を私がこの他者に与えたからである。他者の要求に対する私の他律性・受動性・従属性は、与える者としての私の自律性・能動性・優位性を証示するのである。他者の自己に対する超越はここで自己の他者に対する超越に転化する。この含蓄を自覚し恐れたからこそレヴィナスは他者への贈与を「主人、君主への贈与」と呼んだのである。しかし、ニーチェなら、主人への受動的服従と自己犠牲的献身によって逆に主人に対する奴隷の道徳的優越性を示そうとする「奴隷道徳」のルサンチマンの匂いをここに嗅ぎ出すだろう。

確かに、レヴィナスの倫理思想を「奴隷道徳」と断定することは公平ではないだろう。「主人道徳」が明朗に発露する権力への意志を「奴隷道徳」は隠微に秘めているが、[66]レヴィナスが告発し克服しようとしたのは、まさにこの権力への意志を生む他者否認だからである。しかし、正義を通じた他者の迎接を語りながら、非人称的・普遍主義的正義を拒否し、対面的関係性の中での自己の他者に対する限りなき奉仕に正義を解消するとき、レヴィナスは自己の他者同化と他者支配への道を再び開いてしまったのである。すなわち、自己との対面性への他者性の依存は他者同化の道を、自己が他者を気前よく歓待するという利他性は自他関係の非対称化・不平等化により他者支配への道を開く。

このような道への迷入を避けるために必要なのは、普遍主義的正義概念の再生である。利他性も利己性も個体的同一性による自他の差別というエゴイズムの構造を共有する。[67]正義は利己的にでもなく利他的にでもなく、自他双方の視点・利害・関心を公正に扱うこと、またかかる公正さを自己との関係を異にする様々な他者の間にも貫徹することを要請する。普遍主義的正義はまさにその非人称性ゆえに、他者の尊厳を自己との関係性から独立させ、かつ自他の間に根源的な対等性を樹立する。家族をはじめ、対面的利他性の場は当然人間にとって必要であるが、同時に、それから独立した普遍主義的正義が政治的決定の公共的正当化の基盤として確保されない限り、他者の根源的な他性は充全に尊重されえない。自由を自己中心性から脱却させて道徳的に正当化するための試練としての他者、真に他なる他者は、かかる正義の支配の下でのみ、自己と共生しうるのである。

最後に、私の自由を審問し私の「自由の至高の遂行」を可能にする私の「師」として他者を受容することに、レヴィナスが正義の核心を求めたことの意義に触れておきたい。「私の自由の師としての他者の受容」とは深い真理を孕む観念だが、レヴィナス自身は『全体性と無限』においてはその含蓄を十分に明確化しきれていない。「〈他者〉は〈自同者〉の自由を制限するのではない。そうではなく、〈他人〉は〈自同者〉をその責任へといざなうことで〈自同者〉の自由を創設し、この自由に正当な根拠を与える。」先に引用した彼のこの言明は、道徳的責任意識を覚醒させることで放縦から区別された自由を創設すること、自由を正当に取得するための倫理的対価を支払う自己の責任能力を陶冶することに、「自由の師としての他者」の意義を限定しているように見える。自己の自同性そのものを侵犯・変容し自己超越を触発するものとしての他者の契機はそこには見えない。逆に、自己は責任主体となることによって自同性を確保するとされているようにさえ感じられる。

確かに「〈自我〉の容量を越えて〈他者〉を受容すること」、また他者の「教えは外部から到来し、私が内包するより多くのものを私にもたらす」ことが説かれているが、これには直ちに「自己放棄することなしに他なるものを受容することが理性にとって可能となる」という留保が加えられている。(68) すなわち、他者に対する責任の引き受けはいわば完済不能な債務を負うことである。この「自我の容量を越えた」債務の引き受けにより、私は他者を迎接する以前の自己が内包しなかった倫理的な高みを得ることができる。この債務は多大な自己犠牲を要求するが、この自己犠牲は自己の所有の放棄にとどまり、自己そのものの（部分的あるいは全面的な）放棄、すなわち、その自同性の変容にまでは及ばない。レヴィナスの言葉はこのような趣旨に理解できるだろう。

しかし、他者の迎接において私が放棄するのは私の所有だけだろうか。私自身をも、少なくとも部分的に、放棄しないだろうか。自己放棄は自由の倫理的成熟ではなく、自由の死を意味するのだろうか。そうではない。自己放棄は必ずしも自己喪失ではない。自己を他者に明け渡すこと、自己が他者に同化吸収されることである必要はない。自己の他者への同化は他者の自己への同化と同様、自他を融合させた集合的自我（我々）を成立させ、他者性を消去することになる。このとき個我の自由は死ぬ一方、他者を滅却した集合的自我の自由はより放縦な力への意志として貫徹される。しかし、これとは別の可能性がある。すなわち他者が媒介する自己放棄は、古き自己の死による新たな自己の再生をもたらしうる。他者は私を接収することなく、私の私自身からの異化、私の自同性の変容を触発しうる。このとき私の自由は他者を同化し支配する力への意志としてではなく、また他者と融合した集合的自我のより大きな力への意志としてでもなく、私が私自身を閉じ込めた狭隘な独房から私を解放する自由として成就される。

他者とは私が「私の自由にできない」存在である。他者は私の自由に対する超越である。しかし、まさにそのことによって他者は「私を自由にする」存在ともなる。単に他者の他者としての私を「彼の自由にしない」ことによってではない。相互不干渉だけでは他者は私の自由の〈師〉とはならない。また単にレヴィナスの言うように、私の自由を他者に対する「責任へといざなう」ことにより道徳的に正当化することによるだけでもない。これは他者が私の自由に対する試練であること、私の自由の〈師〉であることの意味の重要な一部であるが全てではない。他者は「私を私から自由にすること」によっても私を自由にする。他者は私の自由に自同性の危機という試練を課すことにより、小さき自我の檻を破って広大な生の原野を冒険するたくましさを与える〈師〉でもある。

他者がこの意味で私の自由の〈師〉となりうるのは、他者の私に対する超越が単に私からの隔絶性だけでなく、私に対する攪乱性を含むからである。他者が超越であるのは、その尊厳が私の視点から設定された卓越性の水準の充足に依存しないことによる。「主人道徳」の礼譲に値する対等者として私が認知することにより他者は尊厳をもつのではない。むしろ、他者は私が押し付けるこのような卓越性の序列を擦り抜け、その高みに身を置いてとりすましている小賢しい私を冷笑し、不安にさせる攪乱的な存在である。見下す私を見下し返すだけでなく、他者を見下すことでしか己の高みを確信できない私の弱さを暴く存在である。あるいはまた、他者は私の意味付けを意味付け直し、私の価値付けを価値付け直すことにより、人間の生の大洋が私の視界を超えた広がりと深さをもつこと、私の網で漁《すなど》り尽くせぬ豊饒さをもつことを暗示する存在である。私に対する他者のこの攪乱的超越性は私の承認によって創設されるのではなく、私の否認にも抗して私に迫り来る啓示、誘惑、挑発として「すでにそこに」ある。

他者がこのような攪乱性をもつからこそ、それは力への意志としての自由にとっては脅威である。このような他者を抑圧排除したいという欲動は我々の内部に深く巣くっている。多様な自同性欲求に政治的闘争の舞台を提供することが差異を受容する闘争的敬意に導くというコノリーの議論の楽観性を既に批判した。差異の受容を自他の相互不干渉にとどめず、自他のアイデンティティの相互的な攪乱にまで深めるのは彼の意図とも合致しているかもしれないが、そのためには単なる政治的闘争の活性化を超えた正義の規律が、一層強い理由をもって要請される。他者が攪乱的であればある程、我々は不寛容にならざるをえないがゆえに、そのような他者の受容は、我々の好悪や力関係から独立した他者の権利によって我々の欲動を縛る原理の規律を要請するからである。正義の基底性が政治的権力発動の正当化から善き生の特殊構想を排除するのは、価値を相対化して私の自由なる意志を価値の主権的創造者に祭り上げるためではなく、また善を主観化して「よく生きること」を私秘性の領域に閉じ込めるためでもない。むしろ、私の視点に還元包摂されえない固有の視点から生の意味と価値を開示する他者との共生が、私の生の探求の地平を広げ、それが織り成す紋様を複雑にし、豊かにするからであり、このような共生は善き生の構想を異にする自他の視点から受容しうべき共通の正統性基盤に政治実践を基づかしめない限り不可能だからである。

超越的・攪乱的存在としての他者を隠蔽抑圧せず、むしろ私の価値の試金石として、安心立命を求める私の精神の惰性を揺るがす衝撃として、私のアイデンティティの問い直しと再編の触媒として、超俗孤高の構えに隠された私のひ弱な防衛的自閉性を見破るまなざしとして、狭隘化した自我の殻から私を脱皮させ新たな成長過程に引き込む創造的破壊のモメンタムとして、要するに、私の自己超越の積極的契機として他者を受容するとき、私の自由は自己を限定する痛みを知ることによって、より大きな可能性の領野を得る。しかし、この領野を切り開くためには、自由は自己の善の鋳型からはみ出す他者を圧服しようとする権力への欲動を断念しなければならない。公共的正当化の規律によって自由にこの欲望を断念させる正義の基底性は、自他がこのような形で互いを受容しあえる共生の十分条件ではないにしても必要不可欠の条件である。己の卓越性の理想によって他者を支配する権力への意志としての自由は、その倨傲と虚勢の陰に精神の弱さを隠している。他者が触発しうる自己の解体・再編・超越の冒険に尻込みする臆病さを隠している。正義の基底性は攪乱的な他者の受容を迫ることにより、自由に偽りなき逞ましさを与える。

正義の基底性は他者の消極的受忍――「いやな奴だが、我慢する」という意味で他者を“tolerate”すること――

を要求するだけで、自己変容の触媒としての他者の積極的受容——「寛《ひろ》く容《い》れる」こと、すなわち“open-mindedness”としての「寛容」——を保証しないと反論されるかもしれない。しかし、積極的に受容さるべき他者は自同性の攪乱者として、招かれざる客として現われるがゆえに、先ず受忍されなければならない。積極的受容を必然化しないという理由で受忍の義務づけの必要性を否定するのは誤りである。さらに、積極的受容を促進する政策、例えば、異なった宗教的・文化的・民族的集団の相互隔離より混交を勧奨誘導するような住宅政策・教育政策・雇用政策の採択も、特定の善き生の構想によってではなく、多様な善き生の諸構想の間の相互理解・相互啓発の促進を理由として正当化される限り、正義の基底性はこれを排除しない。ただし、このような政策が異質な少数者に社会的認知の場を提供するのではなく、逆に彼らを多数者に同化吸収させる機能を有していないかどうか、政策の正当化理由を政策帰結が裏切っていないかどうかについての批判的吟味は常に必要である。

結論を述べるときが来た。リベラリズムは自由主義ではない。しかし、まさにそれゆえにこそ、それは自由へのしたたかな戦略である。リベラリズムが孕むこの二重の逆説は、自由そのものが孕む次のような二重の逆説の帰結である。自由は権力への意志を内包するがゆえに、自由を超えたものによって自己を限定されることなしには専制に転化する。しかしまた、この自由を超越するものによる自由の限定は、単なる自由の制限ではなく、むしろ自由を鍛え上げる試練である。この自由の逆説性を解く鍵は、他者性の受容を自由に要請する正義の基底性にある。自由の優位ではなく、正義の基底性こそリベラリズムの基盤をなす理由はここにある。

# ［増補］　浮かれし世界が夢の跡――リベラリズムの哲学的再構築

## 一　「折り返し点」の総括

本書は、一九九九年に創文社から刊行した初版『他者への自由――公共性の哲学としてのリベラリズム』の増補新装版である。創文社が解散したため、同社から一九八六年に刊行した初版『共生の作法――会話としての正義』とともに、勁草書房によって再刊されることになった。『共生の作法』の場合と同様、本体は改変せず、本書の意義に関する現在の私の「自己分析」を、自著解説文として末尾に付したい。

初版『共生の作法』は私の最初の著書であり、本書初版は著書としては「第二作」である。第二作を出すまでに約一三年かかったのは、怠けていたからではない。書きたくても書けない行き詰まり（writer's block）に突き当たっていたからでもない。むしろ、様々な論文の執筆に追われて忙しく、本にまとめる余裕がなかったからである。第一作の初版『共生の作法』を出した三二歳前後から第二作の本書初版を刊行した四五歳前後までの間、私は第一作で提示した正義論を基底に置いてリベラリズムを哲学的に再定義するとともに、その法的・政治的含意を明らかにする研究に没頭していた。

この研究をまとめて世に問う書物として、まず正義基底的リベラリズムの哲学的基礎を解明する本書初版を刊行した。その後、このようなリベラリズムの哲学的再編が法と政治の問題に対してもつ理論的・実践的含意を敷衍する著書を立て続けに刊行した。現代日本社会の病巣を剔抉する『現代の貧困』（岩波書店、二〇〇一年）、グローバル化により葛藤と亀裂がさらに深刻化した現代世界の諸問題を考察する『普遍の再生』（岩波書店、二〇〇三年）、さらに正義基底的リベラリズムの法理論的含意を探究する『法という企て』（東京大学出版会、二〇〇三年）がそれである（岩波書店から刊行した前二著はそれぞれ二〇一一年、二〇一九年に岩波現代文庫版として再刊されている）。

四〇代後半の四年間に集中的に公刊された本書初版と後続のこれら三著は、三〇代前半からの二〇年弱に及ぶ私の研究を集大成した「四部作（a tetralogy）」とも言うべきものである。『共生の作法』初版が、その刊行と前後して『国家学会雑誌』に連載した私の助手論文「規範と法命題」——これを増補改訂した単行書が木鐸社より今春刊行される予定である——とともに、私の「青年期」の研究の総括だとすれば、これら四部作は、「中年期」における総括ということになる。ただ、「中年」という言葉はなんとも寂しい響きがするので、「人生の折り返し点」における総括と呼びたい。本書初版は、この「折り返し点四部作」の嚆矢であり、言わばその「哲学的原論篇」である。

## 二　時代背景——ポスト冷戦時代の夢の崩壊

本書初版を含む四部作を刊行した私の人生の折り返し点は、二〇世紀から二一世紀への転換点と重なっていた。「世紀の転換点」と言ったが、キリスト教の暦法に従った世紀の変り目にすぎない時期に「時代の転換」というような大仰な歴史的意義付けをして、欧米中心主義の旗を振るつもりはない。ただ、世紀が変わったからではなく、世紀の変わり目と偶々時を同じくして、政治・経済・文化など様々な領域で世界が激動していたことは事実である。背景も影響も異なる様々な事象が錯綜し、単純な図式で当時の世界の変動を総括することはできないが、本書の問題関心に関わる断面を切り取るなら、「ポスト冷戦時代の夢の崩壊」と呼ぶべき激震が世界に走っていた。

「ポスト冷戦時代の夢」とは、世紀の変り目のわずか一〇年ほど前に世界の人々が抱いた希望である。一九八九年一一月にベルリンの壁が崩壊し、その翌年、西独が東独を吸収合併する形でドイツが再統合され、一九九一年末にソ連が崩壊、東欧諸国もソ連支配の軛から解放されて民主化を進め、冷戦は「東側共産圏」の自壊による「西側自由世界」の勝利で終わったかに見えた。人類のイデオロギー闘争としての歴史は、リベラル・デモクラシーの最終的勝利により終わったとするフランシス・フクヤマの「歴史の終焉」論のごとき「多幸感（euphoria）」に耽溺する言説も広がった。

さらに、一九九〇年、サダム・フセイン体制下のイラクによるクウェート侵攻に対し、国連安全保障理事会の承認に基づき、国連多国籍軍が軍事介入し、イラク軍を制圧してクウェートを解放した。冷戦時代には東西両陣営の常任理事国の拒否権発動合戦で機能しなかった安全保障理事会が、冷戦の終焉により侵略に対し実効的制裁を課すことができるようになり「国連による平和」の時代が到来したと喜ぶ言説が、メディアや一般人の間だけでなく、国際法・国際政治の専門家の間でも広がった。軍事的対立からの解放による経済的繁栄の利益が「平和の配当（Peace Dividend）」として世界にあまねくもたらされるとの期待も伴って。

このとき世界中で多くの人々が「人類の永年の希望が成就する輝かしき未来」の夢を見た。夢に浮かれた。しかし、ベルリンの壁の崩壊が生んだこの夢は、その「壁」と同様に、まるで「壁」のあとを追うように、脆くも崩れ去った。

一九九一年以降、ユーゴスラビア連邦解体過程において、チトー体制下で抑え込まれていた民族的・宗教的対立が、カトリック勢力・ギリシャ正教勢力・イスラム勢力およびそれらと交錯する民族集団の間の血腥い内戦として噴出した。冷戦下ではソ連との対抗上米国と協調していた中東のイスラム原理主義勢力はソ連瓦解後、米国支配排除に戦略転換し、九・一一同時多発テロ事件に象徴されるテロ攻撃に突き進んだ。これに対し米国は安保理の承認を得ることなく、「テロとの戦争」の名目で同盟国を巻き込んで二〇〇一年にアフガニスタンを侵攻し、タリバン政権を打倒した。

さらに、一国覇権的姿勢を強めた米国は、中東支配強化を狙って、二〇〇三年には安保理の承認を得ないだけでなく、フランス・ドイツのような同盟国の反対すら押し切って、「大量破壊兵器開発保有」という立証されざる口実でイラクを侵略し、フセイン体制も瓦解させた。しかし、アフガニスタンでもイラクでも米国が軍事的に支援する代替政権と抵抗勢力との内戦はいまもなお尾を引いている。シリア・イラクで戦闘を続けた「イスラム国（ISIL）」の中核はフセインのバース党残存勢力が過激化したものである。

要するに、共産主義対資本主義という東西のイデオロギー対立による「冷戦（cold war）」の終焉は、平和をもたらすどころか、民族的・宗教的対立と絡んだ激しい憎悪が噴出する文字通りの「熱い戦争（hot war）」を拡大させたのである。

思想の平面では、旧共産圏の政治体制とその支配的イデオロギーであるマルクス主義が自壊した後、リベラル・デモクラシーが世界を覆うというフクヤマたちの夢想は見事に砕かれた。リベラル・デモクラシーと相剋する正統教説（orthodoxy）として、マルクス主義に代わってイスラムという世界宗教が自己主張を強めただけではない。共産主義の看板を掲げながらも現実にはそれをかなぐり捨て、国家独占資本主義体制の下で急速に経済発展してきた中国や、リー・クアンユーの強力な指導下で急成長したシンガポールなど、アジアの権威主義的開発国家が、飛躍的な経済成長で自信を強め、その主導の下に、人権や民主主義を蹂躙する自体制への欧米の批判を文化帝国主義として斥ける「アジア的価値論（Asian values discourse）」が、一九九〇年代から二〇〇〇年代にかけて強力に唱道された。

経済の面でも、「平和の配当」により繁栄の恩恵が世界中に広がるという期待は無残に裏切られた。国際政治経済体制において、ベルリンの壁崩壊と同年に謳われた「ワシントン・コンセンサス」以降、貿易・資本移動の自由化や各国内での市場経済規律の確立を御旗にした経済的グローバル化が促進されたが、その実態は市場原理の規律が途上国には課される一方、先進諸国には保護主義・開発主義の特権を温存させるものだった。その結果、いち早く開発主義政策を進めていた中国など一部の旧途上国は経済発展の果実を享受したものの、多くの貧窮途上国は自立的経済発展を妨げられ、貧窮途上国と先進諸国・新興発展国との経済格差は冷戦期以上に拡大した。

これに加えて、冷戦後の熱い内戦で荒廃した国々の民は、文字通りの難民あるいは「国内に閉じ込められた難民」として、さらなる苦難を強いられた。しかも、先進諸国の国内においても、市場原理の規律が「持たざる者」にだけ課され、「持てる者」は政府を誘導して保護されるという二重基準的経済体制が跋扈し、中間階層が没落する一方で一握りの上層に富が集中する格差拡大が進行した。

## 三　幻滅のあとに――リベラリズムへの帰責

このようなポスト冷戦時代の夢の崩壊は、思想としてのリベラリズムへの批判の声も高めた。単に、リベラリズムの「無力性」が指摘されたのではなく、夢の破綻の思想的原因がリベラリズム自体に帰せられたのである。

この批判には様々な側面があるが、ここでは政治的荷電量が特に高い二つの批判に触れておく。一つは、リベラリズムは軍事的干渉主義を容認ないし擁護する思想だとみなす批判である。ユーゴスラビア解体過程における内戦にNATO加盟の欧米諸国が「人道的介入（humanitarian intervention）」の名目の下に多くの非戦闘員を巻き添えにする軍事干渉を断行したが、「タカ派リベラル（liberal hawks）」と呼ばれる知識人たちはこれを積極的に擁護していた。リベラル最左翼と目されるユルゲン・ハーバーマスも、コソヴォ紛争におけるNATOのセルビア空爆へのドイツ軍参戦を支持した。セルビアだけを悪者にする欧米の政府・メディアの宣伝工作に乗せられ、人権保護の名の下に、無辜なる市民の生命も無差別に奪う空爆を擁護したこれらの「リベラル派知識人」の軽薄性・欺瞞性が批判された。

さらに、二〇〇一年アフガニスタン戦争や二〇〇三年イラク戦争における米国主導の一方主義的軍事介入については、積極的に支持したのは「ネオ・コン」だったが、リベラル派知識人も、「米国こそ最大のテロ国家だ」と厳しく批判したノーム・チョムスキーのような少数の例外を除いて、多くは沈黙ないし寡黙を通し、アフガニスタン戦争については「九・一一」に対する報復として是認する者も少なくなかった。

第二に、リベラリズムを経済的自由主義ないし自由放任経済思想に矮小化して叩く批判も浮上した。共産圏の自壊に勢いを得て、市場経済を万能視するイデオロギーに基づく経済的グローバル化が進行し、この動向が批判者たちによって「ネオ・リベラル」と呼ばれた。私見によれば、この言葉が指すのは自由放任思想の先祖帰りで、ネオでもなくリベラルでもない。上述したように、経済的グローバル化の実態は先進諸国の保護主義・開発主義を放置した点で市場原理主義ですらない。国内的にもネオ・リベ政策の実態は、市場的規律を経済的弱者にのみ課し、経済的強者は国家に保護・優遇されるというあからさまに差別的な政治的市場操作にすぎない。例えば、リーマン・ショック後、多数の人々が職を失い、ローンも払えず自宅を手放さざるを得なかった一方で、膨大な公的資金投入で救済された巨大金融資本の経営者たちは、経営の失敗の責任をとらされるどころか、巨額の役員報酬をむさぼり続けたことを想起されたい。

しかし、経済的グローバル化が貧窮途上国と富裕先進諸国との格差を拡大するだけでなく、貧窮途上国における「貧困死（poverty-related death）」に見られるような絶対的窮乏を深刻化させ、さらに先進諸国内部においても中間層の没落と格差拡大を進行させるにつれ、ネオ・リベラル批判の声が高まった。それとともに、「リベラリズム＝資本家階級による労働者階級の搾取を擁護する資本主義イデオロギー」というかつてのマルクス主義の等式に代わって、それを焼き直したにすぎない「リベラリズム＝経済的強者を優遇する自由放任思想」という等式がリベラリズム批判のスローガンとして再び流通するようになった。

このようなポスト冷戦時代の夢の崩壊が孕む諸問題とリベラリズムに向けられた批判に関して、私は拙著『普遍の再生』と『世界正義論』（筑摩書房、二〇一二年）において包括的に検討している。上記の二つの問題点に関しても、両著において、人道的介入のような国際社会における武力行使の正当化可能性問題に関する欧米のリベラル派知識人の欺瞞や倒錯を、権力の恣意を統制するリベラリズムの原理に対する裏切りとして批判し、さらに『世界正義論』においては、経済的グローバル化の歪みを正す世界経済正義の原理と制度構想を、正義基底的リベラリズムの観点から詳細に論じた。

本書は、戦争の正義や世界経済正義を論じるものではない。本書の目的は、これらの問題に関する上記拙著の議論の基盤をなす、正義基底的リベラリズムの哲学的原理を明確化し擁護することである。本書初版が刊行された一九九九年の時点で、ここで触れた時代状況のすべてが現出していたわけではないが、ポスト冷戦時代の夢の崩壊によるリベラリズム批判のバックラッシュという動向はすでに存在していた。本書の基礎になっている旧稿はベルリンの壁崩壊以前に書かれたものも含むが、世紀の変わり目にそれらを改訂再編して一つの書物として世に問うたとき、この反リベラル動向に応答したいという問題意識が私を突き動かしていた。

## 四　リベラリズムの再定義——自由に対する正義の優位

上記のような反リベラル動向が広めたリベラリズムのイメージは、「自由擁護の名の下に、武力で他者を迫害し支配することを正当化する思想」であり、さらに、「他者を搾取して自己の欲望を放縦に追求する自由を擁護する思想」である。

このようなリベラリズム観は誤解であるが、自由という価値の危険な含意を暴露している点では正当な洞察を含む。本書第七章で明らかにしているように、自由の核心をなすのは「自己力能化（self-empowerment）」であり、自己中心的な権力への意志、他者支配への欲動がそこに内包されているからである。誤解は、かかる自由を根本原理とする思想としてリベラリズムを捉える点にある。

『共生の作法』ですでに論じ、本書でも敷衍しているように、リベラリズムとは、利害と価値観において対立する自己と他者——「我々」と「彼ら」——の公正な共生の枠組を追求する企てであり、かかる共生枠組の根本的な規範的指針をなすのが「正義概念（the concept of justice）」である。これは、「善き生の諸構想（conceptions of the good life）」の対立のみならず、「正義の諸構想（conceptions of justice）」の対立をも貫通してそれらを共通に制約する理念である。この正義概念は自己と他者との普遍化不可能な差別の排除の要請を核心としており、普遍主義的正義理念とも呼ぶ。この要請は自己の視点の脱特権化を含意し、その含意を私は一九九七年初出の論文（改訂して拙著『法という企て』第一章に再掲）において「反転可能性（reversibility）」の要請として再定式化し、本書でも反転可能性要請が正義概念の重要な含意であることを強調している（二二三―二二四頁）。

反転可能性要請は、自己と他者の普遍化不可能な差別の排除要請のコロラリーであるから、自己と他者双方に対照的に課される。この点を踏まえるなら、それは次のように定式化される。自己の他者に対する要求・行動が、自己の位置（地位・役割・境遇等）と視点が他者のそれと仮に反転されたとしても――他者も同じ反転テストを自らに課す限り――拒絶できない理由によって正当化可能か否かを自己批判的に吟味せよ。本書で中心的に論じているリベラルな「反卓越主義（anti-perfectionism）」の原理――善き生の諸構想に対する正義構想の独立正当化可能性と制約性の要請――は、この反転可能性要請から導出される（二二三頁）。

『共生の作法』でははっきりと論じなかったが本書で明確にした点は、リベラリズムにおける自由と正義との位置関係である。リベラリズムは自由ではなく正義（普遍主義的正義理念）を根本原理とし、自由は正義の制約に服する限りにおいて尊重されるにすぎない。自由は正義の制約に服さない限り、自己の自由のために他者を支配しようとする自己中心的な権力への意志に転化してしまうのである。「善に対する正義の優位（the primacy of justice over the good）」というロールズの表現に倣って言えば、「自由に対する正義の優位（the primacy of justice over freedom）」がリベラリズムの根本原理である。「自由主義」という訳語は、自由がリベラリズムの根本原理であることを含意する限りで誤訳である。

このような正義を基底にした私のリベラリズムの再定義に対し、「思想史的裏付けがない」という批判をする者もいる。本書の目的はリベラリズムの思想史を描くことではなく、現代世界が突き付ける問題に的確に対処できるようにリベラリズムを再構築することにあるから、このような批判は的外れである。しかし、私はリベラリズムの思想伝統をまったく無視して、この言葉の使い方についての独断的な規約設定（stipulation, definition by fiat）をしているわけではないので、この点について補足しておこう（詳細は拙稿「リベラリズムの再定義」『思想』二〇〇四年九月号、八―二八頁参照）。

リベラリズムの思想史的淵源は、理性による人間の解放をめざす啓蒙のプロジェクトと、宗教戦争の惨禍の克服をめざした寛容論のプロジェクトにあるが、この両者には対立緊張関係がある。この点に関しては、政治思想史家の間でも異論は少ないだろう。ただ、近年、欧米の政治哲学では、啓蒙を独断的合理主義と同視してリベラリズムの負の遺産とみなし、多元的共存を求める寛容を正の遺産とみなして、「啓蒙から寛容へ」という形でリベラリズムを再定義する動向が台頭している。

後者の見解はリベラリズムの思想伝統の内的緊張関係を過度に単純化している。啓蒙と寛容の間に緊張関係があるだけでなく、啓蒙と寛容それぞれが内的緊張を孕み、正負両面をもつのである。私はこれを「二重の両価性」と呼んでいる。すなわち、啓蒙は独断的合理主義という負の側面をもつと同時に、カントの批判哲学に由来するような、理性の限界を批判的に吟味して理性の独断化を制御するという正の側面ももつ。他方、寛容も自閉的独断と専制的体制の相互承認による棲み分けに頽落する負の側面と、他者からの批判に対する精神の開放性という正の側面をもつ。

他者の視点から自己の対他的な要求・行動の正当化可能性を自己批判的に吟味せよという正義の反転可能性テストの要請は、啓蒙と寛容それぞれの負の側面を切除し、両者の正の側面、すなわち批判的自己吟味と他者の視点への開放性を統合する規範的指針である。正義基底的なリベラリズムの再定義は、リベラリズムの思想伝統の二重の両価性を正確に見極め、それがもつ正の遺産を、独断化・自己中心化の罠から脱却させて発展させるという意味で、この思想伝統の「王道」的再解釈である。

## 五　ロールズとの対峙——黙殺された普遍主義的正義理念の復権

正義を基底に据えたリベラリズムの政治哲学の唱道者としては、一九七一年に大著『正義論（*A Theory of Justice*）』を刊行したジョン・ロールズの名を挙げなければならない。彼の正義論は一般に「リベラルな正義構想（a liberal conception of justice）」とみなされているが、私見ではそれは同時に「正義基底的なリベラリズムの構想（a justice-based conception of liberalism）」でもあった。

一九八六年夏から八八年夏までの二年間のハーヴァード大学哲学科における在外研究期間に、私はロールズとの交流から多くを学んだ。しかし、彼のリベラルな正義構想をなす正義の二原理、特に格差原理（the difference principle）については、その実質と正当化論法双方に対して私は批判的であった（『共生の作法』第三章第三節第三項、『法という企て』第九章など参照）。

さらに、私の在外研究時点ですでに、ロールズは初期の立場から離れて「政治的リベラリズム」に転向していた。自己の論争的な独断的直観にすぎないものを「重合的コンセンサス（overlapping consensus）」の虚構で隠蔽して「公共的理性」の座に置くその欺瞞性を私は剔抉した（本書一七—二〇、一一七—一二一頁、『普遍の再生』第二章第三節第二項、『立憲主義という企て』東京大学出版会、二〇一九年、一四五—一五一頁など参照）。

一九九〇年代には彼の思想的頽落は一層進み、穏健な階層的権威主義体制（decent hierarchies）の国際的正統性を承認し、分配的正義のグローバル化を否定する国際正義論を展開するに至った。これに対しても私は普遍主義的正義理念自体を裏切るものとして、厳しい批判を加えた（『世界正義論』第三章第二節、第四章第一節など参照）。

結局、ロールズから私が摂取したのは、政治的リベラリズム転向以前の彼の初期の理論の一部、すなわち、彼の「リベラルな正義構想」ではなく、「正義基底的リベラリズム構想」をなす「善に対する正義の優位」の観念の、さらにその一面たる反卓越主義原理だけである。「さらにその一面」と言ったのは、ロールズは彼の「善に対する正義の優位」の観念の中に、目的論・帰結主義を斥ける義務論（deontology）と反卓越主義という相異なる二つの原理を混交させてしまっているからである。私は両者を論理的に識別した上で、反卓越主義原理のみを抽出し、これを彼のように特殊な正義構想の公理とするのではなく、対立競合する正義の諸構想を貫通する正義概念の反転可能性要請が含意するものとして提示している。

ロールズと私は正義基底的なリベラリズムを志向する点では似ているように見えるかもしれない。しかし、ロールズは正義の諸構想の共通制約原理としての正義概念を形式的なものにすぎないとして無視ないし軽視し、リベラリズムを彼の特異な——しかも時期によって変質する——正義構想に還元した。これに対し、私はリベラリズムの基底に置かれるべき正義を、対立競合する正義の諸構想の一つにではなく、それらに通底する共通制約原理としての正義概念に求め、これを普遍主義的正義理念として強く解釈し、正義諸構想に対するその規範的制約を重視している。この点でロールズと私の間には決定的な相違がある。

上記のようなロールズの思想的頽落は、彼が普遍主義的正義理念の反転可能性テストを無視し、国内体制・国際体制の正統性をその体制下で不利に扱われ差別される人々の視点から批判的に吟味する姿勢を放棄したことによる。

その結果、彼の理論はもはや「正義基底的リベラリズム」の名に値しないものに変質してしまったと言わざるを得ない（以上のようなロールズ理論の欠陥および私見との相違を要約整理したものとして、拙著『生ける世界の法と哲学――ある反時代的精神の履歴書』信山社、二〇二〇年、三八〇―三九一頁参照）。

## 六　サンデルとの対峙――リベラリズムにおける公共性志向の根源性

私は正義基底的リベラリズムの立場から、反卓越主義をロールズの正義論の唯一擁護可能な部分として重視したが、マイケル・サンデルは「共同体論（communitarianism）」の立場から――後には旗色を多少変えて「共和主義（republicanism）」の立場から――反卓越主義をリベラリズムの根源悪とみなし、批判対象としてこれを重視している。しかも、サンデルはロールズが「善に対する正義の優位」の観念によって反卓越主義を擁護したことに対抗して、卓越主義的な善の追求を正義に優越させる「共通善の政治」を唱道し、正義を根本原理にする点にリベラリズムの欠陥を見ている。

したがって、正義理念を基底に置いてリベラリズムを再定義し擁護しようとする本書にとって、サンデルの批判は根源的な挑戦である。本書は第四章で共同体論のリベラリズム批判一般についてその背景と様々な理論的モチーフを検討した後、第五章でサンデルに焦点を絞って、彼の批判に対する応答・反批判を行っている。「負荷なき自我」を批判し「反省的に位置付けられた自我」――私の言葉では「自己解釈的存在」――を擁護する彼の哲学的人間学と卓越主義的政治理論との間には自己矛盾があり、自己解釈的存在としての自我の理論からはむしろリベラルな反卓越主義が帰結することは本書で示した通りである。実際、サンデルは後に、「政治的共同体の伝統に埋め込まれた共通の善き生の構想」を想定するメタ倫理学的コンヴェンショナリズムを明示的に放棄し、同性愛者の権利を擁護するなど、卓越主義的側面も後退させている。

しかし、サンデルのリベラリズム批判の初発の動機は、リベラルな反卓越主義が、善き生の追求を個人の主観的選好に還元することにより、個人を私的関心世界に自閉させ、政治社会の共通善（the common good）への公共的責任感を喪失させたとする問題意識にある。卓越主義的側面が後退した後も、リベラリズムが個人の自律や権利を重視することにより、個人の公共的責任感を衰弱させたという彼の問題意識は変わらず、性道徳等に関してはリベラルな寛容に接近しつつ、「公民的徳性（civic virtue）」――社会全体に関わる公共的価値について討議し、決定し、それを実現してゆくプロセスに積極的に参加する個人の資質と能力――の陶冶を求める「公民的共和主義（civic republicanism）」の立場を前面に打ち出している。

公民的共和主義は卓越主義的色彩を薄めたとはいえ、「公民的徳性」の陶冶を人間の倫理的完成の条件として政治の課題にする点で、卓越主義的側面をなお残している。しかし、「リベラリズムが崩壊させた公共性を再生させる」という姿勢は、公民的徳性の陶冶という卓越主義的志向とは切り離して「民主的政治実践の質の向上」を図る「熟議民主主義（deliberative democracy）」の思想運動にも見られる。この立場は、様々な特殊利益の交渉ゲームに民主政を還元する「利益集団多元主義（interest-group pluralism）」に対抗して、市民間の共同討議実践を通じて公共的価値を発展させる場に民主政を転換させようと試みている。

しかし、反公共性ないし脱公共性をリベラリズムに帰する批判は、私的な利益・関心を追求する個人の自由の擁護を最優先する思想としてリベラリズムを矮小化する偏見になお囚われている。本書がリベラリズムの基底に据える普遍主義的正義理念は反転可能性要請を含意するが、これは、自己の他者に対する要求・行動を正当化する理由が、自己の信念体系内部でしか理解可能性・支持可能性をもたない「特異理由（idiosyncratic reasons）」ではなく、自己と視点を異にする他者も同じ反転可能性テストを自らに課す限り拒否できない理由、すなわち「公共的理由（public reasons）」であることを要請している。

卓越主義は「公共的理由」による正当化要請を満たし得ないから斥けられるのである。リベラルな反卓越主義は、個人を私秘的世界に自閉させるどころか、逆に、他者に対する自己の要求・行動の公共的正当化の責務を個人に課すことにより、他者と共に生きる公共的世界の住人であることの自覚を個人に促す。

正義の反転可能性テストをパスした公共的理由により、自己の対他的な要求・行動が正当化可能か否かを常に自己批判的に吟味すること、このリベラリズムの要請を拒否するなら、公民的共和主義者が賞賛する「公民的徳性」は、自己の宗教やイデオロギーを独善的に他者に強要しようとする者たちの狂暴な政治的能動主義に容易に堕するだろう。また、熟議民主主義は、様々な政治勢力が自集団の特殊権益にすぎないものを公共的利益と偽装して押し付け合い、最終的には「数と利の力」で決着をつけようとせめぎあう利益集団政治に容易に再転化するだろう。

共和主義（republicanism）とは本来、共和国（republic）の理念に根差す。共和国の原義は「公共のもの（*res publica*）」である。共和国が君主制や寡頭制を排除するのは、「公共のもの」である国家を君主や大貴族に私物化させないためである。この共和国の理念を貫徹して、「公共のもの」としての国家を、独善的な信条や特殊権益を追求する集団による「私物化」から救うものこそ、普遍主義的正義理念を基底に据えたリベラリズムなのである（従来の支配的公共性論を領域的公共性論・主体的公共性論・プロセス的公共性論という三類型に分類整理した上で批判し、正義を基底にした理由志向的公共性論への転換の必要性を敷衍するものとして、拙稿「公共性とは何か」井上達夫編『公共性の法哲学』ナカニシヤ出版、二〇〇六年、三―二七頁参照）。

## 七 「一階の公共性」から「二階の公共性」へ

普遍主義的正義理念のテストは、公共性を偽装した独善的信条や特殊権益を排除する消極的制約であるが、このテストをパスする政策体系（正義の諸構想）は複数存在する。私がロールズの使うような「公共的理性（public reason)」という単数の抽象名詞を排除して、複数形の「公共的理由（public reasons)」しか語らないのはそのためである。複数の競合する公共的理由を提示する正義の諸構想の先鋭な対立は、ロールズのように「重合的合意」を捏造して隠蔽できるものではない。

この対立は反対者をも拘束する政治的決定によって裁断されざるを得ない。この「政治の情況（the circumstances of politics)」と呼ばれる事態を自然状態に回帰させないためには、反対者が政治的決定の「正当性（rightness)」を否定しつつもその「正統性（legitimacy)」を承認することを可能にするような、公正な政治的競争のルールを確立しなければならない。このようなルールの確立こそ、法の支配と立憲主義の理念が求めるものである。何が「正当」な公共的理由かが「一階の公共性」の問題だとすれば、一階の公共性をめぐる対立を裁断する政治的決定の「正統性」の条件が何か——政治的決定を一階の公共性問題への間違った解答とみなす者たちも、なおそれを自らが属する政治社会の「公共的決定」として尊重しうるための条件は何か——は、「二階の公共性」の問題である。

利益や価値をめぐって人々の間で先鋭な対立が不可避な社会において「公共的秩序としての法」がいかにして存立可能かは、法概念論の根本問題だが、ここで問題になる公共性とは二階の公共性である。この二階の公共性問題については法の支配と立憲主義に関する私の法概念論的著作（『法という企て』、『立憲主義という企て』）において考察した。形式化・実体化・プロセス化に代わる「理念化」アプローチに基づく「強い構造的解釈」による法の支配の再定位、そして、「統治的フェアネス論」による遵法義務問題の解決と立憲主義の再定位をそこで試みている。

ここで詳説できないが、重要なのは、二階の公共性問題への解となる公正な政治的競争のルールを探究するための規範的指針を提供するのも、対立競合する正義の諸構想に貫通する共通制約原理としての普遍主義的正義理念だということである。政治的競争の勝者に、仮に自らが敗者になったとしても受容すべき理由によって政治的決定を尊重できるか否かを問わせ、さらにまた逆に、敗者に、仮に自らが勝者になったとしても受容すべき理由によって政治的決定の尊重を拒否できるか否かを問わせることにより、勝者と敗者双方に対する反転可能性テストを貫徹することが、公正な政治的競争のルールの探究の不可欠の指針になるからである。

## 八　「他者からの自由」から「他者への自由」へ

本書の正義基底的リベラリズムの立場に対し、知人の政治哲学者から次のような評言をいただいたことがある。「リベラリズムにおける正義の重要性はわかった。しかし、リベラリズムは自由の思想でもあったのではないか」。私はそれを否定していない。たしかに、自由の政治思想の古典的・標準的著作たるジョン・ステュアート・ミルの『自由論（*On Liberty*）』や、アイザイア・バーリンの「二つの自由概念（*Two Concepts of Liberty*）」に象徴されるように、リベラリズムの思想家たちは自由について多くを語ってきた。

本書は従来のリベラルな思想家の自由論が、自由に対する正義の優位を自覚していないがゆえに、自由の理解としても不的格であること、リベラリズムは正義理念を基底に据えて自由をその制約に服せしめることによって、自由をまともな価値へ鍛え直しうることを主張している。本書は正義を基底にしてリベラリズムを再定位する試みであると同時に、そのことによってリベラルな自由理念をも再定位する試みである。再定位された自由理念を「他者への自由」と呼び、これを本書の主題にしたのは、本書のこの企図を明示するためである。

本書第五章第一節「法の限界問題とリベラリズム」で、ミルの自由論の基本テーゼをなす危害原理が、危害概念を正義理念に訴えて限定しない限り自由を的確に保障しえないことを論じた。しかし、自由理念の再定位という観点からより重要なのは、本書最終章「自由の逆説」における考察である。

そこではまず、いまだに自由論の概念枠組として支配的影響力をもつバーリンの「二つの自由概念」図式の混乱と不的確性を指摘している。他者による強制・干渉の欠如という消極的自由概念は自由の保障手段を示すのみで、他者の強制・干渉から何を守るのかという問い、すなわち自由の価値がどこにあるのかという問いに答えておらず、この問いに答えようとするなら、消極的自由は「自己支配（self-mastery）」として一般的に規定された積極的自由概念の個人的形態である「自律（autonomy）」に還元される。

他方、積極的自由概念は自己支配の希求の根底に「自己力能化（self-empowerment）」への欲求があることを十分明確化していない。たしかにバーリンも、権力者が「真の自我」概念を操作することによって、人々の自己支配を保障するという口実で彼らの現実的意志に反する支配を合理化するという積極的自由の濫用の危険性を指摘している。しかし、自己支配に潜む自己力能化への欲求が他者支配への意志と直結しうること、積極的自由を求める人々が騙されて他者に支配されるのではなく、積極的自由を求めるがゆえに他者を支配しようとするという根本的な問題を彼は掘り下げていない（バーリンの消極的自由と積極的自由の概念図式に対する本書の批判をさらに敷衍するものとして、拙著『自由の秩序――リベラリズムの法哲学講義』岩波現代文庫、二〇一七年、二六―四一頁参照）。

自由の核心が自己力能化にあるがゆえに、それは自己支配にとどまらず他者支配への意志、権力への意志と直結していることを看破したのはニーチェである。「私は自由である、〈彼〉は服従しなければならぬ」という簡潔な命題で、ニーチェは自由のこの本質を突いた。本書では、ウィリアム・コノリーのような新ニーチェ主義者が、ニーチェが洞察した自由の権力性が孕む危険性を深く自覚することなく、ニーチェの思想を無邪気に闘争的（闘技的）民主主義（agonistic democracy）へと翻案し、異端視された少数者の政治的自己主張を奨励しながら、政治の闘技場で闘う能力も資源も欠く無力な少数者の排除抑圧の問題を捨象している点を批判した。

これに対し、他者性の哲学を展開したエマニュエル・レヴィナスは、自由が孕む権力への欲動を直視し、他者の超越性の受容と自我の容量を超えた他者への献身の責務の引き受けという、彼の言うところの「正義」の要請によって、他者支配への自由の転化を制御しようとした。その限りでは正義基底的リベラリズムと重なるかに見える。しかし彼は普遍主義的正義理念が「他者を欠席裁判で裁く非人称的正義」だとしてこれを否定し、他者が「顔（visage）」として現前する人称的遭遇において自己が他者に贈り物として供する「歓待（hospitalité）」や「寛厚（générosité）」に、自己による他者の道徳的迎接を類比した。要するに、レヴィナスは正義を慈恵（benevolence）にすり替えたのである。私はこの点に批判のメスを入れている。

レヴィナスの他者論は、普遍主義的正義理念を否定することにより、他者への真の敬意を掘り崩している。それは他者への配慮を重視するかに見えながら、自己の人称的関係網の外部にいる他者を度外視させ、他者の超越性を説きながら、他者を善き生や正義の問題をめぐって自己と対等の立場で論争する主体としてではなく、自己の慈恵の対象たる「与えられる客体」の地位に引き下げている。その一方で、「与える主体」としての自己は、人間としての自我の容量を超えてまで他者に無限の配慮を施す責務を引き受けうる超人的主体の地位に祭り上げられている。レヴィナスにおいて他者は自己の道徳性を覚醒させる「顔」として神格化されているかに見えながら、実は神格化されているのは、他者のために無限の自己犠牲を引き受ける自己である。

いずれにせよ、重要な点は、レヴィナスにおいて自己が他者のために手放すのは自己の「所有」だけであって、自己の「同一性」ではないことである。他者は所有放棄を自己に迫る神の声の反響盤として「不可抗性」をもつが、自己の同一性の変容を迫る「攪乱性」はもたない。

普遍主義的正義理念は、自己と他者を慈恵の主体と客体として非対称化せず、利益や価値をめぐって対等に論争する主体として扱い、双方に反転可能性テストを対称的に課す。この理念に立脚するリベラリズムにおいて、寛容とは自閉的独断の蛸壺に籠った主体の棲み分けではなく、また慈恵的な「寛厚」でもなく、互いに他者の視点から批判的な自己吟味を行い、他者からの批判に自己をさらしあう精神の開放性（open-mindedness）である。この精神の開放性は同一性危機に個人を追い込むリスクをもつと同時に、個人を偏狭な信念から離脱させ、その精神世界を拡大し豊饒化させる契機ともなる。正義基底的リベラリズムは、他者を、支配の対象でも戦略的妥協の対象でも慈恵の対象でもなく、自己変容を迫る攪乱的存在として接遇することを要請する。

バーリンの自由概念図式において、消極的自由は「権力からの自由」として、積極的自由はその集団的形態である民主的自己統治に注目して「権力への自由」として描写されている。私見では、根本的に重要な自由の区別は「他者からの自由」と「他者への自由」の間にある。消極的自由と積極的自由はいずれも「他者からの自由」である。他者の干渉を拒否する消極的自由が他者からの自由であることは理解しやすいだろう。しかし、積極的自由もまた、それが内包する自己力能化への意志ゆえに、他者を支配するか、集団的自己統治主体たる集合的自我

（我々）の内に他者を同化吸収することによって、自己の同一性の変容を迫る攪乱的存在としての他者を排除する傾向を秘めており、その意味で他者からの自由である。

「他者への自由」とは、攪乱的存在としての他者を恐れず接遇し、他者接遇を触媒とする自己変容の試練を引き受ける自由である。自由の敵は他者以上に、自己自身の内にある。自己の信念世界がいかに偏狭で独善的であっても、むしろそうであればあるほど、そこに安住し続けたいという欲望に我々は強く支配される。自己の成長を阻む最大の桎梏は自己自身である。自己支配は他者支配に転化するが、問題はそれだけでない。自己に支配される自己は自己の殻に閉じ込められるのである。自己の狭隘な殻を破って成長する自由は、自己支配からの自己の解放、すなわち「自己からの自由」である。自己からの自由の触媒となるのは、自己と異質な他者の視点からの批判的自己吟味を求める正義の規律である。この規律を引き受けた「他者への自由」は同時に「自己からの自由」でもある。

二〇二一年一月六日、米国のトランプ前大統領のデマゴギーに扇動されて彼の狂信的信奉者たちが国会議事堂を襲撃した。この事件は世界中に衝撃を与えた。彼らはトランプのデマを疑うことなく、「エリート支配を打破して国家を我ら人民の手に取り戻す」とか、「選挙不正を正して民主主義を守る」という大義のために市民の代表として行動しているのだという信念を頑なに抱いていた。彼らなりに、「公民的徳性」を発揮し、「積極的自由」を行使したのである。恐るべきは、大統領選でトランプが敗れたとはいえ七千四百万票も獲得し、彼の退陣後もなお多くの支持者がいることである。米国でトランプの後釜を狙う野心的政治家がいるだけでなく、ブラジルなど他国でもミニ・トランプ的デマゴーグが大衆の支持を得ている。さらに、このような民主国家の信用失墜が、中国をはじめとする専制国家を増長させている。「選挙不正」のデマで民主的選挙の結果を覆そうとする手法は、二〇二一年二月一日のミャンマーの軍事的クー・デタでも模倣されている。

トランプ現象は次の点で、本書の主張に陰惨な、しかし鮮明な例証を与えている。他者の視点からの批判的自己吟味を求める正義の規律に背を向けた自由、すなわち「他者からの自由」は、狂暴な権力への意志に直結する。この意志に突き動かされる人々は、いかに不合理なカルト的信念であっても、自己のアイデンティティを一旦そこに繋留させると、そこから離脱して成長する「自己からの自由」を喜んで捨て、自己の独断的信念への忠誠に、自己支配（自己に支配される自己）の証を、すなわち積極的自由の証を求める。

いま目前にある民主主義の自壊の危機を解決するために必要な理念は、公民的徳性でも、消極的自由でも、積極的自由でもない。普遍主義的正義理念を真剣に受け止めて、自己と異なる視点をもつ他者との対話を通じた自己変容の試練を引き受ける「他者への自由」である。他者への自由の陶冶が言うは易く行うは難しいのは当然である。しかし、現在の民主主義の危機の深刻さは、この企てがいかに困難であろうと回避不可能であることを示している。

この危機のさなかにおいて、民主主義を自壊から救う哲学として、リベラリズムの意義を改めて社会に発信するために本書の増補新装版を刊行する機会を得たことは、研究者冥利につきる。学術書の出版が楽ではない状況の中で、この貴重な機会を与えてくださった編集者鈴木クニエさんと勁草書房に、この場を借りて心からお礼を申し上げる。

二〇二一年二月　他者を欺けなくても自己を欺ける人間の不可思議な能力に驚きつつ

井上達夫

〈追記〉「井上戯画」の歪みを正す

本書は創文社刊の初版本体に、この新稿を付した増補新装版である。「本体」は改変していないが、一点だけ補注をここで付したい。本書第三章九二頁の末尾の三行に、「例えば、流された血の量を指標にする限り、同じくイスラム・シーア派が多数を占めるイランとイラクの領土をめぐる利害対立の方が、米国とイランとのイデオロギー対立よりもはるかに熾烈である」という一文がある。一九八〇年に勃発したイラン＝イラク戦争に関わる記述である。第三章の基礎になる旧稿が出た後、長尾龍一が私の正義論への批評の中で、特にこの部分に言及した後、次のように激越に批判している。

イランとイラクの戦争は領土をめぐる利害対立の戦争であるとともに、否それ以上にイスラム原理主義をめぐるイデオロギー対立であり、アーリア人とアラブ人のナショナリズムの対立でもあり、なかんずく戦争を長期化させているのは、利害よりも戦争責任という正義の問題を優先させるイラン政府の態度にある。アメリカがこれまでのところイランへの軍事行動を抑制しているのは、イランをソ連側に追いやることを避けようという打算と、「悪しき平和も正しき闘争にまさる」というヴェトナム戦争の経験などから学んだ諦観的平和主義である。（中略）

私の見るところ、井上氏のリベラリズム論は、今世紀前半のリベラリズムの悲劇を忘却し、人生を挫折、老い、病い、死の側から凝視した東洋の英知を無視して、アメリカ的視野からアメリカ的問題をアメリカ的に解こうとした思想家たちの視野の構造をそのまま承継した、「アメリカナイズされた日本」の一つの象徴である。（長尾龍一「煩悩としての正義」（初出一九八七年）『法哲学批判』信山社、一九九九年、一三八―一三九頁）

長尾のこの論評の初出は一九八七年だが、これを再掲した彼の著書は本書初版と同じ一九九九年に刊行されているから、その時点でも彼は同じ見解を公表したということになる。長尾龍一は私の同門の兄弟子（碧海純一の門下生）だが「第二の恩師」とも言うべき存在で、彼の厳しい批判から私は多くを学んできた。ただ、右の批判はいただけない。特に引用文の後段は学問的論評というより「戯画的諷刺」である。ここで問題にしたいのは前段だが、後段に描かれた「井上達夫の戯画」にある虚偽を正すことが、前段への応答の狙いでもあるので、後段についてまず応答しておく。

「今世紀［二〇世紀］前半のリベラリズムの悲劇」が民主的なワイマール体制の下でナチズムという鬼子が生まれ、親を食い殺したというような歴史を意味するとしたら、私はそれを忘れた覚えはないし、それを自覚するからこそ、民主政とリベラリズムの緊張関係を曖昧にする言説を私は厳しく批判してきた（本書四八―五一、九三―九八頁、『現代の貧困』第一章など参照）。さらには、ポスト冷戦時代のリベラリズムの破綻と指摘されるものをも自覚するからこそ、リベラリズムの哲学的再構築の道を探究しているのである。

「東洋の英知」について言えば、そもそも東洋と西洋の区別自体が欧米中心主義の認知枠組にすぎず、東洋と西洋のいずれが優れているか、いずれの方がひどいかという問い自体がナンセンスである。東洋と呼ばれる地域も西洋と呼ばれる地域も、戦乱と暴力によって血塗られ、迷妄・偏見・差別・抑圧に満ちている。「東洋の英知」なるものが「東洋」の歴史と現在を「西洋」のそれより平和で幸福なものにしたと言うならその証拠を示してほしいが、そんな証拠を長尾は提示していないし、提示できるはずもないだろう。「東洋の英知」をふりかざすアジア的価値論の欺瞞性を私は徹底的に批判している（『普遍の再生』第二章参照）。

「人生を挫折、老い、病い、死の側から凝視」するのは東洋の専売特許などではない。「死を忘るなかれ（*memento mori*）」という格言がキリスト教世界で常用されてきたことは言うまでもない。「不死の存在」となった男の悲劇を描いたボーヴォワールの『人はすべて死す』や、疫病で閉鎖された都市の中での人間の連帯を描いたカミュの『ペスト』のような小説を読むだけでも、長尾の主張が偏見にすぎないことは明らかになるだろう。実際、生老病死という人間の実存的限界の共有に根差す「有限性（finitude）の共同性」という観点から、共同体論が追求する「充実（plenitude）の共同性」に代わる共同体の価値のリベラルな再定義を私は試みているのである（本書一七八―一七九頁参照）。

「アメリカナイズされた日本」の象徴という烙印付けは長尾による私の戯画化の最も歪んだ部分である。米国の覇権性と自己中心性、そしてロールズをはじめとする米国知識人たちの思想的堕落を厳しく批判した拙著『普遍の再生』や『世界正義論』を読んでいただければ、この烙印の不当性は明らかになるだろう。長尾の批評の前段が示すイラン＝イラク戦争の現実認識の問題はこの点と直結している。

ここでこの問題の検討に入る。イラン＝イラク戦争に関する冒頭に掲げた私の言明について、長尾と同様な疑念をもつ読者もいるかもしれないので、私の趣旨を敷衍しておきたい。

イラン＝イラク戦争の主因として、まず長尾は「イスラム原理主義をめぐるイデオロギー対立」を挙げている。たしかに、シーア派が支配するイランに対し、イラクのフセイン政権はスンニー派だが、同派はイラクでは国民の二割にすぎない少数派であり、国民の六割を占める多数派はシーア派である。戦争を始めるのは政治家だが、兵士として戦闘し、戦乱に巻き込まれるのは国民である。仮にフセイン政権の開戦動機が反シーア派的宗教感情にあるとしても、それをイラク国民全体に帰するのは無理である。

実際には、フセインの主たる開戦動機は二つあった。第一に、イラン革命の混乱に乗じてイランの重要な油田地帯を奪取することである。アラブ・ナショナリズムなど、アラブ諸国の間に先鋭な利害対立がある中では、フセインが自国益拡張を合理化するために掲げた空疎なスローガンにすぎない。イラン＝イラク戦争停戦二年後の一九九〇年にフセインが石油権益確保のためにアラブ国家のクウェートを侵攻した事実は、その明白な証拠である。第二に、フセインは開戦一年前にバース党内部のライヴァルを粛正して政権獲得したばかりで、自己の権力基盤を固めるためにこの戦争を利用した。戦争で国内を統一するだけでなく、革命後のイランに敵対する諸外国、特に米国を利用したのである。

米国はイランへの軍事行動を抑制したと長尾は言うが、それは外観にすぎない。米国は中立不干渉を標榜しながら、実際にはイランの反米ホメイニ体制の瓦解を狙ってイラクに大規模な軍事支援を陰で行い、この米国の「陰の支援」をフセインは自己の権力基盤強化に利用した。

「戦争を長期化させているのは、利害よりも戦争責任という正義の問題を優先させるイラン政府の態度にある」という長尾の言明は、何とも米国に優しい「米国中心的戦争観」である。先制攻撃で当初優勢だったイラク軍が、体制を立て直したイラン軍の猛攻を受け形勢逆転すると、このままイランに一方的な軍事的勝利を与えることを恐れた米国は、イラク軍とイラン軍との勢力バランスが、開戦前の原状に近い落としどころで休戦協定ができる程度に回復するまで、イラク軍の支援を強化し続けたのである。

そもそも最初に先制攻撃をした侵略国はイラクである。イランのイラクに対する戦争責任追及を非難するのは侵略抑止力を低めることになるだけではない。米国の介入がなければ、イランはイラクをもっと早く打倒し、イラクの侵略を国際法に従って裁いて戦争を終結させえたであろう。戦争を長期化させた陰の主役は、自国益のために裏から介入し、湾岸諸国の勢力関係が自国に不利にならないよう工作した米国である。長尾は戦争長期化について主役の米国を免罪し、被侵略国のイランを断罪するという、まことに親米的な倒錯的主張をしている。

米国が「ヴェトナム戦争の経験などから学んだ諦観的平和主義」により軍事行動を抑制したという長尾の主張も、米国が喜ぶ「親米史観」である。「諦観的平和主義」自体が論理的にも機能的にも自壊的であることを私は示しているが、この点は別としても、イラン＝イラク戦争、一九九〇年のイラク＝クウェート戦争、二〇〇三年のイラク戦争という三つの湾岸戦争で無差別戦争観、消極的正戦論、積極的正戦論など、その都度、自国権益擁護に都合のいい戦争の正義論を二重基準、三重基準で使い分け、中東における自らの権益の固守拡大のために放縦に軍事介入をしてきた。私は普遍主義的正義理念に立脚して、現在まで尾をひく悲惨な帰結を中東にもたらした米国の専横な軍事的介入を批判している（米国の中東における恣意的で無責任な軍事的行動の批判的分析と、かかる恣意を制御する戦争の正義論の構想については、『世界正義論』第五章参照）。

以上、イラン＝イラク戦争への私の例示的な言及に対する長尾の批判に応えるために、現実認識の問題に立ち入った。「アメリカ的視野からアメリカ的問題をアメリカ的に解こうとした思想家たちの視野の構造」に囚われた者として私を断罪する長尾が、なぜこの戦争について、かくも米国中心的に歪められた現実認識に耽るのか、私には理解不能である。

現実認識の歪みの問題は別としても、長尾の批判は上記の私の言明が置かれた論脈、私の議論構造におけるその位置を見誤っており、私への批判の矢としては的外れである。

冒頭に引用した私の言明は、その後に続く文章を読めば明らかなように、価値対立の解決の方が利益対立の解決よりも哲学的に困難であるという私の基本命題が、あくまで哲学的な解決の困難性に関わり、政治的な調整は利害対立の方が困難な場合があることを認める「譲歩的な射程限定」として述べられたものである。もし長尾が主張するように、イラン＝イラク戦争がイスラム原理主義をめぐる抗争等々の宗教的・イデオロギー的対立に根差していたがゆえに激化したとすれば、それは私の基本命題を論駁するものではなく、逆に、私の基本命題の譲歩的な射程限定が不要であることを意味し、彼の主張は私の立場をむしろ補強することになるのである。

以上、「補注」と言いながら、かなり長くなってしまった。長尾の批判は私の立場に対する誤解・曲解の典型例の一つなので、私が試みているリベラリズムの哲学的再構築の意義と射程を一層明確化するために、立ち入って応答した。本書への読者の理解を深めることができれば幸いである。

なお、長尾と私との応酬の辛辣さに驚く読者もいるかもしれないので、蛇足を付そう。この程度の論戦は、私が若い頃から日常茶飯事のように長尾と繰り広げたものである。「和して同ぜず」という論争共同体の精神を語る者は多いが、実践する者は少ない。我々は実践してきた。この実践自体が私にとってはリベラリズムの精神を具現するものである。大先輩である彼の「激越な批判」を私は「愛の鞭」と受け止めているし、私の「しばき返し」は報復ではなく、彼から学んだものを生かして彼を迷妄から覚醒させる試みであり、彼から受けた学恩への報恩である。「サド＝マゾ共同体」と言うなかれ。

# 人 名 索 引 （＊は註頁）

# 事項索引（＊は註頁）

## ア行



## カ行

## サ　行

## タ　行

## ナ　行



## ハ　行

## マ　行



## ヤ　行



## ラ　行

# 註——他者への自由

外国語文献の邦訳は，私が参照したもののみ付記する．

## 第1章　序説——なぜリベラリズムが問題なのか

1）F. Fukuyama, *The End of History and the Last Man,* Free Press, 1992.（渡部昇一訳『歴史の終り』上下，三笠書房，1992年）．

2）参照，佐伯啓思『現代社会論——市場社会のイデオロギー』講談社，1995年．

3）参照，加藤尚武「「リベラル」大バーゲン時代」『諸君』1994年5月号．26頁以下．

4）参照，V・レーニン『国家と革命』宇高基輔訳，岩波文庫，1957年．

5）Cf. A. O. Hirschman, "Social Conflicts as Pillars of Democratic Market Society," in *Political Theory,* Vol.22（1994）, p. 213.

6）ただし，現代ドイツにおいては社会の断片化の進行によるマクロ・コーポラティズムから多極コーポラティズムへのコーポラティズムの変容が問題にされている．Cf. G. Teubner, "The 'State' of Private Networks: The Emerging Legal Regime of Polycorporatism in Germany," in *Brigham Young University Law Review,* Vol.1993（1993）, pp. 553-575. 労働者の階級的一体性を前提とする政・労・使三極構造のマクロ・コーポラティズムが，労働者の利害の多様化により解体するのは，階級対立の利益対立的性格を証明こそすれ，否定するものではない．

7）参照，本書第3章91-98頁．

8）宗教改革以降の寛容論の伝統への政治的リベラリズムの定位について，cf. J. Rawls, *Political Liberalism,* Columbia U. P., 1993, pp. xxivf.

9）参照，K・マルクス「ユダヤ人問題に寄せて」中野正訳，『ヘーゲル批判』（大内兵衛・向坂逸郎監修『マルクス・エンゲルス選集』第1巻），新潮社，1957年，51-81頁．

10）Cf.R. Dahl, *Dilemmas of Pluralist Democracy: Autonomy vs. Control,* Yale U. P., 1982; *do., Democracy and Its Critics,* Yale U. P., 1989, pp. 280-298; T.J.Lowi, *The End of Liberalism: The Second Republic of the United States,* W. W. Norton & Company, 1979.（松村岐夫監訳『自由主義の終焉——現代政府の問題性』木鐸社，1981年．）日本における多元主義の受容について，参照，石田徹『自由民主主義体制分析——多元主義・コーポラティズム・デュアリズム』法律文化社，1992年，191-241頁．因に，石田はネオ・コーポラティズム論を「多元主義以後」の理論とし，その集団アプローチと階級アプローチを対比する観点から，階級を利益集団の一つとみなすことに反対しているが，その根本的な理由は，マクロな体制問題をも左右しうる組織権力を労働がもつ点に求められ，階級対立と利益対立との質的な差異が証示されているわけではない．同書，1・2章，終章参照．なお，「多元主義」は多義的であり，ここで問題にしている利益集団多元主義以外のものも意味しうることを否定する意図はない．

11）Cf. Lowi, *supra* note 10.

12）Cf. Hirschman, *supra* note 5, p. 215.

13）本書第4章．また，参照，井上達夫「個人権と共同性──「悩める経済大国」の倫理的再編」，加藤寛孝編『自由経済と倫理』成文堂，1995年，271-283頁．

14）この見解の立ち入った分析として，参照，井上達夫『共生の作法──会話としての正義』創文社，1986年，216-240頁，および本書第3章の註7．

15）参照，井上『共生の作法』（註14），216，239頁．

16）参照，同書，224-230頁．

17）参照，同書，241-263頁．なお，ロールズのリベラルな政治社会像がオークショットの社交体概念と相似性をもつことは，ロールズ自身が近著において認めるに至った．Cf. Rawls, *supra* note 8, pp. 41f.; M. Oakeshott, *On Human Conduct,* Oxford U. P., 1975. pp. 185-326.

18）共同体論の代表的論客として通常挙げられるのは，チャールズ・テイラー，アラスデア・マッキンタイア，マイケル・サンデル，マイケル・ウォルツァーなどであるが，彼ら自身は「共同体論」という名称で自己の立場を性格付けることを必ずしもしていない．この名称の下に彼らの思想を総合し発展させる最近の試みとして，cf. D. Bell, *Communitarianism and Its Critics,* Oxford U. P., 1993.（著者は有名な社会学者にダニエル・ベルと同姓同名だが別人である．）以下の本文に要約した諸見解の典拠については，井上「個人権と共同性」（註13），318頁註4-10に挙げた文献を参照されたい．普遍主義批判については主としてウォルツァー，原子論的人間観批判と反卓越主義批判については主としてサンデルの議論・概念枠組に依拠して再構成している．

19）Hirschman, *supra* note 5, p. 216.

20）Cf. Rawls, *supra* note 8.

21）Rawls, *A Theory of Justice,* Harvard U. P., 1971.

22）Rawls, *supra* note 8, pp. 13f.

23）*Ibid.,* p. 10.

24）この種の共鳴者の例として，cf. R. Rorty, "The Priority of Democracy to Philosophy," in *Objectivity, Relativism and Truth,* Cambridge U. P., 1991, pp. 175-196; *do., Contingency, Irony, and Solidarity,* Cambridge U. P., 1989, pp. 44-69.

25）参照，本書第3章117-121頁．政治的価値の源泉を特定共同体の共通了解に置くウォルツァーの議論に対する相同的な批判として，cf. R. Dworkin, *A Matter of Principle,* Harvard U. P., 1985, pp. 214-220.

26）Cf. J. Raz, *Ethics in the Public Domain: Essays in the Morality of Law and Politics,* Oxford U. P., 1994, p. 69.

27）Cf. F. A. Hayek, *Law, Legislation and Liberty,* Vol. 1, Chicago U. P., 1973.

28）Cf. J. Raz, *op. cit.*（註26), pp. 45-109; *do., The Morality of Freedom,* Oxford U. P., 1986, pp. 110-157, 369-429.

29）Raz, *supra* note 26, p. 105.〔ラズ「リベラリズム・懐疑・民主制」（井上達夫訳）『自由と権利──政治哲学論集』（森際康友編）勁草書房，1996年，228頁〕

30）*Ibid.,* pp. 85-89.〔井上訳194-200頁．〕

31）*Ibid.,* pp. 107-109.〔井上訳232-235頁．〕

32）例えば，ラズは同性愛者などに対する国家の道徳主義的パターナリズムに対して消

極的姿勢を示すが，クリストファー・ウルフはラズが道徳主義的パターナリズムを原理的に排除する議論は示しえていないとして，卓越主義の観点から，その不徹底性を批判する．Cf, Raz, “Liberty and Trust,” in R. George (ed.), *Natural Law, Liberalism, and Morality,* Oxford U. P., 1996, pp. 113-129; Christopher Wolfe, “Being Worthy of Trust: a Response to Joseph Raz,” in R. George (ed.), *op. cit.,* pp. 131-150.

33) Cf. M. Sandel ,*Democracy's Discontent : America in Search of a Public Philosophy,* Harvard U. P., 1996, pp. 317-351.

**第２章　自由への戦略――アナキーと国家**

1) V. Havel, “Words on Words,” in *The New York Review of Books,* Vol. 36, Nos., 21 & 22, 1990, p. 8.

2) Cf. *ibid.,* p. 6.

3) *Ibid.*

4) Cf. *ibid.*

5) Cf. *ibid.,* p. 8.

6) Havel, “The Future of Central Europe,” in *The New York Review of Books,* Vol. 37, No. 5, 1990, p. 18.

7) *Ibid.,* p. 19.

8) 参照，トクヴィル『アンシャン・レジームと革命』（井伊玄太郎訳）りせい書房，1974年．〔新訳：小山勉訳『旧体制と大革命』ちくま学芸文庫．1998年〕．

9) Cf. F. A. Hayek, “Liberalism,” in *New Studies in Philosophy, Politics, Economics and the History of Ideas,* Routledge & Kegan Paul, 1978, pp. 119-151; *do., Law, Legislation, and Liberty, Vol. I : Rules and Order,* The University of Chicago Press, 1973.

10) Cf. J. Rawls, *A Theory of Justice,* Harvard U. P., 1971. 反功利主義的リベラリズムについては，参照，井上達夫『共生の作法――会話としての正義』創文社，1986年，126-136，145-148，177-185頁．

11) Cf. J. S. Mill, *On Liberty,* ed. by G. Himmelfarb, Penguin Books, 1974, pp. 77-96.

12) 参照，井上・前掲書（註10），14-20，194-203頁．

13) レーニン『国家と革命』（宇高基輔訳）岩波書店，1957年．

14) 参照，同書，15-28頁．

15) 参照，同書，28-37，55-82，87-92，118-143，153，160-164頁．

16) 価値対立の下での公共性の追求という観点から，リベラリズムの性格を解明するものとして，参照，本書第３章．

17) レーニン・前掲書（註13），42頁．

18) 同書，116頁．

19) 同書，141頁．

20) 参照，同書，125-128，139-143頁．

21) 同じ強制概念の区別を，ハイエクの自由論の批判という「正反対」の目的に適用するものとして，Cf. D. Miller, *Market, State and Community : Theoretical Foundations*

*of Market Socialism,* Oxford U. P., pp. 26-28.

22) 参照，レーニン，前掲書（註13），65-66，72-74，140-141頁.

23) 例えば，クロポトキンがロシア革命以前に既に示した，次の鋭い洞察を見よ.「もしも国家が……生産と交換手段をも所有するようになるならば，そのとき出現すべき新しい形の賃金制度を否認する点では，アナーキストはすべてみな一致する．すでに国家が手にする力（租税，領土防衛，国教会など）に，こうして新しい力，産業の力が付加されるならば，そこから生じるのは，圧制の，新しい恐るべき道具なのだ.」（勝田吉太郎訳「近代科学とアナーキズム」猪木正道・勝田吉太郎編『プルードン，バクーニン，クロポトキン』世界の名著53，中央公論社，1980年，526頁．この論文のロシア語初版は1901年，翻訳底本のフランス語版は1913年.）

24) 参照，プルードン「一九世紀における革命の一般理念」（渡辺一訳）勝田・猪木編，前掲書，152-156頁.

25) Cf. R. Nozick, *Anarchy, State, and Utopia,* Basic Books Inc., 1974, Part I, pp. 3-146.（嶋津格訳『アナーキー・国家・ユートピア(上)』木鐸社，1985年.）

26) ここではマレー・ロスバードの見解に即して検討する．Cf. M. N. Rothbard, “Society without a State,” in J. R. Pennock & J. W. Chapman (eds), *Anarchism,* New York U. P., 1978, pp. 191-207. アナルコ・キャピタリズムの全般的展望として，参照，ノーマン・バリー『自由の正当性——古典的自由主義とリバタリアニズム』（足立幸男監訳）木鐸社，1990年，208-244頁.

27) Rothbard, *op. cit.,* p. 192.

28) Cf. *ibid.,* pp. 196-200.

29) Cf. *ibid.,* pp. 193f.

30) Cf. M. Taylor, *Community, Anarchy and Liberty,* Cambridge U. P., 1982, pp. 39-53, 59-65.

31) Cf. Nozick, *supra* note 25.（嶋津訳・前掲書.）

32) 参照，井上『共生の作法』（前掲註10），182-185頁.

33) 社会福祉について，市場アナキストはノージックのようなリバテアリアン（cf. Nozick, *supra* note 25, pp. 265-268）と同様，援助を人々の自発的慈善に委ねるが，これが，防衛サーヴィスの市場的供給と同様，フリー・ライダー問題や保証問題を発生させることについて，cf. Miller, *supra* note 21, pp. 98-123.

34) ここではマイケル・テイラーに即して検討する．Cf. M. Taylor, *supra* note 30.

35) *Ibid.,* p. 3.

36) Cf. *ibid.,* pp. 57f.

37) Cf. *ibid.,* pp. 25-30.

38) Cf. *ibid.,* pp. 33-38, 89f., 161-164.

39) Cf. *ibid.,* pp. 30-32.

40) Cf. *ibid.,* pp. 65-90.

41) Cf. *ibid.,* pp. 81f., 86f.

42) Cf. *ibid.,* p. 85.

43) Cf. *ibid.,* pp. 4-10.

44) Cf. *ibid.*, pp. 91-94, 95f.

45) Cf. *ibid.*, p. 92.

46) Cf. *ibid.*, pp. 120-129.

47) Cf. *ibid.*, pp. 105-107.

48) Cf. *ibid.*, pp. 108-112.

49) 共同体アナキストにおける，この志向の一端は，協力様式の共同性だけではなく，協力の産物の性格を問題にし，例えば自動車のような製品の反共同体的性格を指摘するところにも，現れている．Cf. M. Taylor, *supra* note 30, pp. 170f.

50) 共同体アナキストもこの点を承認する．Cf. M. Taylor, *ibid.*, pp. 166f. しかし，極端な実力格差がなく緊密な経済的相互依存と外交的交流によって結ばれた諸国家の間には共同体的アナキズムの秩序構想が成立しうる．この「諸国家のムラ」の構想について，参照，井上達夫「自由の秩序」同編著『自由・権力・ユートピア』（新・哲学講義 7）岩波書店，1998年，66-68頁．

51) Cf. *ibid.*, p. 168.

52) 参照，K・ローレンツ『攻撃——悪の自然誌』第 2 巻（日高・久保訳）みすず書房，330-331頁．

53) Cf. M. Taylor, *supra* note 30, p. 168. これは共同体的アナキストにとって，世界同時革命ではなくとも，世界同時改革運動の必要性を含意する．Cf. *ibid.*, p. 169.

54) アナキズムの全般的な性格付けと分類については，cf. J. P. Clark, "What Is Anarchism?" in Pennock & Chapman (eds.), *supra* note 26, pp. 3-28. 古代から現代までのアナキズムの思想史的概観として，参照，大澤正道『アナキズム思想史——自由と反抗の歩み』（増補改訂版）現代思潮社，1967年．

55) 参照，猪木正道・勝田吉太郎「アナーキズム思想とその現代的意義」猪木・勝田編，前掲書，56-58頁．（この部分の記述は勝田による．）

56) Cf. D. McIntosh, "The Dimensions of Anarchy," in Pennock & Chapman (eds.), *supra* note 26, pp. 239-272.

57) この点は，アナキズムのパトスを自由に還元する立場への批判として，マッキントッシュによって指摘されている．Cf. McIntosh, *idid.*, pp. 245-248. ただし，自由を強制の欠如と欲求の実現という「主観的自由」としてではなく，自己の行動を，自己の理性的な判断によって選んだ規範に基づかしめる責務という，カント的な自律として解釈した上で，この意味での自由と国家の両立不可能性を主張する立場もある．Cf. R. P. Wolff, *In Defense of Anarchism*, Harper & Row Publishers, 1970. しかし，ウルフの自律の観念にも，他者の判断の自己の判断に対する優越性標榜の否定という，平等主義的モティーフが含まれている．この判断力の平等主義を，判断の可能根拠としての公共的基準の必要性という観点から，批判するものとして，cf. G. Wall, "Philosophical Anarchism Revisited," in Pennock & Chapman (eds.), *supra* note 26, pp. 284-287.

58) バクーニン「神と国家」（勝田吉太郎訳）猪木・勝田編，前掲書，249頁．

59) 参照，同書，252-253頁．

60) 参照，井上『共生の作法』（前掲註10），206-211頁．

61) Cf. C. Pateman, "Feminist Critiques of the Public/Private Dichotomy," in A.

Phillips (ed), *Feminism and Equality,* Basil Blackwell, 1987, pp. 103-126.

62) Cf. M. Foucault, "Disciplinary Power and Subjection," in S. Lukes, (ed), *Power,* New York U. P., 1986, pp. 229-242. 訓練権力に対する洞察は，プルードンの有名な統治の定義，60以上の，あの動詞の波に中に，既に先駆的に示されている．即ち，「統治されるということは，様々なことをされることであるが，中でもそれは，「監視され，検査され……見積もられ，評価され……記録され，登録され，調査され……測定され，査定され……免許され，認可され，注記され……，利用され，訓練され」ることなのである．（プルードン・前掲論文（註24），227頁.）

63) Cf. Foucault, *supra* note 62, pp. 233f.

64) マイケル・ウォルツァーは，そのフーコー批判において，法的言説や医学的言説などが，フーコー的意味における真理を生産する権力であることは事実であるが，まさにそうであるがゆえに，これらの言説が，また真理へのコミットメントそのものが，正当化可能な権力行使と，恣意的な訓練権力の発動とを識別して，後者を制約することを可能にすること，「刑罰を予防拘禁から識別し，狂人の収容を政治的反対者の収容から識別」し，「市民の教育をイデオロギー教練から識別」することを可能にすることを指摘している．彼によれば，リベラルな国家や社会民主主義的な国家と，全体主義的国家との違いは，まさに，訓練権力に対する制約を維持するか破棄するかにある．真理と権力との共犯関係を指摘するだけで，どの真理＝権力に我々は与すべきなのか，新しい真理＝権力を創造しなければならないとしたら，そのための建設的プランは何かについて，考察を拒否していることが，ウォルツァーが見たフーコーの政治理論と社会批判の「破局的弱点（the catastrophic weakness）」である．Cf. M. Walzer, "The Lonely Politics of Michel Foucault," in *The Company of Critics : Social Criticism and Political Commitment in the Twentieth Century,* Basic Books, Inc., 1988, pp. 207f. なお，精神病院や刑務所などにおける訓練権力に対し，患者や囚人らの人権の実効的な法的救済を図る現代的な試みとして，米国において近年論議の的となっている「制度改革訴訟」が注目に値する．参照，大沢秀介『現代型訴訟の日米比較』弘文堂，1985年.

## 第3章　公共性の哲学としてのリベラリズム

1) 「公共性」という言葉は多義的且つ曖昧であるが，本章ではこれを次のような意味で用いる．$x$(決定，制度，原理等々）が公共性をもつのは，(1)$x$が当該社会内における対立を解決するものとして公権力（当該社会の共同の権力）によって強行されるとともに公権力の行使を規制する権威をもち，且つ，(2)この権威が対立のどの当事者も不公平だとして拒絶できないような理由により正当化されているとき，且つそのときのみである．言うまでもなく，この定義は本稿における「公共性」という言葉の使い方を一応示すものに過ぎず，問題の公共性観念がこれによって解明されるわけではない．しかも，本文で明らかにするように，あらゆる対立状況における公共性観念の理解可能性が，この定義によって当然に保証されるわけではない．

2) トーマス・ネーゲルはこの問題を，主観的観点と客観的観点との対立という彼の一般的テーマと関連付けて，鋭く掘下げている．Cf. T. Nagel, " Moral Conflict and Political Legitmacy," in *Philosophy and Public Affairs,* Vol. 16 (1987), esp. pp. 215-217,

223-237.

3) 本章99-100頁，本章註5参照.

4) 参照，井上達夫『共生の作法――会話としての正義』，創文社，1986年，206-240頁.

5) 参照，同書，224-230頁.

6) 参照，同書，194-203頁.

7) ここに示した見解はリベラリズムを認識論的に基礎付けようとするネーゲルの見解とはやや異なる．彼は自己の道徳的判断が真であると信じることとそれが真であることを区別する客観的観点に立つとき，単に自己の信念に訴えることと真理に訴えることとの区別が可能になり，真理に訴えるためには「公共的正当化（public justification)」，すなわち，間主観的批判可能性をもち，且つかかる批判的吟味に耐えた理由による正当化が必要であることが理解され，かかる公共の正当化が可能な道徳的見解のみを政治的決定の正当化理由として承認する立場としてリベラリズムを基礎付けることが可能になるとする．Cf. T. Nagel, *supra* note 2, pp. 229-231. しかし，公共の正当化の不可能な価値観に訴える者は単に自己の信念に訴えているだけで真理に訴えているのではないという主張を，かかる価値観に訴える者は承認しないであろう．彼は「これは私が信じているから真なのではなく，真であるから私は信じているのだ」という主張を依然誠実になし得る．従って，リベラリズムを特色付ける区別は信念に訴えることと真理に訴えることとの区別ではなく，真理に訴えることと公共の正当化理由に訴えることとの区別である．

8) ジョゼフ・ラズによる「第一次理由（first-order reasons)」の間の覆しと第二次理由としての「排除理由（exclusionary reasons)」による第一次理由の排除との区別（cf. J. Raz, *Practical Reason and Norms,* Hutchinson U. P., 1975, pp. 35-48）に基づいて，正義による正しい善き生の構想の制約は覆しではなく，排除であるとする見解が提示されるかもしれない．しかし，正義が善き生の諸構想を政治的決定の正当化から排除する理由であるとしても，正義がかかる諸構想を排除し得るのは，正義がそのウェイトにおいて後者よりも重く，後者を覆し得るからである．ラズの理論の解釈は別として，私見を述べるならば，排除理由 $e$（正義）によって保護された第一次行為理由 $p$（政治的決定）は $p$ よりもウェイトの重い（即ち，$e$ による保護がなければ $p$ を覆し得る）第一次行為理由 $p'$（善き生の構想）に優位し得るから，$p$ の $p'$ に対する優位関係は覆しとは区別されなければならないが，$p$ がこの特別の保護された地位を享受し得るのは $e$ のウェイトが $p'$ よりも重いとき，且つそのときのみである．$p'$ が $e$ をも覆し得るときに，なお $p$ の $p'$ に対する優位を主張するのは権威の許容し難い神秘化である．理由の競合の解消に関する本質的な区別は競合する理由間の覆しと排除理由による第一次理由の排除との区別にではなく，強い理由が弱い理由を覆す関係と，排除理由によって保護された弱い理由がそれより強い理由に優位する関係との区別に求められるべきである．

9) ロナルド・ドゥオーキンはリベラルな国家が芸術を保護・奨励することの正当化理由を，諸個人が広い選択範囲を享受できるような，複雑で豊かな文化の構造の維持・発展と，かかる文化構造を将来の世代へ引き渡す現世代の責任に求めている．Cf. R. Dworkin, Can a Liberal State Support Art ?, in *A Matter of Principle,* Harvard U. P., 1985, pp. 221-233. しかし，なぜ広い選択範囲が必要なのかという問いに対して，多様

性を自己目的化することなく答え得るためには，かかる文化構造が人格構成価値の一部であることを示す議論を展開しなければならないであろう．

10）参照，井上・前掲書（註4），230-240頁．

11）正義の善に対する先行性を否定し，一定の善の観念に訴えてリベラリズムを擁護する立場から，かかる反比例を提示するものとして，cf. W. Galston, “Defending Liberalism,” in 76 *The American Political Science Review,* 1982, pp. 623f. ガルストンがリベラリズムをそれによって擁護しようとする善の観念は「個我の発展（the individual development）」を核としており，彼がリベラルな善の理論の諸価値として挙げているものは大部分人格構成価値として解釈し得るものであり（cf. Galston, *op. cit.,* pp. 627f.），これらを正義の基底性に依拠するリベラリズムは排除する必要はない．しかし，彼はこれを超えて，リベラルな国家が，善き生とは何かの解答に関わる人格完成価値をも公定し，道徳主義的パターナリズムを積極的に遂行する「訓導的後見国家（tutelary state）」であり得ることを示唆しており（cf. Galston, *op. cit.,* pp. 626f.），この点で本稿のリベラリズム理解と対立する．

12）Cf. J. S. Mill, *On Liberty,* ed. by G. Himmelfarb, Penguin Books, 1974, chap. 1.

13）参照，井上・前掲書（註4），231-263頁．

14）Cf. J. Rawls, “Justice as Fairness: Political not Metaphysical,” in *Philosophy and Public Affairs,* Vol. 14 (1985), pp. 223-251; *do.,* “The Idea of an Overlapping Consensus,” in *Oxford Journal of Legal Studies,* Vol. 17 (1987), pp. 1-25; *do., Political Liberalism,* Columbia U. P., 1993.

15）Cf. R. Rorty, “The Priority of Democracy to Philosophy,” in *Objectivity, Relativism, and Truth,* Cambridge U. P., 1991.

16）参照，井上・前掲書（註4），206-216頁．

17）Cf. J. Rawls, *A Theory of Justice,* Harvard U. P., 1971, pp. 137, 284-293, 453-462, 496-504 *et passim.*

18）Cf. J. Rawls, “The Idea of an Overlapping Consensus,” *supra* note 14, pp. 9-12, 18-22.

19）*Ibid.,* p. 24.

〈後記〉　本章で展開した思索は，ハーヴァード大学哲学科で，1986年秋学期に私が参加したジョン・ロールズ教授の道徳哲学演習における議論から，多くの触発を受けている．ロールズ教授，および議論を交換した他の参加者各位に，謝意を表したい．

### 第4章　共同体論の諸相と射程

1）この枠組設定につき最大の影響力をもったのは，言うまでもなく，ロールズである．Cf. J. Rawls, *A Theory of Justice,* Harvard U. P., 1971.

2）「共同体主義」ではなく「共同体論」という訳語を採用したのは，本文で示すように，この立場が，単一の〈主義〉ではなく，必ずしも予定調和の関係にない複数の異なった〈主義〉の複合体だからである．

3）Cf. C. Lasch, “A Response to Joel Feinberg,” in 3 *Tikkun* (1988), No. 3, p. 42. なお，リベラルな平等主義と文化共同体保護の要請との対立緊張・統合可能性に関して，cf.

W. Kymlicka, *Liberalism, Community, and Culture,* Oxford U. P., 1989, esp. pp. 135-181.

4) 共同体論に共鳴的な社会学者・哲学者グループによる，この観点からの同時代的精神状況分析として，cf. R. Bellah *et al., Habits of the Heart : Individualism and Commitment in American Society,* Harper & Row Publishers, 1985. 本書が米国でベスト・セラーになったという事実自体が，本文で触れた問題意識の広がりを示すと言える.

5) Lasch, *supra* note 3, p. 42.

6) かかる背景をもつ共同体論の問題提起は，現代日本の問題状況とは「ねじれ」の関係にある．これについては参照，井上達夫「個人権と共同性――「悩める経済大国」の倫理的再編」加藤寛孝編『自由経済と倫理』，成文堂，1995年所収.

7) これについては，参照，本書第3章，第5章，井上達夫『共生の作法――会話としての正義』，創文社，1986年，第5章.

8) ここに挙げた共同体論の論客たちの著作については，参照，本書第4章註9，第5章註20，註40．なお，次の文献を追加したい．Cf. C. Taylor, *Hegel and Modern Society,* Cambridge U. P., 1979 ; M. Walzer, *Interpretation and Social Criticism,* Harvard U. P., 1987.

9) Cf. B. Barber, *Strong Democracy : Participatory Politics for a New Age,* University of California Press, 1984, pp. 148-162, 242-251. 共同体論の二類型の緊張関係を示すものとして，バーバーのマッキンタイア批判が興味深い．Cf. Barber, *The Conquest of Politics : Liberal Philosophy in Democratic Times,* Princeton U. P., 1988, pp. 177-192.

10) この歴史的結合性については，ハーヴァード大学政治学科における1987年秋学期のサンデル教授の演習“Liberalism, Law, and Political Theory”に私が参加した際，同教授より教示を受けた．共和主義的再解釈については，cf. B. Bailyn, *The Ideological Origins of the American Revolution,* Harvard U. P., 1967 ; G. Wood, *The Creation of the American Republic, 1776-1787,* W. W Noton & Company, 1969 ; J. G. A Pocock, *The Machiavellian Moment : Florentine Political Thought and the Atlantic Republican Tradition,* Princeton U. P., 1975.

11) Taylor, *supra* note 8, p. 115.

12) 但し，バーバーは現実的な体制改革の戦略としては，リベラルな立憲主義との妥協の用意も示しており，曖昧さを残している．cf. Barber, *Strong Democracy, supra* note 9, pp. 307-311.

13) Cf. N. L. Rosenblum, *Another Liberalism : Romanticism and the Reconstruction of Liberal Thought,* Harvard U. P., 1987, pp. 152-186.

14) 参照，本書第5章150-154頁.

15) 最近，森村進は人格同一性を相対化する立場から，自省的主体性論を批判している．参照，森村進『権利と人格――超個人主義の規範理論』，創文社，1989年，105-107頁，同「リベラリズムと共同体主義」，桂木隆夫・森村進編（矢崎光圀・長尾龍一監修）『法哲学的思考』，平凡社，1989年，24-25頁．しかし，通時的な人格的同一性の実在的（物理-心理的）基盤の不在は，「自己の歴史」を紡ぐ我々の物語的営為によって異時点の異質な自我を統合するような自省作用（自己解釈）の可能性を排除しないし，むしろかか

る物語的再統合を要請するだろう．自己解釈の物語的性格について，参照，本書165-166頁．

16）特に，本書第5章154-172頁を参照．

17）参照，本書第5章177-179頁．

18）Cf. W. V. Quine, *From a Logical Point of View,* 2nd ed., Harvard U. P., pp. 20-46 ; *do., The Philosophy of Logic,* Englewood Cliffs, 1970, pp. 80-102 ; J. Rawls, *supra* note 1, pp. 20f., 48-53, 577-587. 共同体論の論客の一人，ウォルツァーも，解釈を通じて伝統を内在的に批判する「関与的批判者（the connected critic）」の立場をとるが，内在的批判の可能根拠として，批判を超越した岩盤的価値の必要性を否定するのか否か，必ずしも明らかではない．Cf. Walzer, *supra* note 8, esp. pp. 35-66.

19）（5）を最も詳細に展開しているのはウォルツァーである．彼の見解の簡単な紹介・検討として，参照，井上達夫「平等——法哲学の側から」，星野英一・田中成明編『法哲学と実定法学の対話』，有斐閣，1989年，91-94頁．

20）Cf. H. Arendt, *The Human Condition,* The University of Chicago Press, 1958, pp. 22-78.

21）リベラリズムの観点からの公共性概念の解明として，参照，本書第3章．

22）参照，本書第3章115-116頁．

23）この言葉はアルバート・ハーシュマンの著書（A. O. Hirschman, *Shifting Involvements : Private Interest and Public Action,* Princeton U. P., 1982）の標題に由来するが，ここでは，N・ローゼンブルームによって拡張された意味で用いている．すなわち，私的領域は単なる消費生活や私利追求だけではなく政治過程の外部での理想主義的諸活動や共同体的生活実践なども含む．Cf. Rosenblum, *supra* note 13, pp. 125-151.

24）Cf. Taylor, *supra* note 8, pp. 154-169.

**第5章　共同体と自己解釈的存在**

1）Cf. J. S. Mill, *On Liberty,* ed. by G. Himmelfarb, Penguin Books, 1974 (first published in 1859).

2）ミルの危害原理によって惹起された論争の，その後の展開について，cf. P. Devlin, *The Enforcement of Morals,* Oxford U. P., 1965 ; H. L. A. Hart, *Law, Liberty, and Morality,* Oxford U. P., 1963 ; *do.,* "Social Solidarity and the Enforcement of Morality," in 35 *University of Chicago Law Review* (1967), pp. 1-13 ; R. Dworkin, *Taking Rights Seriously,* Harvard U. P., 1977, pp. 240-265 ; J. Gray, *Mill on Liberty : A Defence,* Routledge & Kegan Paul, 1983.

3）註4から註9までに挙げる論者たちの文献を参照．これらの論者の見解は，ときに「反卓越主義（antiperfectionism）」と呼ばれる．（もっとも，彼らがみな，善についての主観主義や懐疑主義に立脚しているわけではない．）反卓越主義に対する詳細な批判的検討として，cf. J. Raz, *The Morality of Freedom,* Oxford U. P., 1986, pp. 107-162. しかし，第1章で指摘したようにラズの立場はヌエ的である（本文22頁参照）．自律を一つの集合善（a collective good）とみなす彼自身の代替的自由論（cf. *op. cit.,* pp. 192-216, 369-429）は，彼自身が主張するように，真に多元主義的な立場であるのなら，本

章で示すような，正義と善き生の特殊構想とのリベラルな区別と両立可能な仕方で，再定式化できると思われる．ロールズの「基本善（*primary goods*）」の観念（例えば，註4に挙げた三番目の文献を参照）にも例証されるように，正義と善とのリベラルな区別は，集合善の観念一般を排除するものではないし，自律の諸条件を，個人間の取引によって処分できないという意味での，集合善として保障することと両立する．逆に言えば，ラズの理論の多元主義的性格がきわめて限定的であって，社会の多数者と異なる生活様式を営む少数者を抑圧・迫害する多数者の専横をも，集合善の名において正当化する含意を，もしそれがもつとすれば，彼自身が標榜している彼の理論のリベラルな性格が疑われよう．

4） Cf. J. Rawls, *A Theory of Justice,* Harvard U. P., 1971, pp. 3-6, 31f., 449f., 560-567, 586f., *et passim ; do.* , "Kantian Constructivism in Moral Theory," in 77 *Journal of Philosophy* (1980), pp. 515-572 ; *do.,* "Social Unity and Primary Goods," in A. Sen and B. Williams (eds.), *Utilitarianism and Beyond*, Cambridge U. P., 1982, pp. 159-185 ; *do.,* "Justice as Fairness : Political not Metaphysical," in 14 *Philosophy and Public Affairs* (1985), pp. 223-251 ; *do.,* "The Idea of an Overlapping Consensus," in 7 *Oxford Journal of Legal Studies* (1987), pp. 1-25 ; *do*., "The Priority of Right and Ideas of the Good," in 17 *Philosophy and Public Affairs* (1988), pp. 251-276.

5） Cf. R. Nozick., *Anarchy, State, and Utopia,* Basic Books, 1974, pp. 271-274, 297-334.

6） Cf. R. Dworkin, *AMatter of Principle,* Harvard U. P., 1985, chaps. 8 and 9, pp. 181-213 ; *do*., "What Liberalism Isn't" in *The New York Review of Books,* January 20, 1983, pp. 47-50 ; *do*., "Notes on Moral Conflict and Political Legitimacy," Draft, September 9, 1987,（最後の草稿は，長谷川晃氏の御厚意により参照できた．）

7） Cf. C. Fried, *Right and Wrong,* Harvard U. P., 1978, pp. 7-29, 167-176 ; *do*., "Liberalism, Community, and the Objectivity of Values," in 96 *Harvard Law Review* (1983), pp. 967f.

8） Cf. B. Ackerman, *Social Justice in the Liberal State,* Yale U. P., 1980, esp. pp. 3-30, 327-378.

9） Cf. C. Larmore, *Patterns of Moral Complexity,* Cambridge U. P., 1987, pp. 40-68.

10） この法観念は，法と強制との結合を強調しているが，法を「威嚇によって支持された命令（orders backed by threats）」と見るような，素朴な法強制説と混同されてはならない．素朴強制説は，ある規範が法規範であるのは，逸脱行態に対する強制的制裁によって，その実効性が保障されているときのみであるとするのに対し，本文で示した法観念によれば，ある規範は，かかる強制的制裁による実効性保障がなくとも，強制の使用を制度的に統制する公共的に受容された正統化図式の一部であるならば，法規範とみなされうるのである．素朴強制説を徹底的に批判したＨ・Ｌ・Ａ・ハートの法理論は，後者のような法観念を排除するものではなく，むしろ，その一解釈とみなしうる．Cf. H. L. A. Hart, *The Concept Law,* Oxford U. P., 1961, pp. 18-120.

11） ミルの危害原理も，このような境界確定の可能性に依存せしめない仕方で解釈する可能性はある．例えば，危害原理が行為者の主観的自由の下に置く自己関係的行為を，他者に関わりのない行為としてではなく，行為者の人格形成を規定することを通じて他

者にも影響しうる行為として，解釈するものとして，cf. R. Dworkin, *Taking Rights Seriously,* pp. 263f.

12）1960年代のハート＝デヴリン論争（註2に挙げた両者の文献参照）では，社会全体に対する倫理的危害，すなわち，社会の倫理的統合の解体効果を理由にした道徳主義的干渉の是非が主として論じられたが，社会全体に対する倫理的危害の観念が，漠然性の故に斥けられたとしても，行為者の行為によって，自己の倫理的感情を害される特定または不特定多数の他者（個人）に対する倫理的危害は，なお問題になる．これを理由にした道徳主義的干渉を，危害原理により排除するためには，他者に対する倫理的危害の危害性を否定せざるをえない．なお，行為者自身に対する倫理的危害（倫理的墜落）を理由にした，道徳主義的干渉は，後述するパターナリズムの一形態である．

13）Cf. J. S. Mill, *supra* note 1, pp. 163-187.

14）Cf. D. Parfit, *Reasons and Persons,* Oxford U. P., 1984, pp. 318-321.

15）Cf. H. L. A. Hart, *Law, Liberty, and Morality, supra* note 2, pp. 32-34.

16）このアプローチを先駆的に展開したものとして，cf. G. Dworkin, "Paternalism," in 56 *The Monist* (1972), pp. 64-84. この論文の問題提起を一つの契機とする，パターナリズムについての最近の論争状況を示す論文集として，cf. R. Sartorius (ed.), *Paternalism,* University of Minnesota Press, 1983. 論争状況を整理する邦語文献として，参照，中村直美「法とパターナリズム」，日本法哲学会編『法と強制』（1982年度法哲学年報），有斐閣，1983年，37-60頁．

17）Cf. R. Nozick, *supra* note 5, pp. 149-231.

18）Cf. J. Rawls, *A Theory of Justice, supra* note 4, pp. 65-83, 258-332 ; R. Dworkin, "What Is Equality? Part I: Equality of Welfare," in 10 *Philosophy and Public Affarirs* (1981), pp. 185-246 ; *do.*, "What Is Equality? Part II: Equality of Resources," in 10 *Philosophy and Public Affarirs* (1981), pp. 238-345 ; *do.*, "What Is Equality? Part III: The Place of Leberty," in 73 *Iowa Law Review* (1987), pp. 1-54 ; B. Ackerman, *supra* note 8, pp. 31-68, 201-227.

19）Cf. F. Hayek, *Law, Legislation and Liberty,* Vol. II, University of Chicago Press, 1976, p. 87 ; C. Fried, *Right and Wrong,* pp. 114-131.

20）Cf. M. J. Sandel, *Liberalism and the Limits of Justice,* Cambridge U. P., 1982 ; *do,*. "Morality and the Liberal Ideal," in *The New Republic*, May 7, 1984, pp. 15-17 ; *do.*, "Introduction," in M. J. Sandel (ed.), *Liberalism and Its Critics,* Basil Blackwell, 1984, pp. 1-11 ; *do.*, "The Political Theory of the Procedural Republic," in R. B. Reich (ed.), *The Power of Public Ideas,* Ballinger Publishing Company, 1988, pp. 109-121 ; *do., Democracy's Discontent : America in Search of a Public Philosophy,* Harvard U. P., 1996.

最後に挙げたサンデルの近著は「共和主義的再解釈」の流れに乗って，米国憲政史を共和主義的伝統からリベラルな中立性と個人権思想の優位へと「堕落」する過程として描く歴史記述が中心であり，哲学的発展はあまり見られない．その末尾で「複合的に位置付けられた自我（multiply-situated selves）」なる自我観を提示し，忠誠の葛藤を生きる能力の必要に触れるが，これについてはわずか二頁程の短い論及をするにとどまる．

しかも，この視点を徹底するなら彼のリベラリズム批判は足場を失い，個人権の意義を再評価せざるを得なくなるだろう．（これについては，参照，井上達夫「個人権と共同性」加藤寛孝編『自由経済と倫理』成文堂1995年所収．）従って，リベラリズムに対する彼の哲学的批判は最初の主著のそれに焦点を当てて考察する．近著の紹介・検討として，参照，駒村圭吾「公民的共和制構想と価値衝突」『白鷗法学』9号（1997年）．

アラスデア・マッキンタイアはサンデルに影響を与えた哲学者の一人で，共同体論の代表的論客の一人とみなされているが，本章では扱わない．(Cf. A. MacIntyre, *After Virtue,* 2nd ed., University of Notre Dame Press, 1984 ; *do.*, *Whose Justice ? Which Rationality ?* University of Notre Dame Press, 1988.) マッキンタイアも「善き生」を構成する徳の伝統の，政治哲学における重要性を強調しているが，同時に，静的・権威主義的と彼がみなすバーク流の保守主義を斥け，異なった諸伝統の多元的併存と伝統解釈の論争性を，事実として承認するだけではなく，規範的にも是認し，自由な批判的論議を，伝統に対立するものとしてではなく，むしろ伝統の生命として捉える「リベラル」な側面も有しており（cf. A. MacIntyre, *After Virtue,* 2nd ed., pp. 221-224 ; *do.*, *Whose Justice ? Which Rationality ?,* pp. 1-11, 326-403），全体政治社会の構成原理についての彼自身の積極的構想や，その中でのリベラルな政治的諸価値の位置付けを，明確にしてはいない．いずれにせよ，本章で問題にする正義の基底性の観念に照準を合わせたリベラリズム批判を，最も詳細かつ明確に展開しているのは，サンデルであると思われるので，本章では彼の議論を，重点的に扱うことにする．（マッキンタイアの見解の紹介と批判として，参照，森村進「リベラリズムと共同体主義」，桂木隆夫・森村進編著『法哲学的思考』，平凡社，1988年，7-39頁．さらに，cf. D. Cornell, “Toward a Modern／Postmodern Reconstruction of Ethics,” in 133 *University of Pennsylvania Law Review* (1985), pp. 314-327.）なお，共同体論の自我論や主体性論に関して，チャールズ・テイラーも，重要な仕事をしており，本章164頁と註31で簡単に言及するが，彼の仕事の立ち入った検討は，別の機会に譲らなければならない．Cf. C. Taylor, *Philosophical Papers,* 2 Vols. (Vol. I : *Human Agency and Language* ; Vol. II : *Philosophy and the Human Sciences*), Cambridge U. P., 1985.

共同体論に対する概括的な展望・検討として，cf. A. Gutman, “Communitarian Critics of Liberalism,” in 14 *Philosophy and Public Affairs* (1985), pp. 308-322 ; C. MacCrudden, “Community and Discrimination,” in J. Eekelaar and J. Bell (eds.), *Oxford Essays in Jurisprundence,* 3rd Series, Oxford U. P., 1987, pp. 221-238 ; J. Feinberg,” Liberalism, Community, and Tradition,” in 3 *Tikkun* (May／June 1988), pp. 38-41, 116-120. また，第1章註18を参照．

21）Cf. M. J. Sandel, *Liberalism and the Limits of Justice, supra* note 20, pp. 1-65.

22）Cf. *ibid.*, pp. 164f.

23）Cf. *ibid.*, pp. 66-103, 133-154.

24）これは，自己の属性・状況に自己の同一性が完全に吸収され，自己の属性・状況を反省する能力を全く失った「根底まで位置付けられた自我（a radically situated self)」(cf. M. J. Sandel, *Liberalism and the Limits of Justice,* pp. 20f.) から区別されている．「反省的に位置付けられた自我」は本文で示すように，自己の同一性を部分的に自己の

属性・状況に負うが故に，豊かな自省力を享受する自我である．以下，単に「位置ある自我」と言うときは，「反省的に位置付けられた自我」を意味する．

25) Cf. M. J. Sandel, *Liberalism and the Limits of Justice*, pp. 147-183.

26) Cf. *ibid*., pp. 179-183 ; M. J. Sandel, "Morality and the Liberal Ideal," *supra* note 20, p. 17 ; *do*., "Introduction," *supra* note 20, pp. 6f. ; *do*., "The Political Theory of Procedural Republic," *supra* note 20, pp. 109-121.

27) ポルノグラフィーの問題に関して，この帰結を示すものとして，cf. M. J. Sandel, "Morality and the Liberal Ideal," p. 17 ; *do*., "Introduction," p. 6.

28) Cf. M. J. Sandel, "Morality and the Liberal Ideal," p. 17 ; do., "Introduction," p. 7.

29) Cf. E. Fromm, *Escape from Freedom,* Holt, Rinehart & Winston, 1941. 根無し草的個人における自由の病理についての，従来の探求の簡潔な要約を与えるものとして，cf. B. Barber, *Strong Democracy,* University of California Press, 1984, pp. 98-102.

30) Cf. J. Rawls, "Justice as Fairness : Political not Metaphysical," in *Philosophy and Public Affairs,* Vol. 14 (1985), pp. 230f., 239(footnote) ; R. Dworkin, *A Matter of Principle, supra* note 6, p. 203 ; B. Ackerman,*supra* note 8, p. 361. ロールズにおいては，この応答は，最近の彼の「政治的リベラリズム (political liberalism)」の構想，即ち，論争的な哲学的立場によってではなく，立憲民主国家の政治文化に埋め込まれた，共有された基本的直感を合理的に再構成する正義の政治的構想によって，リベラリズムを性格付け，擁護しようとするアプローチと直結している．自己の善き生の構想を形成・発展させる能力と，正義の制約を理解し遵守する能力という，二つの道徳的能力を備えた，自由かつ平等な「道徳的人格 (moral person)」の観念に，彼の正義論はコミットしているが，これは，論争的な哲学的自我観ではなく，「政治的見解 (a political view)」であるとされる．「政治的見解における人格の構想，例えば，自由かつ平等な人格としての市民の観念は，哲学的心理学の諸問題や，自我の本質についての形而上学的教説に巻き込まれる必要はないと，私は信じる．いかなる政治的見解も，これらの深遠で未解決の諸問題に依存するならば，立憲民主国家における正義の公共的構想として役立つことはできない．既に述べたように，我々は寛容原理を哲学そのものにも適用しなければならないのである．望ましいのは，このいわば回避の方法 (this method of avoidance) によって，競合する政治的見解の間の現存する対立が，完全に除去できなくとも，少なくとも緩和され，その結果，相互的尊重に基づく社会的協働が維持されうることである．」(J. Rawls, *op. cit*., pp. 230f.)

自我の問題について，私がこの回避の方法を斥けているのは，本章で明らかにする通りであるが，正義の基底性の観念を擁護するには，他の哲学的諸問題についても，論争的な立場をとらざるをえないと私は考えている．この観点からの，ロールズの政治的リベラリズム志向に対する批判として，参照，本書第3章117-121頁．

もっとも，政治的リベラリズムへの「転向」によって，ロールズが彼の正義論の哲学的真理要求を，一切放棄したと断定することはできない．1988年夏，ハーヴァード大学でのロールズ教授との会見の際，私はこの点を確認するために，次のような質問をした．「一つの民主的な社会を想定して下さい．そこでは，誰もが第一原理からの演繹を唯一信頼できる論証方法とする基礎付け主義 (foundationalism) を受容しており，ただ，

何が第一原理になるかについてだけ，対立があるので，これについては多数決原理に従っているとします．あなたは，反省的均衡（reflective equilibrium）の観念に基づく，あなたの反基礎付け主義的正当化理論が，このような社会においても正しいと信じますか．」彼の答えはイエスであった．

31） 後述するように，サンデル自身，この表現を用いている場合もある．C・テイラーは，恥・尊厳・罪・誇りの感覚や，倫理的義務感，良心の呵責など，「主体相関的（subject-referring）」で言語依存的な感情を，自己理解の基礎とする人間存在のあり方を，「自己解釈的動物（self-interpreting animals）」という言葉で表現し，分析している．Cf. C. Taylor, "Self-interpreting Animals," in *Philosophical Papers,* Vol. I, *supra* note 20, pp. 45-76. テイラーの分析にここで立ち入ることはできないが，一言だけ言えば，主体相関的感情は，単なる内感の表出や主観的選好ではなく，人間的主体にとっての善という観点からとらえられた，状況の価値的意味（import）についての，妥当要求をもつ判断を含むものであり，このような価値判断を自己理解の基盤とする限りで，彼の「自己解釈的動物」の観念は，本章で示すような「自己解釈的存在」の観念と一致する．Cf. C. Taylor, *op. cit.,* pp. 47-56, 59-62, 65-68.

32） M. J. Sandel, *Liberalism and the Limits of Justice, supra* note 20, p. 179.

33） 本章157-159頁の区別に即して言えば，この男は，ケチ臭さというような，自己の表層の心理的性格を，自己の深層の倫理的性格に照らして，再評価しようとしているのである．

34） Cf. M. J. Sandel, *Liberalism and the Limits of Justice, supra* note 20, pp. 180-182.

35） 青山治城は，私のこの議論が認識論的次元と規範的次元とを混同していると批判する．（青山治城「人間と社会——ルーマンの正義論をめぐって」，土方透編『ルーマン／来るべき知』勁草書房，1990年所収．）彼の批判の趣旨についての私の理解が正しいとすれば，彼はサンデルの言う構成的共同体を，何らかの規範的コミットメントを共有する共同体としてではなく，自他の規範的コミットメントの相互理解（相互認識）のみによって結ばれた共同体として解釈しているようである．この解釈が正しいとは思わないが，仮にその通りだとすれば，正義の基底性批判というサンデルの目的にとって，構成的共同体観はイレレヴァントであることになってしまう．自他の善き生の構想の相互理解の可能性の承認は，正義の基底性を否定する理由にならない．

尤も，青山は「他者の善の構想をそれとして理解できるのは，それが私の自己のなかにも入り込んでいるからであろう」という，まさに論証さるべき点を論拠を示さずに主張する．これが，他者の善の構想を自ら受容することなしには，それを理解することはできないということを意味するのであれば，規範的次元と認識論的次元との混同は，むしろ批判者の方にある．混同ではなく自覚的統合であると言うのであれば，いかにして統合できるのかについて，説明すべきであるし，そもそも混同を理由に私の議論を批判するのが的外れであったことになろう．いずれにせよ，私自身は規範を真理要求をもつ判断とみなす認識説の立場に立っており，規範的次元と認識論的次元の区別をこの文脈では重要だと考えない．（参照，拙稿「規範と法命題——現代法哲学の基本問題への規範理論的接近」，『国家学会雑誌』，第98巻11・12号，第99巻5・6号，11・12号，第100巻3・4号．）規範の受容は単なるコミットメントではなく，判断作用・認識作用でもある．こ

の文脈で問題になるのは，規範的次元と認識論的次元との区別ではなく，他者の規範認識を理解することと，それに同意することとの区別である．

36）Cf. W. Galston, “Defending Liberalism,” in 76 *The American Political Science Review* (1982), pp. 623f.

37）Cf. J. S. Mill, *supra* note 1, pp. 77-96.

38）Cf. K. Popper, *The Open Society and Its Enemies*, Vol. II. 5th ed. 1966, pp. 369-396.

39）ロールズ評によれば，このような国制は，非現実性とは別に，諸共同体の間に相互反目と敵意をもたらし，内乱や分裂の危険性を常に孕むという欠陥がある．ロールズが念頭に置いていたのは南北戦争という米国の経験である．

40）Cf. R. Nozick, *supra* note 5, pp. 297-334.

スキャンロン評によれば，ノージックと共同体論とのこの関係は偶然ではなく，共同体論の論客の一人であるマイケル・ウォルツァーとノージックとの，1970年代初頭のハーヴァード大学での共同講義における相互影響が，「歴史的」背景をなしている．この共同講義については，ウォルツァーが彼の主著の一つの謝辞で論及している．Cf. M. Walzer, *Spheres of Justice : A Defense of Pluralism and Equality,* Basic Books, 1983, p. xvii.

41）Cf. R. Nozick, *supra* note 5, p. 312.

42）Cf. M. Oakeshott, *On Human Conduct,* Oxford U. P, 1975, esp. chap. 3, pp. 185-326 ; *do., Rationalism in Politics,* Methuem, 1962. 参照，井上達夫『共生の作法——会話としての正義』，創文社，1986年，241-263頁．

43）Cf. M. Oakeshott, *On Human Conduct,* p. 237.

44）いわゆる「隣人訴訟」の問題において，このことが一つの重要な論点となっている．参照，星野英一編『隣人訴訟と法の役割』，有斐閣，1984年，65-77，166-173頁／土居健郎「訴訟の背後にあるもの——不幸と悲しみ」，『ジュリスト』793号，32-33頁／井原美代子「死の悲しみの受容をめぐって」，『ジュリスト』793号，34-36頁．

〈後記〉　本章は，1988年6月6日に，アラバマ大学（米国アラバマ州タスカルーサ市）で発表した英文草稿“The Claims of Community and the Limits of Law”を加筆修正の上，和訳した論文の再録である．草稿発表の際にも若干の参加者から有益なコメントを頂いたが，法哲学的・政治哲学的問題について，一層立ち入ったコメントは，私が1986年8月から2年間，客員研究員として研修したハーヴァード大学哲学科の，ジョン・ロールズ教授とトーマス・スキャンロン教授，および同大学政治学科（Department of Government）のマイケル・サンデル教授から頂いた．この三教授には事前に私の英文草稿を読んで頂いた上で，それぞれ，1988年7月20日，18日，26日に面談し，口頭でコメントを頂き，意見を交換した．これらの対話のメモに基づいて，三教授への応答を末尾に註として書き加えて和訳したのが原論文である．この対話を消化・吸収して，いずれ全面的に書き直すというのが当初の意図であったが，生成過程を消去した完成品として原論文を再構成するよりは，対話の痕跡をそのまま呈示する方が読者の思考を触発するのにふさわしいのではないか，そのように考えて，三教授のコメントと私の応答を本文の関連箇所に傍註として組み込む形で本書に再録することにした．原論文と同様，本章は依然中間報告であるが，哲学の営みの原点が対話，しかも終わりなき対話であるな

ら，哲学的論考は中間報告でしかありえないだろう，

ロールズ教授，スキャンロン教授，サンデル教授，およびアラバマ大学での研究報告の機会を準備して下さった，同大学政治学科（当時．現在は中央大学総合政策学部）のスティーヴン・リード教授に，特に謝意を表したい．

### 第6章　自由世界のディレンマ

1)　自己満足的勝利感に対して自由世界の自己批判精神の覚醒を図るという観点から，本章ではリベラリズムの危機を問題にするが，このことは西側における社会主義思想が同様な，あるいは一層深刻な思想的・哲学的危機に直面していることを否定するものではないのは言うまでもない．さらには，社会主義思想における危機克服の試みの重要性を否定するものでもない．本稿では立ち入れないが，例えば，サッチャー政権下での左翼の大敗北を契機に英国で勃発してきた社会主義の知的再編の運動，特にその一環としての市場社会主義の理論的再興の試みなどは注目に値する．Cf. D. Miller, *Market, State and Community : Theoretical Foundations of Market Socialism,* Oxford U. P., 1989 ; J. Le Grand & S. Estrin (eds.), *Market Socialism,* Oxford U. P., 1989. また，ドイツ統一に伴う社会主義的左翼の危機とその知的再編の方向を，ハーバーマースを素材に分析するものとして，参照，村上淳一「社会主義体制の崩壊と『非共産党左翼』の課題――ユルゲン・ハーバーマースの展望」思想796号（1990年10月）90-105頁．

2)　Cf. R. J. Terchek, "The Fruits of Success and the Crisis of Liberalism," in A. J. Damico (ed.), *Liberals on Liberalism,* Rowman & Littlefield, pp. 22-25. 利益集団民主主義を「多元主義的民主主義（Pluralist Democracy）」と名付け，その問題点を鋭く剔抉したのはかつてそれに期待を寄せたロバート・ダールであるが，彼によれば，利益集団民主主義は，国民国家レベルの大規模社会において民主主義を実現することの不可避的な帰結である．その不可避性の理由は，大規模民主社会においては利益集団の形成・発展が可能であり，かつ，「一方的支配（domination）」や「階層支配（hierarchy）」を抑止する「相互的統制（mutual control）」の実現や実効的参加保障などのために，戦略的に有利ないし必要だからである．Cf. R. A. Dahl, *Dilemmas of Pluralist Democracy : Autonomy vs. Control,* Yale U. P., 1982, pp. 31-40. しかし，利益集団の発展を可能にし，有利かつ必要にしている背景的要因は，参政権や集会結社の自由などの政治的諸権利の拡充と実効化だけではなく，多様な利益要求を政治的アジェンダにのせるための制度的前提となる社会経済的権利の拡充と，それに伴う権利衝突の深刻化であろう．

3)　利益集団による集合的特殊利益追求の反公共的性格については，cf. Dahl, *ibid.,* pp. 40-53 ; F. A. Hayek, *Law, Legislation and Liberty, Vol. III : The Political Order of a Free People,* Chicago U. P., 1979, pp. 13-17, 96-100, 143-145. 同業組合による反社会的な独占利益追求が，組合内部では，しばしば「商道徳」という名で擬似公共的性格を付与されていることも，この関連で注目さるべきである．神奈川県の雪印牛乳販売組合の独禁法違反事件を素材に，この点をヴィヴィッドに描くものとして，参照，岡田与好『経済的自由主義――資本主義と自由』（東京大学出版会，1987年）59-62頁．（誤解を避けるためにいえば，岡田氏がこの例に言及しているのは，営業の自由を私的経済活動一般に対する国家権力の介入の排除という消極的意味においてのみ理解する，日本の法

律学界の通説を批判する論脈においてであって，利益集団民主主義を批判する論脈においてではない.）

4) Cf. Terchek, *supra* note 2, p. 26.

5) 利益集団民主主義が個人をアパシー化させる理由として，未組織の諸個人の政治的無力性だけではなく，労働組合・宗教団体・納税者集団・消費者集団など，利害を異にする多様な集団への同一個人の「重合的帰属（overlapping membership）」が，かかる個人を「政治的精神分裂（political schizophrenia）」に陥らせ，政治的態度決定における混迷感を深めさせることも指摘されている. Cf. B. Barber, *Strong Democracy : Participatory Politics for a New Age*, University of California Press, 1984, pp. 207f.

6) この思想運動の「外延」に属する論客の同定は，その「内包」をなす思想内容の統一的理解が，後述のように必ずしも容易ではないため，論者により異なりうるが，通常は，マイケル・サンデル，チャールズ・テイラー，アラスデア・マッキンタイア，マイケル・ウォルツァー，ベンジャミン・バーバー，J・G・A・ポコックなどの名が挙げられる. 共同体論の全般的展望と評価については，参照，本書第4章. マッキンタイア，サンデル，ウォルツァーに，それぞれ焦点をおいて検討するものとして，参照，本書第5章，および森村進「リベラリズムと共同体主義」桂木隆夫・森村進編著『法哲学的思考』（平凡社，1989年） 7-39頁，井上達夫「平等——法哲学の側から」星野英一・田中成明編『法哲学と実定法学の対話』（有斐閣，1989年）91-94頁.

7) 以上に要約したような思想を最も典型的に唱導しているのは，マイケル・サンデルである. Cf. M. J. Sandel, *Liberalism and the Limits of Justice,* Cambridge U. P., 1982 ; do., "The Political Theory of the Procedural Republic," in R. B. Reich (ed.), *The Power of Public Ideas,* Ballinger Publishing Co., 1988, pp. 109-121. 第5章註20を参照.

8) Cf. J. G. A. Pocock, *The Machiavellian Momemt : Florentine Political Thought and the Atlantic Republican Tradition*, Princeton U. P., 1975.

9) これらのモチーフの多面性と連携性については，参照，本書第4章129-134頁.

10) Cf. C. Taylor, "Cross-Purposes : The Liberal-Communitarian Debate," in N. L. Rosenblum (ed.), *Liberalism and the Moral Life,* Harvard U. P., 1989, pp. 165f., 171.

11) Cf. Sandel, *Liberalism and the Limits of Justice,* pp. 154-165, 179-183.

12) 道徳主義的干渉への共同体論の許容的態度を示すものとして，cf. Sandel, "Morality and the Liberal Ideal," in *The New Republic,* May 7, 1984, p. 17. 同性愛の法的規制に関して，その正当性を結論的に主張するものではないが，性的生活形式の道徳性に関する判断を，かかる規制の正当化理由にすることを排除するリベラルな自律観念を共同体論の観点から批判するものとして，cf. Sandel, "Moral Argument and Liberal Tradition : Abortion and Homosexuality," in 77 *California Law Review* (1989), pp. 533-538.

13) Cf. Taylor, *supra* note 10, pp. 166-181.

14) ロナルド・ドゥオーキンは，近年，政治社会の成員が特別に相互に負う政治的責務を「友愛（fraternity）」ないし「結合的責務（associative obligations）」の一種として捉え，その源泉として，「原理の共同体（a community of principle）」という共同体観を，リベラリズムの立場から発展させている. 原理の共同体は，歴史的・地理的偶然のみによって結合した「事実的モデル（a *de facto* model）」の共同体や，対立諸利益のそ

の都度の妥協によって結合した「ルール教本モデル（a rulebook model)」の共同体と対比され，「平等な配慮（equal concern)」に基礎を置く整合的な公共の政治道徳原理の体系として構想された法と，かかる法についての論争的解釈実践の歴史の共有によって結合されている．ドゥオーキンによれば，かかる原理の共同体においてのみ，その諸成員に負担を課す政治的決定の正統性が，各成員によって相互に対する友愛的責務の感覚に基づいて受容されうる．cf. R. Dworkin, *Law's Empire,* Harvard U. P., 1986, pp. 195-216. ドゥオーキンのリベラルな共同体理論の紹介・検討として，参照，旗手俊彦「ドゥオーキンの法哲学・政治哲学とリベラリズム」日本法哲学会編『現代における〈個人-共同体-国家〉』（法哲学年報1989）有斐閣，1990年，59-75頁．

ドゥオーキンのこの議論は，利益集団民主主義による社会の断片化と個人の疎外に対抗して，政治社会への同一化と能動的な公共性を回復させるという，本章で述べたようなリベラルな立憲民主主義の伝統の機能を，哲学的に形象化したものとして解釈できよう．ただ，原理の共同体の絆をなす平等な配慮については，何に対する平等な配慮かが問題にされなければならない．単に個人の利益一般に対する平等な配慮ではなく，自己の生を自律的に形成してゆく自由な人格としての個人の基本利益に対する平等な配慮こそが必要である．諸個人は単に受益主体（保護客体）としてではなく，自由な主体として平等に尊重され配慮されてこそ，公共的責任意識を陶冶されるのである．ドゥオーキンもこれを否定しないと思われるが，そうだとすれば，自由を平等理念の派生物とみなす彼の立場（cf. R. Dworkin, *Taking Rights Seriously*, Harvard U. P., 1977, pp. 266-278）は問題で，「平等な尊敬と配慮」は平等だけでなくそれに還元できない独立の理念としての自由を予め内包しているとみなさなければならないだろう．

なお，ドゥオーキンは最近，個人の私的生活と公的生活とのリベラルな融合形態を一つのユートピアとして描いている．このユートピアにおいては，平等な配慮に基づく友愛的責務は，もはや自己犠牲を伴う負担や責任ではなく，各人の善き生の構想そのものの成功が，自己の属する共同体の政治道徳的な成功に，すなわち，その共同体がすべての成員を平等な配慮をもって扱っていることに依存しているのである．この観点からドゥオーキンは，公民的共和主義の批判的組み換えによるリベラル化を図っている．Cf. R. Dworkin, "Liberal Community," in 77 *California Law Review* (1989), pp. 499-504. ドゥオーキンは，このリベラル化された公民的共和主義を，平等な配慮という政治理想の実現への諸個人の滅私奉公的総動員とは区別しているが，この区別が可能であるためにも，個人の自由を平等な配慮という優越的理念の単なる派生物にするのではなく，各人の権利としての自由を根幹に据えた上で，それに対する平等な配慮を，徳としての自由の可能条件とみなす視点が必要である．もっとも，自由と平等が相互に還元不能であることは両者がより根本的な理念としての正義の基底性によって制約されることを排除するものではない．

15) Cf. R. Dworkin, "Can a Liberal State Support Arts?" in *A Matter of Principle,* Harvard U. P., 1985, pp. 221-233.

16) 文化共同体を選択の場として捉え，自律の理念に基づいてマイノリティー集団の自文化保護への権利を基礎付けることにより，共同体論のリベラリズム批判を反批判するとともに，少数者文化の問題に対するリベラリズムの従来の人種融合中心主義的な発想

を批判し，自由・共同体・文化の関係に関するリベラリズムの思考を多文化主義を包容する方向に深化させ発展させる重要な試みとして，cf. W. Kymlicka, *Liberalism, Community and Culture,* Oxford U. P., 1989 ; *do., Multicultural Citizenship*, Oxford U. P., 1995. なお，人格的自律の憲法学的意義の解明という観点から，自己決定権の前提条件としての共同体の問題に論及するものとして，参照，佐藤幸治「憲法学において『自己決定権』をいうことの意味」日本法哲学会編・前掲書（註14），90-94頁.

**第7章　自由の逆説——リベラリズムの再定位**

1）政治的現実主義から現代人の自由を選択しつつも，古代ギリシャのポリス的公共生活の喪失を嘆くコンスタンのロマン主義的情熱に注目するものとして，cf. N. Rosenblum, *Another Liberalism : Romanticism and the Reconstruction of Liberal Thought,* Harvard U. P., 1987, pp. 25-27. バーリンの自由論がリベラリズム批判者のための思想資源をも提供することを示すものとして，cf. A. Ryan (ed.), *The Idea of Freedom : Essays in Honour of Isaiah Berlin,* Oxford U. P., 1979.

2）平等を基底にするものとして，cf. R. Dworkin, *A Matter of Principle,* Harvard U. P., 1985, pp. 205-213. 公正基底的理論として，cf, J. Rawls, *A Theory of Justice,* Harvard U. P., 1971. 後期ロールズは公正概念から公共的正当化へリベラリズムの基盤を移している．Cf. Rawls, *Political Liberalism,* Columbia U. P., 1993, pp. 8-15, 133-254. 重合的合意と結合した後期ロールズの公共的正当化概念の脱哲学的・コンヴェンショナリスト的性格については本書でも批判した（18-20, 117-121頁参照）が，コンヴェンショナリスト的性格を払拭した哲学的な公共的正当化概念をリベラリズムの基盤に据える試みとして，cf, G. Gaus, *Justificatory Liberalism : An Essay on Epistemology and Political Theory,* Oxford U. P., 1996.

3）Cf. M. Oakeshott, *On Human Conduct,* Oxford U. P., 1975. オークショットの思想の脱啓蒙主義的性格はリベラリズムと対立するとみなされていた（cf. M. Sandel (ed.), *Liberalism and Its Critics,* Basil Blackwell, pp. 10-11）が，私は前著で彼の社交体理論のリベラルな性格を強調した．参照，井上達夫『共生の作法——会話としての正義』創文社，1986年，240-249頁.「リベラルとしてのオークショット」という理解は近年では確立されつつある．Cf. J. Gray, *Post-Liberalism : Studies in Political Thought,* Routledge, 1993, pp. 40-46. なお，この点に関連して，参照，本書第1章註17.

4）参照，本書第1章21-22頁.

5）参照，J. ラズ『自由と権利——政治哲学論集』（森際康友編共訳）勁草書房，1996年，264頁.

6）ただし，消極的自由に関するバーリンの次の言明は注意を要する.「あなたが自分の目標の達成を他人によって妨害されるときにのみ，あなたは政治的自由を欠いているのである．たんに目標に到達できないというだけのことでは，政治的自由の欠如ではないのだ．……『事物の自然はわれわれを怒らせ狂乱させはしない．ただ悪意のみがそうさせるのだ』と，ルソーはいっている．抑圧であるかどうかの基準は，わたくしの願望をうちくだくのに直接・間接に他の人間によって演じられると考えられるその役割にある.」（アイザイア・バーリン『自由論』（小川晃一・他訳）みすず書房，1971年，305-

306頁.）消極的自由が排除する干渉を他の人間による干渉に限定するとき，バーリンは自由の保障手段以上の意味を消極的自由に与えているように見える．しかし，他の人間によってある部屋に監禁されたときに私は自由を欠くが，地震の揺れでドアが開かなくなって同じ部屋に閉じ込められたときには私は自由を欠いていないという区別は，自由の概念に関するものとしては不自然である．自由の有無と自由の侵犯に対する他者の責任の有無とは別の問題である．私が自由を失うのは他者によってそれが奪われたときのみであるという主張を理解可能にするのは，自由とは別の価値である．すなわち，自然の妨害によっては侵犯されないが他の人間の妨害によって侵犯される価値とは自己と他者との平等である．他者の自己に対する支配は「天は人の上に人をつくらず，人の下に人をつくらず」という平等を侵犯するからこそ許されないという前提に立ったとき，排除さるべき干渉が他者のそれに限定される理由が明らかになる．

7)　救済教説としてのマルクス主義に対する批判として，参照，エルンスト・トーピッチュ『認識と幻想』（碧海純一監訳）木鐸社，1984年．

8)　「すべての可能な構成的愛着を剝ぎ取られた義務論的な自我は，それ自身の観点から見ても，解放されているというよりむしろ無力化されている（less liberated than disempowered）のだ．」（M. Sandel, *Liberalism and the Limits of Justice,* Cambridge U. P., 1982, pp. 177-178.）

9)　Cf. M. Sandel, *Democracy's Discontent : America in Search of Public Philosophy,* Harvard U. P., 1996 ; Benjamin Barber, *Strong Democracy : Participatory Politics for a New Age,* University of California Press, 1984. 共同体論と共和主義との間には微妙な連携緊張関係がある．本書ではこれを歴史主義的共同体論と参加民主主義的共同体論との関係として論じた（参照，本書第4章131-134頁）．なお，共和主義者の中には，政治参加による主体の徳育という卓越主義的な目的よりも，反公共的な特殊利益の跋扈に対する制度的・立憲主義的統制に関心をもつ論客もいる．彼らは利益集団多元主義を厳しく批判するが，自己の立場がリベラリズムと矛盾するとは考えていない．Cf. C. Sunstein, *The Partial Constitution,* Harvard U. P., 1993. 本章3節で示すようなリベラリズムの公共的正当化要請は，この種の共和主義とは一定の親和性をもつ．

10)　参照，本書第1章21-22頁．

11)　フリードリッヒ・ニーチェ『善悪の彼岸』（信太正三訳）ちくま学芸文庫版ニーチェ全集第11巻，筑摩書房，1993年，43頁．

12)　参照，ニーチェ『道徳の系譜』（信太正三訳）ちくま学芸文庫版ニーチェ全集第11巻，筑摩書房，1993年，375-419頁．

13)　参照，ニーチェ『善悪の彼岸』249-250頁．

14)　もっとも，マチエは彼女に対してシニカルな観察をしている．「ロラン夫人は，フォントネエ城で母親といっしょに食事に引きとめられた時に，召使の食堂で給仕をうけたことを不平におもっている．自尊心を傷つけられたことが，どれほど，アンシアン・レジーム（旧制度）の敵をつくったことだろうか！」（アルベール・マチエ『フランス大革命』上巻（ねづまさし・市原豊太訳），岩波書店，1958年，37頁．彼女の処刑を知って自殺した夫の動機についても，「恐らく悲しみのためというよりも，自分の財産が没収されるのを防ぐために――というのは彼には一人娘があったから」としている（同

『フランス大革命』下巻（ねづ・市原訳），岩波書店，1959年，135頁）．この種のシニシズムは歴史的客観性を保持するための距離というより，風刺漫画や週刊誌的暴露記事の誇張と臆断を思わせる．

15）参照，スタンダール『恋愛論』上（前川堅市訳）岩波書店，1931年，44-46頁原註1．

16）同書41頁．

17）参照，モリエール『ドン・ジュアン』（鈴木力衛訳）岩波書店，1952年，11-12頁．

18）参照，ビアス『新編　悪魔の辞典』（西川正身編訳）岩波書店，1997年，283-284頁．

19）モリエール・前掲書（註17）12頁．

20）“So that in the first place, I put for a generall inclination of all mankind, a perpetuall and restlesse desire of Power after power, that ceaseth onely in Death.” (Thomas Hobbes, *Leviathan*, ed. by Richard Tuck, Cambridge U. P., 1991, p. 70.)

21）モリエール・前掲書（註17）95頁．

22）同書96頁．

23）参照，同書97頁．ショシャナ・フェルマンはドン・ジュアンにおける約束の破棄の反復のうちに「〈死〉を切断し，〈時〉を逃れ去ること，そして切断するものとしての〈時〉を免れること」を見る（参照，フェルマン『語る身体のスキャンダル――ドン・ジュアンとオースティン，あるいは二言語による誘惑』勁草書房，1991年，49頁）．そして，スガナレルの「おれの給料！」という発話について次のような解釈を示す．「ドン・ジュアンは返済した，生命を．それでも，負債はやはり未払いのままだ．勘定はなされていない．せせら笑いながらくりかえすドン・ジュアンの声が，あの世から聞こえてくるようだ．……ドン・ジュアンの死はその生と同じくらい不正である．負債の支払いをさまたげ，それゆえふたたび約束を破棄するのが死である以上，死は意味をなさないのだ．天の自己拘束（engagement）は守られない．給金（gages）は支払われない．」（同書67頁．）言語行為論的な概念装置の使い方に疑問は残るが，ドン・ジュアンの不死性に関するフェルマンのこの解釈は示唆的である．（彼女のこの著作については野崎綾子氏の教示に負う．）

モーツァルトのオペラ『ドン・ジョヴァンニ』のフィナーレの六重唱では「悪が滅んだ」ことが何度も繰り返し歌われるが，これはドン・ジュアンの不滅性に関するモリエールの原作の不気味な含意を自覚するがゆえに，それを打ち消そうとしているかのようである．この六重唱は悪に対する善と信仰の勝利を謳歌しているはずだが喜ばしい生気が殆ど感じられない．そのためか，「マーラーも自ら『ドン・ジョヴァンニ』を上演するにあたり，最後の場面からモーツァルトの変に取り澄ました六重唱を省くことで，この倫理観を排除している．」（ピーター・コンラッド「ある放蕩者の生涯」ジョナサン・ミラー編『ドン・ジョヴァンニ誘惑と裏切りの神話』（柴田裕之訳）白水社，1997年，124頁）哲学者バーナード・ウィリアムズはドン・ジョヴァンニを「最大限のエネルギーを注いで，欲望の臨界線上で生きようという，一途な決意」と捉え，「ドン・ジョヴァンニ亡きあとも生き続ける者たち――ほかの登場人物ばかりではなく，このオペラを見終わるたびに私たちもそれに含まれる――は，彼に勝ると同時に劣る存在だ．勝るというのは，私たち人間に課せられた条件――それを私たちは受け入れるわけだが――は，私たちが人間であるための条件でもあるからだ．そして，劣るというのは，生命力にと

って欠かせないのは，彼のように人間に課せられる条件から解放されるという夢を持ち続けることだからだ」とする．（ジョウゼ・カーマン「『ドン・ジョヴァンニ』を読む」ミラー編・前掲書181-182頁からの再引用．原文は，B. Williams, "Don Juan as an Idea," in J. Rushton (ed.), *Don Giovanni,* Cambridge Opera Handbook, 1981, pp. 90-91.)

24） 参照，服部春彦・谷川稔編著『フランス近代史——ブルボン王朝から第五共和制へ』ミネルヴァ書房，1993年，92-94頁．

25） 参照，同書94-95頁．

26） Cf. Hobbes, *Philosophical Elements of True Citizen*, ch. 1. §3.

27） この点に関する鋭利なロールズ批判として，cf. H. L. A. Hart, "Rawls on Liberty and Its Priority," in Norman Daniels (ed.), *Reading Rawls,* Basic Books, 1975, pp. 233-249.

28） Rawls, *Political Liberalism, supra* note 2, pp. 291-292.

29） N. Rescher, *Pluralism : Against the Demand for Consensus*, Oxford U. P., 1993, p. 120. レッシャーの議論への批判として，参照，井上達夫「合意を疑う」合意形成研究会『カオスの時代の合意学』創文社，1994年，56-60頁．

30） 参照，ニーチェ『善悪の彼岸』305-309頁．

31） 参照，同書261-297頁．

32） 参照，ニーチェ『道徳の系譜』417頁．

33） ニーチェは反ユダヤ主義やドイツ民族主義の愚劣さを批判する（『善悪の彼岸』280-283頁）一方，「ユダヤ人とともに道徳における奴隷一揆がはじまった」（『道徳の系譜』388-389頁）と批判し，さらに，「すべては目に見えてユダヤ化し，キリスト教化し，あるいは賤民化しつつあります……この毒が人類の全身をすみずみまで侵してゆくなりゆき止めがたいものにみえる」（同書391-392頁）と警鐘を発している．

34） Cf. W. Connolly, *Identity／Difference : Democratic Negotiations of Political Paradox,* Cornell U. P., 1991, pp. 164-171, 184-197.

35） この軽蔑は至るところで表明されているが，例えば，参照，ニーチェ『善悪の彼岸』266-267頁．

36） Cf. Connolly, *supra* note 34, p. 197.

37） Cf. *ibid*., p. 179.

38） ニーチェ『道徳の系譜』378頁．

39） 参照，註２．

40） Cf. Connolly, *supra* note 34, pp. 73-92.

41） Cf. *ibid*., pp. 91, 94.

42） Cf. *ibid*., p. 74.

43） Cf. *ibid*., pp. 178-179.

44） Cf. *ibid*., pp. 171-176.

45） Cf. *ibid*., pp. 45-48, 64-68.

46） 参照，井上達夫「リベラル・デモクラシーとアジア的オリエンタリズム」今井弘道・森際康友・井上達夫編『変容するアジアの法と哲学』有斐閣，1999年，23-74頁．

47) Cf. Connolly, *supra* note 34, p. 161.

48) Cf. *ibid.*, pp. 161-162.

49) 参照，マックス・ヴェーバー『職業としての政治』（西島芳二訳）角川書店，1959年，96-98頁.

50) Cf. W. Kymlicka, *Liberalism, Community and Culture,* Oxford U. P., 1989 : *do., Multicultural Citizenship,* Oxford U. P., 1995.

51) 参照，井上達夫『共生の作法』（註3）第2，3章.

52) 参照，井上達夫「〈正義への企て〉としての法」田中成明編『現代法学の思想と方法』（岩波講座・現代の法，第15巻）岩波書店，1997年，127-131頁.

53) Cf. A. Lijphart, *Democracy in Plural Societies : A Comparative Exploration,* Yale U. P., 1977 ; *do., Democracies : Patterns of Majoritarian and Consensus Government in Twenty-One Countries,* Yale U. P., 1984.

54) 参照，井上達夫「合意を疑う」（註29）61-70頁，同「政治的知性の蘇生に向けて」『This Is 読売』1996年1月号，184-193頁，同「合意の法哲学——リベラル・デモクラシーと合意」『青山法学論集』39巻2号，1997年，69-78頁.

55) E・レヴィナス『全体性と無限——外部性についての試論』（合田正人訳）国文社，1989年，98頁. なお，以下のレヴィナスに関する議論は彼の『全体性と無限』における思想を対象としたものであり，彼の哲学の包括的評価を標榜していない. 彼のこの作品をいわば「反射鏡」として私自身のリベラリズム像を明確に結ばせるのが本節の目的である. レヴィナス研究は近年興隆の感があるが，夙にレヴィナスの重要性に注目し，私的会話や著作によって私の関心を触発して下さったのは岩田靖夫氏である. 参照，岩田靖夫『倫理の復権』岩波書店，1994年，第三部；同『神の痕跡』岩波書店，1990年. もちろん本節の議論のありうべき誤謬・誤解に対して岩田氏は何ら責任を負わない.

56) 同書147頁.

57) 同書60頁.

58) 同書466-467頁.

59) 同書297頁.

60) 同書260-261頁.

61) 同書103頁.

62) 同書461頁.

63) 参照，同書462，471-472頁.

64) 同書61頁.

65) 参照，同書23，32，50-52，59-60，233-234，460，470頁.

66) 参照，ニーチェ『道徳の系譜』393-398頁，同『権力への意志』上巻（原佑訳）ちくま学芸文庫版ニーチェ全集第12巻，筑摩書房，1993年.

67) 参照，井上達夫『共生の作法』第3章.

68) 参照，レヴィナス・前掲書61頁.

**著者略歴**

1954年、大阪生まれ。東京大学法学部卒業後、東京大学助手、千葉大学助教授を経て、1991年東京大学大学院法学政治学研究科助教授、1995年より2020年3月まで同教授。現在、東京大学名誉教授。本書以外の主な著作に、『法という企て』(東京大学出版会、2003年、和辻哲郎文化賞受賞)、『現代の貧困――リベラリズムの日本社会論』(岩波現代文庫、2011年)、『世界正義論』(筑摩選書、2012年)、『自由の秩序――リベラリズムの法哲学講義』(岩波現代文庫、2017年)、『立憲主義という企て』(東京大学出版会、2019年)、『普遍の再生――リベラリズムの現代世界論』(岩波現代文庫、2019年)、『生ける世界の法と哲学――ある反時代的精神の履歴書』(信山社、2020年)、『増補新装版　共生の作法――会話としての正義』(勁草書房、2021年)など。

増補新装版 他者への自由

公共性の哲学としてのリベラリズム

2021年4月20日　第1版第1刷発行

著　者　井《いの》　上《うえ》　達《たつ》　夫《お》

発行者　井　村　寿　人

発行所　株式会社　勁《けい》　草《そう》　書　房

112-0005　東京都文京区水道2-1-1　振替 00150-2-175253

(編集) 電話 03-3815-5277／FAX 03-3814-6968

(営業) 電話 03-3814-6861／FAX 03-3814-6854

理想社・松岳社



ISBN978-4-326-40391-2　Printed in Japan